AF638134

BURTON

Die Anatomie der Melancholie

HANDBIBLIOTHEK
DIETERICH

ROBERT BURTON

DIE ANATOMIE DER MELANCHOLIE

*Ihr Wesen und Wirken,
ihre Herkunft und Heilung
philosophisch, medizinisch, historisch
offengelegt und seziert.*

Ausgewählt und übertragen von
WERNER VON KOPPENFELS

Dieterich'sche
Verlagsbuchhandlung,
Mainz

INHALT

VORREDE

Democritus Junior an den Leser 11

ERSTER TEIL

Bestimmung, Ursachen und Symptome der Melancholie

Des Menschen Rang, Fall, Elend 75 — *Narrheit, Phrenitis, Wahnsinn* 81 — *Melancholie in der Veranlagung* 84 — *Definition der eigentlichen Melancholie* 87 — *Über die betroffenen Organe* 89 — *Von den Species der Melancholie* 92 — *Gründe der Melancholie. Gott ein Grund* 94 — *Über die Natur von Geistern* 96 — *Eltern ein Grund für Melancholie durch Vererbung* 106 — *Ungeeignete Kost* 111 — *Verhaltung und Ausscheidung* 116 — *Schlechte Luft* 118 — *Übermäßige Beschäftigung* 123 — *Von der Gewalt der Einbildung* 128 — *Begehrliche Neigung. Ehrgeiz* 132 — *Eigenliebe, Ruhmsucht* 134 — *Liebe zur Gelehrsamkeit. Das Elend der Scholaren* 138 — *Armut und Mangel* 161 — *Weitere akzidentielle Ursachen zuhauf: Verlust weltlicher Güter. Furcht. Neugier* 166 — *Körperliche Kennzeichen* 171 — *Geistige Kennzeichen* 174 — *Durch Gewöhnung hervorgerufene Kennzeichen* 176 — *Jungfern-, Nonnen-, Witwenmelancholie* 178 — *Prognostik der Melancholie* 184

ZWEITER TEIL
Heilung der Melancholie

Arzt, Patient, Arznei 191 — *Quantitative Berichtigung der Diät* 196 — *Bereinigung der Luft. Luftige Abschweifung* 198 — *Die rechte Übung für Leib und Geist* 227 — *Heilung von Schlaflosigkeit* 249 — *Musik als Heilmittel* 252 — *Frohsinn, fröhliche Gesellschaft und schöne Gegenstände als Heilmittel* 256 — *Tröstliche Betrachtung* 260 — *Über Heilkunde, die mithilfe von Arzneien kuriert* 263 — *Der Melancholie gemäße Heilmittel; gegen exotische Heilkräuter* 265 — *Alterative Mittel: Kräuter, andere Pflanzen, &c.* 267 —*Heilkräuter, die nach oben purgieren* 269 — *Besondere Kuren für die verschiedenen Arten von Schwermut: Melancholie des Kopfes* 271 — *Aderlaß* 272 — *Vorbereitende Maßnahmen und Abführmittel* 273 — *Kur der Melancholie am ganzen Leib* 276

DRITTER TEIL
Schwermut der Liebe (PETER GAN)

Vorwort 281 — *Menschliche Liebe: bekömmlich, erfreulich* 286 — *Heroische Liebe* 289 — *Wie die Liebe die Menschen tyrannisiert* 291 — *Ursachen der heroischen Liebe: Temperament, Müßiggang, Ort, Klima, &c.* 296 — *Weitere Ursachen der Liebesschwermut: Aussehen, schönes Antlitz* 300 — *Künstliche Lockmittel* 303 — *Gunst und Ungunst von Ort und Stunde: Küsse und Vertraulichkeiten* 307 — *Kuppelei, Liebestränke* 308 — *Symptome oder Anzeichen* 310 — *Heilung der Liebesschwermut durch Arbeit, Nahrung, Arznei* 315 —

Weitere Heilmittel 318 — *Ratschlag und Überredung. Magische Kuren* 320 — *Die letzte und beste Kur* 325 — *Eifersucht und ihre Verirrungen* 326 — *Anzeichen der Eifersucht* 329 — *Heilmittel für Eifersucht* 330

VIERTER TEIL
Religiöse Melancholie

Davon befallene Parteien und Partien 335 — *Ursachen der religiösen Melancholie* 340 — *Allgemeine Symptome* 343 — *Gründe der Verzweiflung* 348 — *Symptome der Verzweiflung* 353 — *Heilung der Verzweifelten* 356

NACHWORT 361

Postskriptum 374
Zu Übersetzung und Auswahl 378
Zu den Abbildungen 381
Anmerkungen 383

Hier war ein kleines Plätzchen frei:
Jetzt trägts des Autors Konterfei.
Sein Geist entging dem Zeichenstift:
Entdeck ihn drum in seiner Schrift.
Ihn trieb nicht (wies sonst üblich ist)
Hierher – wenn Ihr es wissen müßt –
Nur Eitelkeit und dummer Stolz:
Der Drucker hat es so gewollt.

VORREDE
Democritus Junior an den Leser

Geneigter leser, Du bist, so nehme ich an, erpicht darauf, zu erfahren, welche Komödiantenmaske, welcher Possenreißer hier so vorwitzig auf die allgemeine Schaubühne und unter die Augen der Welt drängt, indem er sich eines anderen Mannes Namen aneignet; woher er kommt, weshalb er es tut, was er vorzubringen hat. Nun könnte ich zwar mit dem Autor[1] sagen *Primum si noluero, non respondebo, quis coacturus est?* Ich bin frei von Geburt, mag wählen, ob ich Auskunft geben will – wer sollte mich zwingen? Und setzt man mir zu, so erwidere ich ebenso gewandt wie jener Ägypter bei Plutarch,[2] als ein Vorwitziger die Nase in seinen Korb stecken wollte, *cum vides velatam, quid inquiris in rem absconditam?* Nur darum ist er zugedeckt, daß man nicht sieht, was drinnen liegt; trachte nicht nach dem, was verborgen ist. Gefällt Dir der Gegenstand und ist Dir nützlich, so magst Du den Mann im Mond, oder wen immer Du willst, als Urheber ansehen: mir ist es zuwider, mich auszuweisen. Um Dir jedoch ein wenig entgegenzukommen (obgleich dies mehr ist als meine Schuldigkeit), will ich Dir einen Grund für den angemaßten Namen, sowie für Titel und Thema vorlegen.

---

1 Seneca, *Spottschrift auf den Tod des Kaisers Claudius.*
2 *Über die Neugier.*

Zunächst also über den Namen Demokrit, damit sich seinetwegen keiner verleiten läßt, ein Pasquill, eine Satire, eine Scherzschrift zu erwarten (wie ich selbst es getan hätte), oder schwindelerregende Sätze und Paradoxa von der Umdrehung der Erde, von der Unendlichkeit der Welten, *in infinito vacuo ex fortuita atomorum collisione,* erzeugt in unendlicher Leere durch den zufälligen Zusammenstoß von Sonnenstäubchen – all dies wurde von Demokrit behauptet, von Epikur und Leukipp (der beider Lehrer war) vordem verbreitet und neuerdings durch Kopernikus, Bruno und andere wieder belebt. Im übrigen war es, wie Gellius anmerkt, schon immer gang und gäbe, daß spätere Schreiber und Schwindler mancherlei abgeschmackte und dreiste Fabeln, mit dem Namen eines achtbaren Philosophen wie Demokrit versehen, unter die Leute brachten, um sich Anerkennung und Ansehen zu erschleichen; wie eben Bildhauer tun, *novo qui marmori ascribunt Praxitelen suo* [die auf ihren neuen Marmor den Namen Praxiteles schreiben]. Doch dies gilt nicht für mich:

> *Non hic centauros, non gorgonas, harpyasque*
> *Invenies – hominem pagina nostra sapit.*[3]
> Gorgonen, Harpyen findest du hier nicht –
> Mein Gegenstand trägt menschliches Gesicht.

Du selbst bist Thema meiner Abhandlung:

> *Quicquid agunt homines, votum, timor, ira, voluptas,*
> *Gaudia, discursus, nostri farrago libelli:*[4]

3 Martial, Buch x, Epigramm 4.
4 Juvenal, *Sat. 1.*

Was Menschheit treibt, liebt, fürchtet, haßt und hofft,
Ihr Hin und Her dies Buches bunter Stoff.

Nicht anders will ich den geborgten Namen benützen als Mercurius Gallobelgicus oder Mercurius Britannicus den des Merkur, oder Democritus Christianus und seinesgleichen den des Demokrit; freilich sind da doch noch einige Gründe, warum ich mir gerade diese Maske vors Gesicht halte, besondere Umstände, die ich nicht ohne weiteres ausführen kann, ehe ich ein kurzes Charakterportrait unseres Demokrit entworfen habe, und dazu einen Abriß seines Lebens.

Demokrit war, nach dem Zeugnis des Hippokrates und Laertius, ein weltverdrossenes altes Männlein, ganz schwarzgallig von Natur, auf seine alten Tage aller Geselligkeit abhold und sehr der Einsamkeit zugetan,[5] dabei ein hochberühmter Philosoph seiner Zeit, des Sokrates Altersgenosse, am Ende völlig seinen Studien und dem abgeschiedenen Leben verfallen, Verfasser vieler hervorragender Werke, ein großer Theologe nach dem theologischen Maßstab der Zeit, ein erfahrener Heilkünstler, ein Staatskundiger und vortrefflicher Mathematiker, wie *Diakosmos* und seine sonstigen Schriften bezeugen. Mit Eifer betrieb er das Studium der Landwirtschaft, wie Columella sagt, und oft finde ich ihn bei Constantius und anderen in diesem Zusammenhang zitiert. Er kannte die Natur und die Eigenheiten aller Tiere, Pflanzen, Fische und Vögel und verstand, wie behauptet wird, so-

5 *Hortulo sibi cellulam seligens ibique seipsum includens, vixit solitarius* [Er suchte sich eine Zelle in einem kleinen Garten, schloß sich darin ein und lebte als Einsiedler].

gar ihre Laute und Stimmen. Mit einem Wort, er war ein großer Wissenssucher, *omnifariam doctus,* Scholar aller Dinge; und damit er sie umso besser betrachten konnte, so berichten einige, stach er sich selbst die Augen aus und verbrachte sein Alter in freiwilliger Blindheit, doch sah dabei mehr als ganz Griechenland sonst und schrieb über alles: *nihil in toto opificio naturae de quo non scripsit* [in der ganzen Werkstatt der Natur ließ er nichts unbehandelt]. Ein Mann von rarem Geist und profunden Ideen, der in seinen jungen Jahren, um mehr Wissen zu erlangen, nach Ägypten und Athen gereist war, wo er mit Gelehrten Umgang pflegte, ›von einigen hochgeschätzt, gering von anderen‹. Nach seinem Wanderleben ließ er sich in Abdera nieder, einer Stadt in Thrakien, und wurde dorthin geholt, wie manche sagen, um ihr Gesetzgeber, Chronist und Stadtschreiber zu werden, während andere meinen, er sei dort geboren und aufgewachsen. Wie dem auch sei, dort hauste er später in einem Garten am Rande der Stadt, ganz zurückgezogen und in seine Studien versenkt, ›außer daß er bisweilen einen Spaziergang zum Hafen unternahm und lauthals über all die sonderbaren Dinge lachte, die er dabei sah.‹[6] Von solcher Art also war Demokrit.

Indessen, was geht mich das an, und wie komme ich dazu, mir sein Habit anzueignen? Ich gebe ja zu, es wäre unverschämt und vermessen, mich nach dem bisher Gesagten mit ihm zu vergleichen.

6 *Perpetuo risu pulmonem agitare solebat Democritus* [Durch ständiges Gelächter pflegte Demokrit seine Lunge kräftig zu bewegen].

Ich erdreiste mich nicht, irgendeine Parallele zu ziehen: *antestat mihi millibus trecentis; parvus sum, nullus sum, altum nec spiro nec spero*[7] [er überragt mich meilenweit; ich bin unbedeutend, ein Nichts, ohne Ehrgeiz und Hoffnung auf Höheres]. Immerhin darf ich soviel von mir sagen, und zwar, wie ich hoffe, ohne eine Spur von Stolz und Selbstgefälligkeit: ich habe still, seßhaft, abgeschieden und einsiedlerisch gelebt, *mihi et Musis* [mir selbst und den Musen] innerhalb der Universität, und dies beinahe solange wie Xenokrates in Athen, *ad senectam fere* [fast bis ins Greisenalter], die meiste Zeit über eingepfercht in meine Studierstube, um Weisheit zu lernen wie er. Denn ich bin als Student im berühmtesten Kolleg Europas aufgewachsen, *augustissimo collegio,*[8] und kann mich fast brüsten wie Jovius: *in ea luce domicilii Vaticani, totius orbis celeberrimi, per 37 annos multa opportunaque didici* [siebenunddreißig Jahre lang habe ich im Glanz des weltberühmten Vatikan vielerlei zu meinem Vorteil gelernt]. Dreißig Jahre ohne Unterbrechung bin ich Scholar gewesen und hatte nicht weniger gute Bibliotheken zu meiner Verfügung als er;[9] ich fände es daher verabscheuenswert, mich durch ein Drohnenleben als unnützes und unwürdiges Glied einer so gelehrten und edlen Gemeinschaft zu erweisen, oder irgendetwas zu schreiben, was einer so reichen, so königlichen Gründung abträglich wäre.

---

7 *Non sum dignus praestare matellam* [Ich bin nicht wert, ihm das Nachtgeschirr zu halten].
8 Christ Church in Oxford.
9 Als Hüter unserer Kollegiumsbibliothek.

Immerhin war ich nicht ganz untätig: obgleich Geistlicher von Beruf, hatte ich doch *turbine raptus ingenii* (wie Scaliger sagt), getrieben vom Wirbelstrom meines Witzes, aus meinem unsteten und ungefestigten Geist heraus große Begier, wenn schon nicht hinreichende Sachkunde, so doch wenigstens eine oberflächliche Ahnung von allem zu erwerben, um *aliquis in omnibus, nullus in singulis* zu sein [in allen Dingen Dilettant, in keinem Fachmann]; wie es ja Plato empfiehlt, und in seiner Nachfolge Lipsius billigt und unterstützt, ›als Regel, die allen neugierigen Gehirnen eingepflanzt werden sollte, nämlich dies: sich nicht von einer Wissenschaft versklaven zu lassen und nicht nur bei einem Gegenstand zu verweilen, wie es die meisten tun, sondern umherzustreifen‹, *centum puer artium* [als Diener von hunderterlei Künsten], Hansdampf in allen Gassen zu sein, von jedem Gericht zu kosten und an jedem Becher zu nippen, worin sich nach der Ansicht Montaignes Aristoteles und sein eigener gelehrter Landsmann Adrian Turnebus hervortaten. Diesen Hang zur Landstreicherei, wenn auch mit geringerem Erfolg, habe ich seit eh und je besessen; wie ein kreuz und quer jagender Wachtelhund, der jeden Vogel anbellt, den er gerade sieht, und dabei von seiner ersten Beute abläßt, bin ich allem hinterhergerannt außer dem, was ich greifen sollte, so daß ich mit Fug und Recht lamentieren könnte *qui ubique est, nusquam est* [überall ist nirgendwo], was Gesner nur aus Bescheidenheit tat; daß ich nämlich in Ermangelung einer guten Methode viele Bücher ohne viel

Erfolg gelesen habe. Es fehlte mir an Kunst, Ordnung, Erinnerungsvermögen und Urteilskraft, und so habe ich mit geringem Gewinn die unterschiedlichsten Autoren in unseren Bibliotheken hin- und hergewälzt. Gereist bin ich nie, außer auf Plänen und Landkarten, wo sich meine entgrenzten Gedanken frei entfalten konnten, hat ihnen doch das Studium der Kosmographie schon immer besonders gelegen. Saturn war der Herr meiner Geburt, stand in Kulmination &c., und Mars hauptsächlicher Träger der Modalität, in teilweiser Konjunktion mit meinem Aszendenten, beide im Hinblick auf ihre Häuser glückbringend &c. Ich bin nicht arm, ich bin nicht reich: *nihil est, nihil deest,* ich habe wenig und entbehre nichts; mein ganzer Schatz liegt in Minervas Turm. Höhere Beförderung liegt außer Reichweite, und so muß ich mich in dieser Hinsicht keinem verpflichtet fühlen.

Ich habe mein Auskommen, *laus deo* [gottseidank], durch meine noblen und freigebigen Gönner, obgleich ich immer noch als Student im Kollegium lebe, ganz wie Demokrit in seinem Garten, und ein mönchisches Leben führe, *ipse mihi theatrum* [ich selbst mein eigenes Publikum], abgesondert von Tumult und Wirrsal der Welt, und wie Heinsius sagt *tamquam in specula positus,* auf hoher Warte über Euch allen, gleichsam ein *stoicus sapiens, omnia saecula, praeterita praesentiaque videns uno velut intuitu* [wie der stoische Weise, der alle Zeiten, vergangene und gegenwärtige, wie mit einem Blick umfaßt]. Ich höre und sehe, was draußen geschieht, wie die anderen rennen, hoch zu Roß sitzen, rasen und sich zerfleischen in Stadt und Land.[10] Fern allem Prozeßgezeter *aulae vanitatem, fori ambitionem ridere mecum soleo* [pflege ich bei mir die Eitelkeit des Hofes und den Ehrgeiz des Marktplatzes zu verlachen]. Ich mache mich über alle lustig, die sich nur sicher fühlen, solange ihr Prozeß noch nicht verloren, ihr Schiff noch nicht untergegangen ist, oder Korn und Vieh nicht verdorben, der Handel nicht verkümmert; ›weder habe ich ein Weib, noch gute oder schlechte Kinder zu versorgen‹, bin nur ein Beobachter fremder Geschicke und Abenteuer, der Art und Weise, wie die anderen ihre Rollen spielen, die eigens für mich wie von einer öffentlichen Schaubühne oder Szene herab unterhaltsam aufgeführt zu werden scheinen. Jeder Tag trägt mir neue Neuigkeiten zu, die üblichen Gerüchte von Krieg, Pest, Brand, Flut, Raub, Mord und Gemetzel, von Meteoren, Kometen, Gespenstern, Ungeheuern, Erscheinungen, von eroberten und belagerten Städten in Frankreich, in Deutschland und in der Türkei, in Persien, Polen, und so fort, von tagtäglichen Aushebungen und Rüstungen und dergleichen, wie sie unsere stürmischen Zeiten aushecken, von frisch ausgetragenen Schlachten mit all ihren Erschlagenen, von Monomachien, Schiffsuntergängen, Pirateréien und Kämpfen zur See, Friedensschlüssen, Bündnissen, Kriegslisten und neuem Waffengeschrei. Ein wilder Wirrwarr von Bitten, Schwüren, Klagen, Edikten, Petitionen, Prozessen,

10 *Calide ambientes, sollicite litigantes, aut misere excidentes, voces, strepitum, contentiones &c.* [in fieberhafter Bewegung, aufgeregt prozessierend oder elend scheiternd – lauter Stimmengewirr, Lärm und Gezeter].

Plädoyers, Gesetzen, Proklamationen, Beanstandungen und Beschwerden dringt täglich an unser Ohr. Dazu ständig neue Bücher, Flugschriften, Journale, amtliche Berichte, ganze Kataloge voll mit Neuerscheinungen aller Art, jüngste Paradoxa, Stellungnahmen, Schismen, Ketzereien, Kontroversen in Philosophie, Religion &c. Bald kommt Nachricht von Hochzeit, Maskerade, Mummenschanz, Lustbarkeit, von Jubiläen und Gesandtschaften, Turnier und Lanzenspiel, Trophäen, Triumphen, Gelagen, Wettkämpfen und Komödientreiben. Dann wieder, wie bei einem Szenenwechsel, Verrat, Arglist, Räuberei, schurkische Ungeheuerlichkeiten aller Art, Leichenzüge und Begräbnisse, Fürstentod, unerhörte Entdeckungen und Expeditionen: bald komisches, bald tragisches Geschehen. Heute hören wir, wie man hohe Herren und Würdenträger neubestellt, morgen wie Mächtige abgesetzt, und Ehren neuverteilt werden; einer kommt frei, ein anderer in den Kerker; der erwirbt, jener verliert, einer floriert, sein Nachbar macht Bankrott; jetzt Fülle, dann wieder Darben und Hungersnot; einer läuft, ein andrer reitet, streitet, lacht, heult und so fort. Solche und solcherlei Nachricht höre ich tagaus, tagein, im privaten wie im öffentlichen Bereich. Inmitten von aller Herrlichkeit und Misere der Welt – Festesfreude, Übermut, Bestürzung und Angst, Herzenseinfalt und Schurkerei, Verschlagenheit, Büberei, Offenheit und Lauterkeit, all dies wie es miteinander verquickt sich darbietet, – trotte ich dahin als *privus privatus* [ganz auf mich allein gestellt].

So wie ich immer gelebt habe, *statu quo prius,* lebe ich weiter, meiner Einsamkeit und meinem häuslichen Mißvergnügen überlassen, abgesehen davon, *ne quid mentiar* [um ganz ehrlich zu sein], daß ich bisweilen – wie eben Diogenes in die Stadt und Demokrit hinunter zum Hafen wanderte, um die gängige Lebensart zu beobachten, – zur eigenen Belustigung ausging, in die Welt hinausschaute, und mir dabei die eine oder andere Bemerkung nicht verkneifen konnte, *non tam sagax observator ac simplex recitator* [nicht sosehr nach Art eines weisen Kommentators als vielmehr eines einfachen Berichterstatters], nicht wie sie, nur um über alles zu höhnen und zu spotten, sondern mit gemischten Gefühlen. *Bilem, saepe jocum vestri movere tumultus*[11] [meine Galle, aber auch meinen Spott hat oft Euer Getümmel erregt]. Manchmal lachte und höhnte ich mit Lukian, verklagte die Welt auf satirische Weise wie Menipp, jammerte mit Heraklit; dann wieder war ich *petulanti splene cachinno*[12] [berstend von ausgelassenem Gelächter], und ein andermal *urere bilis jecur*[13] [brannte mir die Leber vor Wut]. Es reizte mich bis aufs Blut, all die Mißbräuche zu sehen, die ich nicht abstellen konnte.

Mag ich in diesem Affekt noch sosehr mit meinem Autor, oder auch mit anderen übereinstimmen, ich verhülle mich nicht deshalb mit seinem Namen, sondern einzig mit dem Ziel, mir im geborgten Gewand etwas mehr Lizenz und Rede-

11 Horaz.
12 Persius.
13 Horaz.

freiheit herauszunehmen, oder aber, wenn Ihr es nun einmal wissen müßt, aus jenem einen Grund und Umstand, den Hippokrates so eingehend in seiner Epistel an Damaget ausführt: dort berichtet er, wie er eines Tages, bei einem Besuch, Demokrit in seinem Garten zu Abdera antraf, draußen vor der Stadt, unter einem schattigen Laubdach,[14] ein Buch auf den Knien, wie er seinen Studien nachging, bald schreibend, bald umherwandernd. Sein Buch handelte von Melancholie und Wahnsinn. Um ihn verstreut lagen die Kadaver verschiedener Tiere, die er soeben aufgeschnitten und seziert hatte – nicht aus Mißachtung vor Gottes Geschöpfen, wie er dem Hippokrates verriet, sondern um den Sitz der *atra bilis,* der Schwarzgalle oder Melancholie zu entdecken, woher sie kommt und wie sie im menschlichen Körper erzeugt wird, um sie am eigenen Leib besser kurieren zu können, und durch seine Schriften und Beobachtungen andere zu lehren, wie sie zu meiden und zu verhindern sei. Diesen seinen guten Vorsatz fand Hippokrates höchst löblich, und so erkühnt sich nun Democritus Junior, ihm nachzueifern und, da er ihn nicht voll ausgeführt hat und das Werk verlorenging, *quasi succenturiator Democriti* [gleichsam an Demokrits Platz nachrückend], ihn in der vorliegenden Abhandlung wiederzubeleben, zu verfolgen und zu Ende zu führen.

---

14 *Secundum moenia locus erat frondosis populis opacus vitibusque sponte natis, tenuis prope aqua defluebat placide murmurans, ubi sedile et domus Democriti conspiciebatur* [Hinter der Stadtmauer lag ein von dichten Pappeln und wildem Wein beschatteter Ort, nahe bei einem leise rauschenden Bach: dort sah man Landsitz und Haus des Demokrit].

Beschattet sitzt hier Demokrit,
Ein Buch im Schoß, als Eremit.
Ringsum liegt mancherlei Getier,
Das er fein säuberlich seziert:
Katzen- und Hundevieh vor allem
Durchwühlt er nach der schwarzen Galle.
Am Himmel, über seinem Kopf,
Siehst Du Saturn, den Schwermutsgott.

Damit habe ich Euch die Wahl des Namens begründet. Sollten Titel und Überschrift Euren Sinn für Schicklichkeit verletzen, so könnte ich Euch (genügte zur eigenen Verteidigung die Anklage anderer) viele ernsthafte Abhandlungen, ja sogar Predigten vorlegen, die auf ihrer Stirnseite noch phantastischere Namen tragen. Wie dem auch sei, es gilt heutzutage als eine Art von Staatsraison, einem Buch einen phantastischen Titel voranzustellen, damit es sich besser verkauft, denn so wie Lerchen auf den Leim gelockt werden, lassen sich gar manche windigen Leser aufhalten, und stehen gaffend wie müßige Spaziergänger vor einer Hanswurstfigur in einer Malerwerkstatt, die keinen Blick an ein ernsthaftes Gemälde verschwenden würden. Und in der Tat, wie Scaliger bemerkt, ›nichts zieht einen Leser mehr an als ein überraschendes und unerhörtes Argument: so etwas verkauft sich besser als ein Pamphlet voll Possen und Zoten‹, *tum maxime cum novitas excitat palatum* [am meisten zu einer Zeit, wo Neuigkeit den Gaumen reizt]. ›Viele Autoren‹, sagt Gellius, ›sind höchst einfallsreich in ihren Überschriften‹, und (wie Plinius dem Seneca nachschreibt) ›imstande, einen am Wege Zeit vertrödeln zu lassen, der aus dem Haus rannte, um seiner Tochter in den Wehen eine Hebamme zu holen.‹ Was mich betrifft, so habe ich ehrbare Vorbilder für mein Unternehmen[15] – wie Antonio Zara, Bischof von Pavia, um nur einen zu nennen, mit seiner *Anatomie des Witzes,* in vier Büchern, Sektionen und Unterabteilungen &c., einzusehen in unseren Bibliotheken.

---

15 Die *Anatomie der Papisterei, Anatomie der Unsterblichkeit,* Angelus Salas *Anatomie der Antinomie* &c.

Sollte jemand gegen die Materie selbst oder die Art und Weise, wie ich mein Thema behandle, Einwände erheben, und triftige Gründe verlangen, so kann ich mehr als nur einen anführen. Über Melancholie zu schreiben ist meine Art von Beschäftigung, um Melancholie zu vermeiden. ›Kein häufigerer Grund für Melancholie als Müßiggang, und keine bessere Kur als Beschäftigung‹, wie Rhasis lehrt;[16] und heißt es auch *stultus labor est ineptiarum,* sich mit Lappalien abzugeben ist verlorene Liebesmühe, so sagt doch der göttliche Seneca: besser *aliud agere quam nihil,* lieber eitle Dinge treiben als gar nichts. Ich schrieb also und lud mir diese spielerische Plage auf, *otiosaque diligentia ut vitarem torporem feriandi* [um durch müßigen Eifer der tatenlosen Lethargie zu entkommen] und damit ich, wie Vectius bei Macrobius, *atque otium in utile verterem negotium* [noch den Müßiggang in nützliche Tätigkeit verwandelte].

Simul et jucunda et idonea dicere vitae,
Lectorem delectando simul atque monendo[17]

[zugleich angenehm und treffend über das Leben zu reden, und dabei den Leser unterhaltsam zu belehren]: Zu diesem Zwecke schreibe ich, jenen gleich, die mit den Worten Lukians, ›für Bäume rezitieren und für Säulen deklamieren, wenn ihnen die Zuhörer fehlen‹; und wie Paulus Aegineta treuherzig bekennt, ›nicht um Unbekanntes oder Übersehenes zu ergänzen, sondern einzig um mich zu üben‹ – ein Kurs, den meiner Meinung nach

16 *Non est cura melior quam labor.*
17 Horaz.

so manche zum Heil ihres Leibes, und noch mehr ihrer Seele, einschlagen sollten; oder vielleicht schreibe ich, wie andere auch, aus Ehrgeiz, um mich darzustellen: *scire tuum nihil est nisi te scire hoc sciat alter* [Dein Wissen ist nichts, solang nicht ein anderer weiß, daß du weißt]. Ich könnte mich der Ansicht des Thukydides anschließen: ›Etwas wissen, ohne es auszudrücken, ist genauso als wüßte man es nicht.‹ Als ich dieses Werk zuerst in Angriff nahm – *et, quod ait ille, impellente genio negotium suscepi* [und, wie Jovius sagt, aus innerstem Antrieb das Unternehmen anpackte] – hatte ich dieses Ziel vor Augen *ut lenirem animum scribendo,*[18] schreibenderweise den eigenen Geist zu beschwichtigen. Denn ich hatte *gravidum cor, foetum caput* [ein trächtiges Herz und schwangeres Haupt], eine Art Schwellung in meinem Hirn, von der ich nur zu gerne erleichtert werden wollte, und ich konnte mir keinen probateren Weg der Entleerung denken als eben diesen. Im übrigen war es gar nicht möglich, mich zurückzuhalten: *Ubi dolor, ibi digitus,* dort muß man sich kratzen, wo es juckt.

Ich war ziemlich stark von dieser Krankheit befallen – soll ich sie meine Herrin Melancholia nennen, meine Egeria, oder meinen *malus genius?* – und aus diesem Grunde mußte ich, wie vom Skorpion gestochen, *clavum clavo* [einen Nagel mit einem zweiten] austreiben, ein Leid mit einem anderen kurieren, Trägheit mit Trägheit, *ut ex vipera theriacum* [gleichsam aus der Schlange selbst das Gegengift nehmen], und aus der ersten Ursache meines

18 Erasmus.

Elends sein eigenes Antidotum gewinnen. Oder gleich jenem Mann, der (wie Felix Platter erwähnt) ein paar von Aristophanes' Fröschen im Bauch zu haben meinte, die ewig *brekekekex, koax koax, up up* quakten, und der aus diesem Grund sieben Jahre lang Medizin studierte und kreuz und quer durch Europa reiste, um sich Erleichterung zu verschaffen, ebenso habe ich, um mir selbst Gutes zu tun, alle Heilkundigen befragt, die unsere Bibliotheken enthielten oder meine vertrauten Freunde empfahlen,[19] und die Bürde dieses Werkes auf mich genommen. Warum auch nicht? Cardano erklärt, er habe sein Buch *De Consolatione* nach dem Tod seines Sohnes verfaßt, um sich selbst zu trösten; ebenso Cicero zum selben Thema, in derselben Absicht, als seine Tochter starb (vorausgesetzt, er ist wirklich der Verfasser, und nicht irgend ein Betrüger unter seinem Namen, was Lipsius für wahrscheinlich hält). Was mich angeht, so darf ich wohl mit Sallusts Marius sagen, was andere nur vom Hörensagen oder vom Lesen kennen, habe ich selbst erlebt und praktiziert: sie empfangen ihr Wissen von Büchern, ich vom Melancholisieren.[20]

Experto crede Roberto [glaub dem erfahrenen Robert]: das eine oder andere kann ich aus Erfahrung sagen, *aerumnabilis experientia me docuit* [trübselige Praxis hat mich belehrt]. Und gleich Dido bei

19 Mr. John Rouse, oberster Bibliothekar von Oxford, Mr. Hopper, Mr. Guthridge und andere.

20 *Quae illi litteris, ego militando didici; nunc vos existimate facta an dicta pluris sint* [was jene beim Lesen lernten, habe ich beim Kriegführen gelernt: nun urteilt selbst, was mehr zählt, Taten oder Worte].

Vergil *haud ignara mali miseris succurrere disco* [lerne ich, wohlbewandert im Elend, den Elenden zu helfen]. Aus Verwandtschaftsgefühl heraus will ich den anderen beistehen; und wie jene tugendhafte Frau vor langer Zeit, die, da selbst vom Aussatz befallen, ihr ganzes Vermögen darangab, ein Spital für Aussätzige zu bauen, will ich meine Zeit und mein Wissen, die mein kostbarstes Gut sind, zum Gemeinwohl aller aufwenden. Ja aber, werdet Ihr sagen, heißt das nicht *actum agere,*[21] eine überflüssige Arbeit verrichten, *crambem bis coctam apponere* [aufgewärmten Kohl servieren], immer wieder das gleiche, nur mit neuen Worten? Wozu der Aufwand? ›Nichts von alledem, was zu sagen war, blieb ungesagt‹, meinte Lukian zu diesem Thema. Wieviele hervorragende Ärzte haben weise Bände und tiefschürfende Abhandlungen über meinen Gegenstand verfaßt! Nichts Neues weit und breit: was ich habe, ist von anderen gestohlen, *dicitque mihi mea pagina, fur es*[22] [und jede Seite sagt mir ins Gesicht: du Dieb!]. Wenn das strenge Urteil des Synesius gilt, es sei verbrecherischer, den Toten ihre Arbeit als ihre Kleider zu stehlen, so gnade Gott der Mehrzahl aller Autoren. Ich jedenfalls, in der Schar meiner Mittäter, hebe die Hand vor den Schranken des Gerichts und bekenne mich solcher Missetat schuldig: *habes confitentem reum* [der Angeklagte ist geständig], ich bin es zufrieden, mit den übrigen bestraft zu werden. Wahr, sehr wahr: *tenet insanabile multos scribendi cacoethes* [viele plagt

21 *Iliada post Homerum* [nach Homer noch eine Ilias schreiben].
22 Martial.

eine unheilbare Schreibsucht], und des Büchermachens ist kein Ende, wie der weise Prediger schon feststellte – zumal in diesem Zeitalter der Kritzelei,[23] wo die Zahl der Bücher ins Zahllose gewachsen ist, wie ein verdienstvoller Mann bemerkt hat, und die Drucker unter Druck stehen.

Und dies nur, weil es jeden juckt und gelüstet, sich groß zu zeigen, weil er nach Ehre und Ansehen giert – *scribimus indocti doctique* [ob gelehrt oder ungelehrt, wir schmieren] – und so schreibt man eben, was immer es sei, und kratzt es zusammen, woher auch immer. Von dieser Ruhmsucht verhext, *etiam mediis in morbis* [selbst halbtot noch], zum Schaden ihrer Gesundheit, kaum fähig, die Feder zu halten, müssen sie noch reden und sich einen Namen machen (sagt Scaliger), und wenn sie auch noch so viele andere dabei in Ruin und Verderben stürzen. Wie die Apotheker brauen wir jeden Tag neue Mixturen, und füllen aus alten in neue Flaschen um; wie die alten Römer alle Städte der Welt ausplünderten, um ihr unscheinbar daliegendes Rom herauszuputzen, so schöpfen wir von andrer Leute Witz den Rahm ab und pflücken aus ihren wohlbestellten Gärten die schönsten Blüten, um die Öde unseres eigenen Stückchens Land zu schmücken. *Castrant alios, ut libros suos per se graciles alieno adipe suffarciant,* so wettert Jovius: sie [kastrieren andere Bücher und] spicken ihre mageren Schriften mit fremdem Fett; *ineruditi fures* [geistig unbedarfte Langfinger] &c. – ein Vergehen, das

---

23 *Libros eunuchi gignunt, steriles pariunt* [Eunuchen zeugen Bücher und Unfruchtbare gebären].

alle Schriftsteller geißeln, wie gerade auch ich, und doch vergehen sie sich alle selbst, *trium literarum homines* [die Drei-Buchstaben-Menschen], ein einziges Diebsgesindel; sie mausen in alten Scharteken, um ihre neuen Kommentare zu mästen, sie wühlen auf dem Misthaufen des Ennius und in den Abfällen Demokrits, wie ich es ja selbst getan habe. So kommt es, daß unser abscheulicher Papierwust sich nicht nur in Bibliotheken und Kramläden ausbreitet, sondern auch auf allen Latrinen und Abtritten. *Scribunt carmina quae legunt cacantes*[24] [sie schreiben ihre Ergüsse für Latrinenleser], das Papier dient für Pastetenböden, Gewürztüten und zum Einwickeln heißer Bratenstücke. Wenn dieser Übelstand also nicht bald abgestellt wird (was Gesner so inständig wünscht), wenn sich diese Freiheit nicht durch irgendein fürstliches Edikt und strenge Aufsicht einschränken läßt, so muß beides *ad infinitum* auswuchern. *Quis tam avidus librorum helluo?* [wer ist so über die Maßen buchgefräßig?], wer kann das alles lesen? Und so haben wir schon ein gewaltiges Chaos, eine wahre Wüstenei von Büchern: wir stöhnen unter ihrer Bürde;[25] die Augen schmerzen uns vom Lesen, die Finger vom Umblättern.

Ich für meinen Teil bin dabei, *nos numerus sumus;* ich leugne es nicht. Ich habe nur dieses Wort des Macrobius zu meiner Rechtfertigung: *omne meum, nihil meum,* alles und nichts ist mein eigen. Wie eine brave Hausfrau aus verschiedenen Garnen

---

24 *Non tam refertae bibliothecae quam cloacae* [nicht volle Bibliotheken: überlaufende Kloaken!].

25 *Onerabuntur ingenia, nemo legendis sufficit* [Die Hirne werden überlastet, keiner ist dem Lesepensum gewachsen].

ein Stück Tuch webt, wie die Biene aus vielen Blumen Wachs und Honig sammelt und zu einem neuen Bund vereint, *floriferis ut apes in saltibus omnia libant* [wie Bienen überall auf den blühenden Wiesen nippen], so habe ich dieses Flickwerk mit Fleiß aus diversen Autoren zusammengetragen,[26] und dies *sine injuria:* ohne einem Menschen Unrecht zu tun, gab ich vielmehr jedem das seine.

Genau das lobt Hieronymus sosehr an Nepotian, daß er nämlich nicht ganze Verse, Seiten, ja Abhandlungen (so wie heute üblich) gestohlen und die Namen der Verfasser verschwiegen hat, sondern immer schön angibt: dies gehört dem Zyprian, das dem Laktanz, jenes dem Hilarius, so spricht Minutius Felix, so Victorinus, soweit die Worte des Arnobius. Ja, ich zitiere und gebe meine Autoren an (und muß und will es weiter tun, mögen auch noch so viele ungebildete Schmierer das Verfahren als pedantisch verschreien, als Bemäntelung von Ignoranz und Gegenteil ihres gezierten feinen Stils). *Sumpsi, non surripui* [ich habe übernommen, nicht entwendet], und wie Varro, *De re rustica,* im 3. Buch, über die Bienen spricht, *minime maleficae nullius opus vellicantes faciunt deterius* [ganz ohne Arg, schmälern sie keines Menschen Werk durch ihre Ernte], ebenso kann ich für mich selbst sagen: wen habe ich geschädigt? Die Materie gehört zum größten Teil ihnen, und dabei doch mir; *apparet*

26 *Quidquid ubique bene dictum facio meum … omnes auctores meos clientes esse arbitror* [Was immer irgendwo gut gesagt worden ist, eigne ich mir an … Ich betrachte alle Autoren als meine Abhängigen]. Johannes von Salisbury, Vorrede zum *Polycraticus.*

unde sumptum sit [die Übernahme liegt offen], was Seneca gutheißt, *aliud tamen, quam unde sumptum sit, apparet* [und doch wurde offenbar etwas anderes als das Übernommene daraus]. Genauso verfährt die Natur mit der leiblichen Nahrung, schluckt, verdaut, verleibt sich ein. Ich tue nichts als *concoquere quod hausi,* mir aneignen, was ich zu mir nahm. Alle mache ich sie mir für dieses mein *Maccaronicum* tributpflichtig. Allein das Verfahren ist mein eigen, oder, um es mit einem von Wecker geborgten Wort zu sagen: *nihil dictum quod non dictum prius, methodus sola artificem ostendit,* es läßt sich nichts sagen, was nicht schon gesagt wäre, allein Komposition und Methode sind unser und zeigen den Gelehrten.

Oribasius, Aetius, Avicenna haben all ihre Weisheit aus Galen, aber nach eigener Methode, *diverso stilo, non diversa fide* [anders, was den Stil, nicht die Glaubwürdigkeit betrifft]. All unsere Dichter stehlen von Homer; er spuckt aus, sagt Aelian, sie lecken es auf. Die Theologen führen ihren Augustin immerzu, und wortwörtlich, im Munde, und unsere Historienschreiber tun desgleichen; wer zuletzt kommt, gilt gewöhnlich als der beste,

donec quid grandius aetas
Postera sorsque ferat melior

[bis ein späteres Zeitalter und besseres Geschick Größeres hervorbringt]. Obgleich es vor alters viele Giganten in Medizin und Philosophie gegeben hat, kann ich doch mit Didacus Stella sagen: ein Zwerg, der auf der Schulter eines Riesen steht, mag wohl weiter sehen als der Riese selbst. So habe auch ich Aussicht, anzuflicken, abzuändern, und weiter zu schauen als meine Vorgänger; und es tut mir ebensowenig Abbruch, daß ich anderen nachschreibe, wie Aelianus Montaltus, dem berühmten Mediziner, daß er sein Werk *de morbis capitis* [über die Erkrankungen des Kopfes] nach Jason Pratensis, Heurnius, Hildesheim und anderen verfaßte: viele Pferde laufen in jedem Rennen, immer ein Logiker oder ein Rhetoriker nach dem andern. Protestiere also, soviel Du willst,

Allatres licet usque nos et usque,
Et gannitibus improbis lacessas

[Knurr mich an, noch und noch, und plage mich mit Deinem gemeinen Gekläff], auf diese Art befreie ich mich aus der Klemme. Und was all die anderen Mängel angeht, wie Barbarismen, bäurische Sprache, Stegreifstil, Tautologien, äffische Kopiersucht, auf verschiedenen Abfallhaufen zusammengeklaubter Wortschwall aus alten Fetzen, Autoren-Auswurf, wirr durcheinandergeworfener Tand und Flitterkram, ganz ohne Kunst, Erfindung, Verstand, Witz, Wissen, grob, roh, phantastisch, abgeschmackt, albern, unbesonnen, schlecht gefügt, unverdaut, eitel, possenhaft, müßig, stumpf und trocken, ich gestehe es ein, mit all diesen Fehlern ist mein Werk durchaus behaftet – Du kannst von mir nicht schlechter denken als ich selbst. Es verdient nicht Deine Lektüre, zugegeben; ich ersuche Dich, Deine Zeit nicht mit dem Studium eines so wertlosen Gegenstands zu vergeuden: es ist nicht *operae pretium* [der Mühe wert].

Ich sage nur dies eine, ich habe meine Vorgänger,[27] die Isokrates *perfugium iis qui peccant* nennt [Zuflucht der Schuldigen], andere Autoren, die ebenso lächerlich, albern, eitel, ungebildet &c. waren. *Nonnulli alii idem fecerunt,* andere haben es ebenso gemacht, mag sein, noch schlimmer, vielleicht sogar Du selbst. Auf denn, rüge, krittle, überschütte mich mit Spott und Hohn:

Nasutus sis usque licet, sis denique nasus:
Non potes in nugas dicere plura meas,
Ipse ego quam dixi[28]
Wärst du ganz Spott und Hohn und Momus' Gift,
Du könntest mich nicht schlimmer schmähn als ich.

So habe ich, wie Weiber tun, wenn sie miteinander keifen, als erster ›Hure‹ geschrien und fürchte, ich bin in der Kritik an manchen selbst zu weit gegangen. *Laudare se vani, vituperare stulti* [Eitelkeit des Eigenlobes, Torheit der Selbstbeschimpfung]; wie ich mir nichts anmaße, so will ich auch nichts herabsetzen: *primus vestrum non sum, nec imus,* ich bin keiner der Besten, doch auch keineswegs der Übelste von Euch. So wie ich dem einen oder andren um einen Zoll, ein paar Fuß oder gar Parasangen nachstehe, bin ich Dir vielleicht um Haaresbreite voraus. Wie dem auch sei, gut oder schlecht, ich habe den Versuch gewagt und mich auf die Bühne begeben; es gibt kein Entrinnen, ich muß mich dem Urteil stellen. Es ist nur allzu wahr: *stilus virum arguit,* unsere Schreibweise verrät uns, und so wie Jäger spurenlesend ihre Beute aufspüren, wird eines Menschen Geist aus seinen

---

27 *Uno absurdo dato mille sequuntur* [Ist eine Torheit vorgegeben, so folgen tausend nach].
28 Martial, Buch XIII, 2.

Werken wahrgenommen: *multo melius ex sermone quam lineamentis de moribus hominum judicamus* [viel besser läßt sich der Charakter eines Menschen aus seiner Rede als aus seinen Zügen beurteilen], so lautete die Regel des alten Cato. Ich weiß, ich habe mich in dieser Schrift bloßgestellt und mein Innerstes nach außen gekehrt. Man wird mich tadeln, ohne Zweifel, denn um (mit Erasmus) die Wahrheit zu sagen, *nihil morosius hominum judiciis,* nichts ist sauertöpfischer als die Kritik der Leute; doch ein Trost bleibt immerhin: *ut palata, sic judicia,* unsere Urteile sind so vielfältig wie unsere Gaumen.

Unsere Schriften sind so etwas wie Gerichte, unsere Leser die Gäste, unsere Bücher wie Schönheiten – vom einen bewundert, vom anderen verworfen. So, wie die Menschen grade gestimmt sind, werden wir gutgeheißen, oder auch nicht. *Pro captu lectoris habent sua fata libelli* [die Auffassungsgabe des Lesers entscheidet über das Büchergeschick]. Der da schaut auf den Inhalt, Du dagegen bist ganz auf die Worte versessen; er liebt einen flüssigen, freien Stil; Du bist für strengen Satzbau, starke Zeilen, Hyperbeln und Allegorien; er verlangt ein hübsches Titelbild und reizvolle Kupfer, um die Aufmerksamkeit des Lesers anzulocken – Du hältst nichts davon; was der eine bewundert, scheint dem anderen völlig unsinnig und lächerlich, und er wirft es über den Haufen. Wenn es seinem Temperament, seiner Methode und Denkart nicht absolut in den Kram paßt, *si quid forsan omissum, quod is animo conceperit, si quae dictio,* &c.,

wenn da irgendetwas fehlt oder zuviel ist, was er mag oder nicht mag, [irgendeine Ausdrucksweise,] dann bist Du *mancipium paucae lectionis* [ein unbedarfter Banause], ein Schwachkopf, ein Esel, *nullus es aut plagiarius* [ein Nichts oder ein Schwindler], ein Kindskopf, ein Faulpelz, einer, der nur die Zeit totschlägt; oder es heißt: das ist ja bloß eine Fleißarbeit, eine Sammlung ohne Witz und Einfälle, die reine Spielerei.

Wie kann ich je hoffen, mich nach jedes Menschen Geschmack und Geist auszudrücken oder allen Genüge zu tun? Manche sind auf Honig aus wie die Bienen, andere wollen Gift sammeln wie die Spinnen. Was bleibt mir in dieser Lage zu tun? So wie ein Wirt in Deutschland, wenn Du dort in ein Gasthaus kommst und an Zeche, Essen, Unterkunft &c. herummäkelst, Dir in grobem Ton sagen wird *Aliud tibi quaeras diversorium,* Wenn Dir das hier nicht gefällt, such Dir ein anderes Wirtshaus! sage ich kurzerhand: Wenn Dir meine Schrift nicht gefällt, lies einfach etwas anderes! Ich nehme mir Deine Mißbilligung nicht sehr zu Herzen: schieß ruhig los! Wenn ich auch von Dir und Deinesgleichen bekrittelt und zunichte gemacht werde, so mögen mich dafür andere billigen und empfehlen, wie es ja auch geschehen ist (*expertus loquor* [ich spreche da aus Erfahrung]). Genauso wie ich von manchen würdigen Männern geehrt worden bin, haben mich andere Leute in den Schmutz gezogen – und so wird es auch weitergehen.

Als dieses Buch zum ersten Mal herauskam, geschah genau das, was Probus über die Satiren des

Persius sagt: *editum librum continuo mirari homines, atque avide deripere coeperunt* [als das Buch erschien, rissen die Leute die Augen auf und machten sich sogleich emsig daran, es herunterzuputzen]. Diesen Ausspruch darf ich in gewisser Hinsicht auf mein eigenes Werk beziehen. Die erste, zweite und dritte Auflage waren rasch verkauft, wurden eifrig gelesen und, wie gesagt, von manchen ebenso verächtlich abgetan wie von anderen begrüßt. Aber es war eben Demokrits Schicksal: *Idem admirationi et irrisioni habitus* [eine Geistesart, die Bewunderung ebenso auf sich zieht wie Spott].

Ein oder zwei Dinge, die Behandlung meines Themas betreffend, hätte ich (nach Möglichkeit) gerne noch verbessert, und hierfür muß ich mich entschuldigen, *deprecari,* und nach besserer Einsicht dem wohlgesonnenen Leser Nachricht geben. Es war nicht meine Absicht, meine Muse auf die Gasse zu schicken oder die *secreta Minervae* [Geheimnisse Minervas] auszuplaudern, sondern vielmehr dies alles in gedrängterer Form auf Lateinisch darzulegen, vorausgesetzt, daß es sich so drucken ließe. Jedes noch so vulgäre Pamphlet ist unseren gewinnsüchtigen Buchhändlern auf Englisch willkommen; sie drucken alles,

cuduntque libellos
In quorum foliis vix simia nuda cacaret

[Sie drucken erbärmliche Bücher, auf deren Seiten nicht einmal ein nackter Affe kacken möchte]. Aber vom Latein lassen sie die Finger, und dies ist einer der Gründe, die Nicolas Carr in seiner Rede über den Mangel an englischen Schriftstellern dafür angibt, daß so viele blühende Begabungen, von Vergessenheit verschüttet, tot und begraben in diesem Lande liegen. Ein anderer schlimmer Mangel liegt darin, daß ich mein Exemplar nicht überarbeitet und den Stil verbessert habe – sein Fluß ist ebenso nachlässig geblieben wie bei seiner ersten Entstehung; aber ich hatte dazu keine Muße. *Feci nec quod potui nec quod volui:* ich bekenne, das Ergebnis ist weder, wie ich es wollte, noch wie es sein sollte.

Cum relego scripsisse pudet, quia plurima cerno,
Me quoque quae fuerant judice digna lini.

Mich wiederlesen macht mir kein Pläsir:
Zuvieles les ich, was zu streichen wär.

Et quod gravissimum [und das Schlimmste], in der Sache selbst bin ich jetzt vielfach anderer Meinung als damals bei der Niederschrift: *non eadem est aetas, non mens* [mit dem Lebensalter hat sich der Geist geändert]. Wie gerne würde ich so manches widerrufen, doch es ist zu spät – ich kann nur um Entschuldigung bitten für das, was ich schuldig bleibe.

Mir geht es um Dinge, nicht um Worte, ich beherzige den Ausspruch Cardanos *verba propter res, non res propter verba* [die Worte sind für die Sachen da, nicht die Sachen für die Worte] und suche mit Seneca *quid scribam, non quemadmodum,* das Was eher als das Wie des Schreibens. Denn wie Philo sagt: ›Wer in einer Sache bewandert ist, schert sich nicht viel um Worte, und die viele schöne Worte machen, besitzen oft wenig Sachkenntnis.‹

Verba nitent phaleris, at nullas verba medullas
Intus habent

[Worte strahlen im Flitterglanz und sind doch im Inneren ohne Mark]. Und hat nicht schon der weise Seneca bemerkt: ›Wenn ihr einen zierlich reden und gewählt die Worte setzen hört, dürft ihr sicher sein, sein Geist beschäftigt sich mit Kindereien und ist ohne Substanz.‹ *Non est ornamentum virile concinnitas* [Eleganz ist kein Zeichen von männlichem Stil]; oder wie einer zur Nachtigall sagte: *vox es, praeterea nihil* [eine Stimme bist du, sonst nichts]. Ich bin daher in diesem Punkt ein erklärter Jünger des Apollonius, der wieder ein Schüler des Sokrates war: ich vernachlässige schöne Redewendungen und verwende alle Anstrengung darauf, meines Lesers Verstand anzusprechen, nicht, seinem Ohr gefällig zu sein. Es ist nicht Ziel meines Eifers, fein säuberlich zu komponieren, wie es die Redekunst verlangt, sondern mich so prompt und verständlich auszudrücken wie es eben gehen will. Geradeso wie ein Fluß manchmal rasch und reißend dahinfließt, dann wieder langsam und träge, bald geradewegs, bald *per ambages* [gewunden], jetzt tief, dann seicht, jetzt schlammig, dann klar, jetzt breit, dann eng, in der gleichen Art fließt mein Stil – bald ernsthaft, bald leichthin, bald komödienhaft, dann satirisch, einmal ausgefeilt und wenig später wieder zuchtlos, ganz wie es das Thema des Augenblicks verlangte oder wie ich zu jener Zeit gerade bei Laune war. Und geruhst Du, diese Abhandlung zu lesen, so wird sie Dir nicht anders vorkommen, als dem gewöhnlichen Reisenden sein Weg: bisweilen schön, dann wieder abscheulich, hier offenes

Land, dort eingezäunt, unfruchtbar an einem Ort, besserer Boden an einem anderen, durch Busch und Wald, über Berg und Tal, auf ebenem Grund &c. Ich führe Dich *per ardua montium, et lubrica vallium, et roscida cespitum, et glebosa camporum* [über steile Berge, beschwerliche Abhänge, taufrische Wiesen und Ackerschollen], vorbei an einer Vielzahl von Dingen[29] von denen Dir einige gefallen und andere gewiß mißfallen werden.

Der letzte, gewichtigste Einwand ist der, daß ich als Theologe mich auf die Heilkunst eingelassen habe.

Aliena ut cures eaque nihil quae ad te attinent?
Tantumne est ab re tua otii tibi?

Was Menedemus dem Chremes vorhielt, gilt für mich: habe ich soviel Freizeit und sowenig eigene Geschäfte, daß ich mich um anderer Leute Angelegenheiten kümmern muß, die mich nichts angehen? Was habe ich mit der Medizin zu schaffen? Ich gebe gerne zu, es gibt viele andere behandelnswerte Themen in der Menschen- und Gottesgelehrsamkeit, die ich eher gewählt hätte (wäre es mir darum gegangen, *ad ostentationem* zu schreiben, um mich bekanntzumachen), und mit denen ich auf vertrauterem Fuße stände. Viel lieber hätte ich darin geschwelgt und mich selbst wie auch andere besser zufriedengestellt, doch zu jener Zeit trieb ich schicksalhaft auf die Klippe der Melancholie zu, fortgerissen von jenem Nebenfluß, der

---

29 *Hic enim, quod Seneca de Ponto, bos herbam, ciconia lacertum, canis leporem, virgo florem legat* [Hier nämlich kann, wie Seneca über die Schwarzmeerregion sagt, die Kuh Gras, der Storch seine Eidechse, der Hund den Hasen und das Mädchen Blumen finden].

ursprünglich als Bächlein vom Hauptstrombett meiner Studien abzweigte, und auf dem ich mich in vielen Mußestunden ergötzt und ergangen habe als einem höchst unwiderstehlichen und weiträumigen Element.

Nicht daß ich es freilich der Theologie vorziehe – sie erkenne ich weiterhin an als Königin aller Wissenschaften, der die übrigen als bloße Handlanger dienen; doch an theologischen Schriften sah ich nicht eben großen Mangel. Sollte ich mich auf die Dogmatik einlassen? Es gibt so viele Bücher dieser Art, so viele Kommentare, Traktate, Pamphlete, Auslegungen und Predigten, daß ganze Ochsengespanne sie nicht vom Flecke brächten. Wäre ich so vorlaut und ehrgeizig gewesen wie manch andere, ich hätte leicht allerhand zum Druck befördert: eine Predigt, gehalten an St. Paul's Cross, eine Predigt in St. Mary's zu Oxford, eine Predigt in Christ Church, oder eine Predigt vor dem Sehr Ehrenwerten Herrn X, dem Hochwürdigsten Herrn Y, dem Hochwohlgeborenen Herrn Z, eine Predigt auf Latein oder Englisch mit oder ohne Titel, eine Predigt, eine Predigt, und so weiter, und so fort. Doch ich war immer ebenso darauf aus, meine Bemühungen dieser Art zu verschweigen, wie andere, die ihren an die große Glocke zu hängen. Mich mit der Feder in Kontroversen einzumischen hätte die gleiche Wirkung gehabt, wie einer Hydra einen Kopf abzuschneiden: *lis litem generat,* Zank zeugt wieder Zank; so sehr verdoppeln, verdreifachen sich und schwärmen die Streitfragen *in sacro bello hoc quod stili mucrone agitur* [in diesem heiligen Krieg, der mit der Federspitze ausgefochten wird], daß ich, einmal angefangen, nie damit zu Ende gekommen wäre. Es ist weit ungefährlicher, wie Papst Alexander der Sechste vor langer Zeit einmal bemerkte, einen großen Fürsten herauszufordern als einen Bettelmönch – und ich füge hinzu, einen Jesuiten oder Seminarpriester, denn *inexpugnabile genus hoc hominum,* sie sind eine unwiderlegbare Gesellschaft. Sie wollen und müssen das letzte Wort haben, und sie verfahren mit soviel Eifer, Dreistigkeit, abscheulichen Lügen, Fälschungen und Bitterkeit in ihren Debatten, daß auf sie das Wort zutrifft: *furorne caecus, an rapit vis acrior, an culpa? responsum date* – ich weiß nicht, ob sie blinde Wut, Irrglaube oder Übereilung stärker antreibt. Doch dessen bin ich gewiß, daß allzuoft (wie Augustin längst erkannte) *tempestate contentionis serenitas caritatis obnubilatur,* durch diesen Sturm von Streiterei der heitere Himmel der Nächstenliebe überwölkt wird. Allzu viele Geister dieser Art sind schon in allen Wissenschaften heraufbeschworen worden, mehr als wir je wieder zu bannen imstande sind, und sie rasen und toben so fürchterlich, daß (mit den Worten des Fabius) ›es für manche dieser Autoren viel besser gewesen wäre, stumm geboren oder des Schreibens unkundig zu sein, als sosehr zu ihrem eigenen Unheil zu faseln.‹

At melius fuerat non scribere, namque tacere
Tutum semper erit

[es wäre besser gewesen, gar nicht zu schreiben, denn Stille ist immer sicher]. Es ist dies ein verbreiteter Fehler, den Severinus der Däne in der Medizin so beklagt: ›Wir Unglücklichen verschwenden unsere Tage an hauchdünne Subtilitäten, an unnütze Streitfragen und Debatten‹, *de lana caprina* [über Kaisers Bart], über Mondschein im Wasser, ›und lassen derweil die kostbarsten Schätze der Natur unberührt, in denen die besten Heilmittel für Krankheiten aller Art stecken, ja, nicht genug, daß wir sie selbst vernachlässigen, wir behindern, verdammen, vereiteln und verhöhnen auch noch jene, die willens sind, danach zu forschen‹. Diese Gründe haben mich in der heutigen Zeit zur Wahl dieses medizinischen Themas bewogen.

Wenn nun ein Arzt daherkommt und folgert *ne sutor ultra crepidam* [Schuster bleib bei deinem Leisten], und grämt sich, weil ich in sein Fachgebiet eindringe, so antworte ich ihm bündig: ich mache es ebenso mit ihnen wie sie mit uns, wenn nur etwas dabei herausspringt. Ich kenne viele von ihrer Partei, die in Hoffnung auf eine Pfründe die Weihen genommen haben – es ist dies ein beliebter Übergang; und warum sollte nicht ein melancholischer Geistlicher, der ohne Simonie keine Aussicht auf ein Amt hat, die Heilkunst betreiben? Drusianus, ein Italiener (Crusianus nennt ihn irrtümlich Trithemius) hängte, weil er bei seiner Ausübung wenig Erfolg hatte, den Arztberuf an den Nagel und verfaßte fortan theologische Bücher. Marsilio Ficino war *semel et simul* [jedes für sich und beides zugleich] Priester und Arzt, und Thomas Linacre nahm auf seine alten Tage noch die Weihen. Die Jesuiten üben heutzutage beide

Berufe aus, manche sind *permissu superiorum* [mit Erlaubnis ihrer Oberen] auch noch Chirurgen, Kuppler, Zuhälter, Hebammen und anderes. Viele armen Landpfarrer müssen sich in Ermangelung anderer Mittel als Marktschreier, Quacksalber und Naturheilkundige behelfen; und wenn unsere geizigen Kirchenherren uns weiterhin unter so harten Bedingungen halten wie bisher, werden sie die meisten von uns zwingen, irgendein Gewerbe zu treiben wie Sankt Paulus, so daß wir uns schließlich als Tagelöhner, Mälzer, Krämer, Viehzüchter und Schankwirte verdingen müssen wie schon so manche, oder als noch Schlechteres.

Wenn Dir (guter Leser) mein Diskurs allzu medizinisch vorkommt oder allzumenschlich schmeckt, so verspreche ich Dir dafür in Bälde einen theologischen Traktat zur Entschädigung. Doch ich hoffe, dies wird Dir genügen, wenn Du den Stoff meines Gegenstands gründlicher bedacht hast, *rem substratam,* Melancholie und Wahnsinn, sowie die folgenden Motive, die meine Hauptbeweggründe waren: die weite Verbreitung dieser Krankheit, die Notwendigkeit, sie zu kurieren, der praktische Gewinn für das Gemeinwohl, der allen Menschen aus ihrer Kenntnis erwachsen wird, wie aus dem folgenden Teil dieses Vorworts im einzelnen zu entnehmen ist. Und ich zweifle nicht daran, daß Du am Ende mit mir sagen wirst, die Anatomie dieses Körpersaftes durch alle Glieder unseres Mikrokosmos sei keine geringere Aufgabe als die chronologischen Irrtümer über die assyrische Monarchie zu berichtigen, die Quadratur des Kreises zu finden, oder die Buchten und Meerengen der Nordost- und Nordwestpassagen, und eine ebensogroße Entdeckung wie des gierigen Spaniers *Terra Australis Incognita*[30] [unbekannter Südkontinent], genausoviel Mühe, wie die Umlaufbahn von Mars und Merkur vollständig zu berechnen, die ein wahres Kreuz für unsere Astronomen ist, oder Ordnung in den Gregorianischen Kalender zu bringen. Ich jedenfalls bin meinerseits so eingebildet, mir davon (wie Theophrast von seinen *Charakteren*) zu erhoffen, ›daß unsere Nachkommenschaft, Freund Polykles, aus unseren Schriften Vorteil ziehen wird, indem sie nach unseren Beispielen ihre Fehler bessert und berichtigt und unsere Lehren und Warnungen zum eigenen Gebrauch anwendet‹. Und wie der große Hauptmann Zisca nach seinem Tod aus der eigenen Haut eine Trommel anfertigen lassen wollte, weil er glaubte, ihr bloßes Dröhnen müßte all seine Feinde in die Flucht schlagen, so zweifle ich nicht, daß die folgenden Zeilen, wenn man sie später vorträgt oder liest (obgleich ich dann selbst nicht mehr bin), die Melancholie genauso gut vertreiben werden wie Ziscas Trommel seine Feinde verscheuchte.

Noch eine Warnung will ich bei der Gelegenheit meinem gegenwärtigen oder zukünftigen Leser mitgeben, der tatsächlich von Melancholie befallen ist, daß er nämlich nicht das Kapitel über Symptome und Vorzeichen in der folgenden Abhandlung lesen möge, damit er nicht in Anwendung des Ge-

30 Fernando de Quiroz, anno 1612, zu Amsterdam gedruckt.

lesenen auf sich selbst, durch erschwerende Übertragung des allgemein Gesagten auf seine Person (wie das bei Melancholikern so häufig ist), sich beunruhigt und kränkt, und am Ende mehr Schaden als Nutzen daraus zieht. Daher mein Rat an solche, diese Schrift mit Vorsicht zu studieren. *Lapides loquitur* (sagt Agrippa, *De occulta philosophia*), *et caveant lectores, ne cerebrum eis excutiat* [er spricht in harten Brocken, und die Leser mögen aufpassen, daß er ihnen damit nicht den Schädel einschlägt]. Alle übrigen können ohne Zweifel unbesorgt und mit Gewinn darin lesen. Doch ich bin allzu weitschweifig, und will daher fortfahren.

Sollte jemand an der Zwangsläufigkeit und allgemeinen Gültigkeit meiner Worte zweifeln, so muß ich ihn ersuchen, sich einen raschen Überblick über die Welt zu verschaffen, wie Zyprian dem Donatus riet: bei der Vorstellung, er sei auf den Gipfel eines hohen Berges versetzt und betrachte von dort oben das Gewoge und die Wechselfälle dieser schwankenden Welt, wird er nicht anders können als sie verlachen oder bemitleiden. Sankt Hieronymus bildete sich in seinen heftigen Phantasien mitten in der Wildnis ein, die Menschen in Rom tanzen zu sehen. Und wenn Du nur Deine Vorstellungskraft genug anstrengst oder hoch genug hinaufsteigst, um alles zu sehen, so wirst Du bald merken, daß die ganze Welt verrückt, melancholisch und vernarrt ist; das heißt (was Epichthonius Cosmopolites vor einigen Jahren mit Hilfe einer Landkarte ausgedrückt hat), geformt wie ein Narrenschädel, mit dem Motto *caput helleboro dignum* [ein Nieswurz-würdiges Haupt], ein hirnrissiger Kopf, *cavea stultorum,* ein Jahrmarkt der Toren, oder wie Apollonius meint, ein gemeines Gefängnis voller Einfältiger, Gauner, Schmeichler &c., das dringend der Besserung bedarf.

Lukian führt in seiner witzigen Erfindung aus, wie Charon einst von Merkur an einen Ort geleitet wurde, von dem er die ganze Welt mit einem Blick umfassen konnte. Nachdem er eine Weile um sich geblickt und sie gemustert hatte, wollte Merkur gern wissen, was er beobachtet habe. Jener erwiderte, er habe eine riesige und bunt gemischte Menge gesehen, ihre Wohnungen gleich Maulwurfshügeln, die Menschen selbst wie Ameisen; ›er unterschied Städte, die wie lauter Bienenwaben aussahen, und jede Biene hatte ihren Stachel, und sie taten nichts als aufeinander einstechen, wobei einige, die größer waren als der Rest, die anderen wie Hornissen tyrannisierten, andere den diebischen Wespen glichen, wieder andre den Drohnen‹. Über ihren Köpfen schwebte eine wirre Menge von Heimsuchungen wie Hoffnung, Furcht, Wut, Gier, Unwissenheit und viele andere, und eine Vielzahl von Krankheiten hing über ihnen, die sie sich ständig auf den Hals luden. Einige lärmten, andere stritten, saßen zu Roß, rannten umher, *sollicite ambientes, callide litigantes* [aufgeregt bettelnd, verschlagen feilschend] um Lappalien und Kindereien und andere Dinge des Augenblicks; ihre Städte und Provinzen nichts als Parteienzwist, reich gegen arm, arm gegen reich, Adel gegen Handwerker und sie wieder gegen den Adel, und so fort. In

Summa, er verdammte sie alle als Verrückte, Narren, Idioten und Esel: *o stulti, quaenam haec est amentia?* O ihr Toren, ihr Wahnsinnigen! ruft er aus. *Insana studia, insani labores,* verrückte Mühen, verrückte Taten, alles verrückt, verrückt! *O saeclum insipiens et infacetum* [o geschmackloses, witzloses Zeitalter!], welch eine wirrköpfige Zeit! Heraklit, dem Philosophen, kamen bei ernsthafter Betrachtung der menschlichen Lebensweise die Tränen, und unaufhörlich weinend bejammerte er ihre Not, Narrheit und Geistesverwirrung. Demokrit andererseits brach in schallendes Gelächter aus. Ihre ganze Existenz kam ihm dermaßen unsinnig vor, und sosehr wurde er von seiner ironischen Gemütsbewegung fortgerissen, daß ihn die Bürger von Abdera für geisteskrank hielten.

Olim jure quidem, nunc plus, Democrite, ride;
Quin rides, vita haec nunc mage ridicula est.
Laut lachte Demokrit und unverstellt:
Aus gutem Grund hielt er sich einst den Bauch.
Wie müßt er heute lachen! Unsere Welt
Ist doch gewiß das größere Narrenhaus.

Nie gab es mehr Grund zum Lachen als jetzt, nie so viele Narren und Irre. Ein einziger Demokrit ist zuwenig für unsere Tage: was wir heute brauchen, ist ein Demokrit, um Demokrit selbst zu verspotten,[31] ein Spaßmacher, der über einen anderen Possen reißt: Narren, die sich gegenseitig narren, einen Riesendemokrit mit Stentorstimme, und so groß wie der Koloß von Rhodos. Denn heutzutage gilt, was Johann von Salisbury schon von seiner Zeit

31 Erasmus, im *Lob der Torheit.*

gesagt hat: *totus mundus agit histrionem,* die ganze Welt spielt den Hanswurst; wir haben immerzu ein neues Schauspiel vor uns, eine neue Szene, eine neue Komödie der Irrungen, eine neue Komödiantentruppe. *Volupiae sacra* [die Riten der Göttin Vergnügen], wie Calcagnino witzig in seinen Fabeln sagt, werden landauf, landab gefeiert, deren Akteure ausnahmslos Verrückte und Narren waren, die von Stunde zu Stunde das Kostüm wechselten oder sich überwarfen, was gerade zur Hand war. Wer heute Seemann ist, wird morgen Apotheker; einer spielt eine Weile den Hufschmied, dann den Philosophen *in his Volupiae ludis* [bei dieser Feier der Göttin Vergnügen]; einen Augenblick lang König, mit Krone, Prachtgewändern, Szepter und Gefolge, und wenig später in der Rolle des Kärrners, der einen bepackten Esel vor sich hertreibt. Wenn Demokrit heute lebte, er könnte seltsame Metamorphosen betrachten, immer neue Rotten von Maskenträgern, windigen Gesellen, Cumanischen Eseln, Fastnachtsnarren, Mummenschanzspielern, bemalten Puppen, Fassadenmenschen, fantastischen Schatten, Einfaltspinseln, Ungeheuern, Wirrköpfen, Zierbengeln. Eine kräftige Vermehrung und viel Zuwachs von Wahnsinn, Narretei und Eitelkeit könnte Demokrit feststellen, wenn er sich wieder auf Reisen begäbe oder von Pluto Urlaub bekäme, um die heutigen Sitten zu beobachten: ich bin sicher, der Bauch würde ihm platzen vor Lachen. Es läßt sich nicht leugnen, die Welt wird anders mit jedem Tag; *ruunt urbes, regna transferuntur &c., variantur habitus, leges innovantur*

[Städte fallen, Reiche wechseln den Platz, die Moden wandeln sich und Gesetze werden neu geschrieben], wie schon Petrarca bemerkt. Wir ändern unsere Rede, unsere Kleider, Gesetze, Sitten und Gebräuche, nicht aber unsere Laster und Gebrechen, und auch nicht die Symptome von Narrheit und Wahn – sie bleiben gleich. Und so wie ein Fluß seinen Namen und sein Bett beibehält, nicht aber sein Wasser, das doch ewig dahinströmt, *labitur et labetur in omne volubilis aevum* [es fließt und wird fließen, sich wandelnd durch alle Zeiten], so ändern sich Zeiten und Menschen, doch die Laster bleiben beständig und werden es immer sein. Seht, ganz wie vordem Nachtigallen sangen, Hähne krähten, Kühe muhten, Schafe blökten, Spatzen zwitscherten, Hunde bellten, so tun sie es bis heute; auch wir halten an unserem Wahn fest, spielen weiter die Narren, *nec dum finitus Orestes* [und das Stück ist noch nicht zu Ende]; wir haben dieselben Launen und Neigungen wie unsere Vorgänger; man wird finden, daß wir alle gleich sind, ganz und gar einträchtig, wir alle samt unseren Kindern, *et nati natorum, et qui nascuntur ab illis* [und die Kindeskinder mit all ihren Sprößlingen]. Und so werden es unsere Nachkommen machen bis ans Ende der Tage.

Aber wir wollen von der heutigen Zeit sprechen.

Wenn Demokrit jetzt lebte und den Aberglauben unserer Zeit sähe, unseren religiösen Wahn, wie Meteran ihn nennt, *religiosam insaniam:* so viele namentliche Christen und doch sowenig Nachfolger Christi, soviel leeres Gerede über Religion, soviel Wissenschaft und sowenig Gewissen, so viele Prediger und sowenig Täter des Wortes, solch eine Vielzahl von Sekten, soviel Raffen und Festhalten auf allen Seiten, *obvia signis signa* [Feldzeichen gegen Feldzeichen], und so fort, so abgeschmackte und lachhafte Überlieferungen und Zeremonien; wenn ihm ein Kapuziner begegnete,[32] ein Franziskaner, ein pharisäischer Jesuit, eine Schlange in Mannsgestalt, ein tonsurköpfiger Mönch in seiner Kutte, ein Bettelbruder, oder wenn er gar den dreifach gekrönten allerhöchsten Herrn Papst sähe, den Nachfolger des armen Petrus und *servus servorum Dei* [Knecht der Diener Gottes], wie er mit dem Fuß Könige vom Thron stößt, oder ihn auf den Nacken der Kaiser setzt, die er barfuß und ohne Beinkleider vor seinen Toren stehen und ihm Zaum und Steigbügel halten läßt (o daß Peter und Paul noch lebten, um das zu sehen!); wenn er Fürsten vor lauter Frömmigkeit vor ihm im Staub liegen und seinen großen Zeh küssen sähe, um ihn all die rotbemützten Kardinäle, Nachkommen der armen Gemeindepriester von anno dazumal, jetzt Gefährten von Fürsten – was würde er sagen?

Coelum ipsum petitur stultitia [Narrheit will selbst den Himmel stürmen]. Hätte er einige unserer andächtigen Pilger getroffen, die barfuß nach Jerusalem ziehen, zu Unserer Lieben Frau von Loreto, nach Rom, zum Hl. Jakobus, zum Schrein von Sankt Thomas, um zu all jenen nachgemachten und wurmstichigen Reliquien hinzukriechen; hät-

32 Zum Beispiel Vater Angelo alias Herzog von Joyeux, wie er barfuß über die Alpen nach Rom zog.

te er einer Messe beigewohnt und all das Geküsse von Reliquientafeln und Kruzifixen erlebt, all die Kriecherei und Katzbuckelei, all die verschiedenen Trachten und Förmlichkeiten, Heiligenbilder, Indulgenzen und Ablässe, Vigilien, Feste und Fasten, das Sich-Bekreuzigen, An-die-Brust-Schlagen, Knien beim Ave-Maria, Glöckchengeklingel und manch anderes dergleichen, *jucunda rudi spectacula plebi* [Schauspiel nach dem Geschmack der rohen Menge], dazu Litaneien in Kauderwelsch und Rosenkranzgeplapper; hätte er alte Weiblein beobachtet, wie sie ihre Gebete auf lateinisch hersagen, sich mit Weihwasser besprenkeln und in Prozessionen mitlaufen; und hätte er auf der Gegenseite manche unserer heiklen und sonderbaren Schismatiker betrachtet, wie sie im entgegengesetzten Extrem alle Zeremonien verabscheuen und lieber Leben und Lebensunterhalt aufs Spiel setzen als irgend etwas zuzulassen, das schon bei den Papisten in Gebrauch war, wie nebensächlich es auch sei – sie allein sind die wahre Kirche, *sal terrae, cum sint omnium insulsissimi* [das Salz der Erde, wo sie doch die Abgeschmacktesten von allen sind]; lauter Umstandskrämer, die sich aus Angst und Kriecherei wie die Wetterfahnen drehen; eine Bande von Liebedienern, jederzeit bereit, jeden Antrag nachzubeten und zu verfechten, von dem sie sich Vorteil versprechen; eine neue Epikuräer-Meute, die geiergleich auf der Lauer liegt, nach Beute aus Kirchengut giert, stets bereit, durch den Sturz anderer hochzukommen (wie Lukian bei einem ähnlichen Fall sagte) – was glaubst Du, hätte Demokrit getan, wenn er Zeuge all dieser Dinge gewesen wäre? Oder hätte er beobachtet, wie das gemeine Volk hinterhertrottet gleich einer Schafherde, sobald sich nur einer aus der Brüderschaft an den Hörnern über die Kluft zerren ließ, die einen aus Eifer, die andern aus Angst, *quo se cumque rapit tempestas* [wohin sie der Sturm gerade weht], bereit, alles zu glauben, nichts zu prüfen, und doch eher zu sterben als auch nur einer ihrer angewöhnten Zeremonien abzuschwören; oder wie andere aus lauter Heuchelei fleißig zu den Predigten laufen, sich an die Brust schlagen, die Augen nach oben verdrehen, Eifer simulieren, nach Reform gieren, und doch (ohne Übertreibung) wie erklärte Wucherer, Geldschneider, Menschenmonster, Harpyen, und wahre Teufel leben!

Was hätte er wohl gesagt als Augen- und Ohrenzeuge oder Leser so vieler blutiger Schlachten, angesichts soviel tausend Erschlagener auf einen Streich, solcher Ströme von Blut, mit denen man ganze Mühlen treiben könnte, *unius ob noxam furiasque* [aufgrund von Schuld oder Wahn eines einzelnen], oder vergossen zur Unterhaltung von Fürstlichkeiten, ohne jeden gerechten Anlaß; ›für leere Titel‹, sagt Augustin, ›Vorrang, irgendeine Dirne oder ähnliche Lappalien, oder aus Herrschsucht, Hoffart, Bosheit, Rachedurst, Narrheit, Irrwitz‹ – lauter hübsche Gründe *ob quas universus orbis bellis et caedibus misceatur* [um den ganzen Erdkreis mit Krieg und Gemetzel zu überziehen] –; all dies, während die Staatsmänner selbst sicher zu Hause sitzen, verhätschelt mit allen Freuden und Genüssen, es sich bequem machen, ihren Lüsten frönen, und keinen Gedanken an das unerträgliche Elend der armen Soldaten verschwenden, an Verwundung, Hunger, Durst &c., die ihr ständiges Los sind. Die elenden Sorgen, Qualen, Schicksalsschläge und Bedrängnisse, die solche Unternehmungen begleiten, spüren und bemerken sie gar nicht. ›So werden Kriege angezettelt, auf Anraten einiger stumpfsinniger, hasenhirniger, heruntergekommener, liederlicher, hungerleidiger Hauptleute, schmarotzerischer Kriecher, unsteter Heißsporne, rastloser Neuerer, Grünschnäbel, um eines einzigen Menschen private Grille, Lust, Ehrsucht, Raffgier &c. zu befriedigen.‹ *Tales rapiunt scelerata in proelia causae* [solche Anlässe führen zu verruchten Schlachten]. *Flos hominum* [der beste Teil der Menschheit], Männer vom rechten Schlag, wohlgefügt, mit aller Sorgfalt großgezogen, tüchtig an Körper und Geist, kerngesund, werden wie lauter Vieh in der Blüte ihrer Jahre, im Stolz ihrer vollen Stärke zum Schlachtplatz geführt, ohne Skrupel und Erbarmen, dem Pluto zum Opfer gebracht, wie lauter Schafe hingemetzelt, dem Teufel zum Fraß, vierzig Tausend auf einmal.[33] Auf einmal, sage ich? Dann wäre es noch erträglich, doch diese Kriege dauern ewig, viele Menschenalter lang; nichts alltäglicher als dies Stechen und Stoßen, dies Massakrieren, Morden, Verwüsten: *ignoto coelum clangore remugit* [der Himmel dröhnt wieder von dem ungeheuren Getöse]. Sie aber scheren sich

---

33 *Bellum rem plane beluinam vocat Morus, Utop. lib. II* [eine wahrhaft viehische Angelegenheit nennt Morus im zweiten Buch seiner *Utopia* den Krieg].

nicht um das Unheil, das sie anrichten, solange sie sich nur für den Augenblick die Taschen füllen: sie fachen die Gluten der Streitsucht an, bis die ganze Welt vom Feuer verzehrt ist.

Und wenn Demokrit Zeuge der jüngsten Bürgerkriege in Frankreich gewesen wäre? – jener ganz und gar scheußlichen Kriege, *bellaque matribus detestata* [und verflucht von allen Müttern], ›die in weniger als zehn Jahren zehntausend Menschen verschlangen‹, wie Coligny schreibt, ›und zwanzigtausend Kirchen in Schutt legten‹; ja, so fügt Richard Dinoth hinzu, das gesamte Königreich untergruben: so viele Myriaden von Bürgern wurden hingemordet durch Schwert, Hungersnot und anderes Kriegsgeschehen, *tanto odio utrinque ut barbari ad abhorrendam lanienam obstupescerent,* mit so viehischem Haß, daß die Welt es nicht fassen konnte! Oder hätte er unsere letzte Pharsalische Schlacht miterlebt, die zur Zeit Heinrichs des Sechsten zwischen den Häusern von Lancaster und York ausgetragen wurde: hunderttausend Erschlagene, schreibt der Chronist; zehntausend Familien ausgerottet, ein anderer; ›so daß man nur staunen kann (wie Commines sagt) angesichts der ungeheuerlichen Barbarei und raubtierhaften Verheerung, die Menschen derselben Nation, Sprache und Religion untereinander anrichten konnten.‹

Quis furor, o cives? [welcher Wahn, Bürger, reißt euch hin?] ›Warum rasen die Heiden so fürchterlich?‹ fragt der weise David (Ps. 2,1). Doch uns steht es an, zu fragen: warum rasen wir Christen so furchtbar? *Arma volunt, quare poscunt rapiuntque juventus* [weshalb begehrt, verlangt, ergreift die Jugend Waffen?] Wenn solche Tyrannei für Heiden unziemlich ist, wieviel mehr für uns, so wie jene, die die Spanier in Westindien ausübten, wo sie in 42 Jahren (wenn wir Bartolomé de las Casas, ihrem eigenen Bischof, glauben dürfen) zwölf Millionen Menschen unter ausgesuchten und unbeschreiblichen Foltern ermordeten; ›und es wäre keine Lüge‹, fügt er hinzu, ›wenn ich sagte fünfzig Millionen.‹ Ich übergehe die französischen Massaker, sizilianische Vespern, Greuel des Herzogs von Alba, unsere eigenen Pulververschwörungen oder jene vierte Furie (wie sie Heinsius nennt), die Spanische Inquisition, die alle zehn Heimsuchungen weit in den Schatten stellt. *Saevit toto Mars impius orbe* [der ruchlose Mars tobt über die ganze Welt].

Ist diese Welt nicht ein *mundus furiosus,* völlig verrückt, oder wie Jansenius sie nennt, *insanum bellum* [ein einziger wahnwitziger Krieg]? Sind es nicht lauter Verrückte (zu diesem Schluß kommt Scaliger), *qui in proelio acerba morte insaniae suae memoriam pro perpetuo teste relinquunt posteritati,* die diese Unzahl von Schlachten allen künftigen Zeiten als dauerndes Denkmal ihres Wahnsinns vermachen? Hätte dies wohl, was meint Ihr, unseren Demokrit zum Lachen gebracht, oder eher dazu, die Tonart zu wechseln, andere Saiten aufzuziehen, und mit Heraklit zu weinen?

Alexander war traurig, weil es keine Welten mehr für ihn zu erobern gab, und manche bewundern ihn dafür: *animosa vox videtur et regia,* [stolz und] königlich sei dieses Wort; und ist doch, wie der weise Seneca bitter bemerkt, *vox iniquissima et stultissima,* eher eine Narrenstimme aus dem Tollhaus. Senecas Satz über ihn und seinen Vater Philip gilt mir für alle: *non minores fuere pestes mortalium quam inundatio, quam conflagratio* &c., sie haben ebensoviel Unheil über die Welt gebracht wie die gnadenlosen Elemente Wasser und Feuer in ihrer Wut.

Und was noch trauriger ist, sie reden den Menschen ein, diese höllische Lebensweise sei heilig, und verheißen all jenen den Himmel, die ihr Leben *bello sacro* [im heiligen Krieg] aufs Spiel setzen. So verklärt ›man mit einem Glanz von Göttlichkeit die grausamste und verheerendste Heimsuchung des Menschengeschlechtes‹, vergötzt mit erhabenen Titeln, Würden, Statuen und Bildern solche Männer, ehrt, beklatscht und belohnt sie reich für ihre Dienste – kein größerer Ruhm, als im Felde zu fallen. In diesem Sinne verherrlicht Ennius den Africanus; Mars, Herkules und ich weiß nicht, wie viele noch, wurden schon in alter Zeit zu Göttern gemacht und auf direktem Weg in den Himmel befördert, die doch in Wirklichkeit nichts anderes waren als blutige Schlächter, bösartige Zerstörer und Unruhestifter in der Welt, unvorstellbare Ungeheuer, Höllenhunde, barbarische Pestilenz, Vertilger und Scharfrichter der Menschheit. Wer sich aber nicht auf eine Schwertspitze stürzen mag, wer vor einer Kanonenkugel duckt, gilt als gemeiner Feigling und ist kein rechter Mann. So kommt es, daß *madet amor ferri et scelerati insania belli* [wilde Schwertlust und verbrecherischer Kriegswahnsinn überall tobt]; und das, wofür einer, tut er es auf eigene Faust, unerbittlich gerichtet wird, das nichts weiter ist als nackter Totschlag, heißt als öffentliche Kriegstat Tapferkeit, und trägt dem Täter Verehrung ein. *Prosperum et felix scelus virtus vocatur* [das erfolgreiche Verbrechen nennt sich Verdienst]. Ein armer Schafdieb wird für seinen Mundraub, zu dem ihn vielleicht die Not von unerträglicher Kälte, Hunger und Durst trieb, um nicht zugrunde zu gehen, aufgehängt; aber ein großer Herr in Amt und Würden kann in aller Ruhe ganze Provinzen ausrauben, Tausende ruinieren, schröpfen und köpfen, unterdrücken nach Herzenslust, scheren, pressen, tyrannisieren, sich an der Beute der Bürgerschaft mästen, ohne Aufsicht in seinen Taten, um nach alledem mit schwülstigen Titeln belohnt und für seine Verdienste geehrt zu werden, und wehe demjenigen, der dagegen zu kritteln oder zu murren wagte.

Wie hätte es wohl unseren Demokrit berührt, einen elendigen Lumpen zu sehen oder ›einen Narren, den reinsten Idioten, Bovist, goldenen Esel, ein Monstrum von Mensch, wie er von vielen guten, weisen, gelehrten Männern umschwänzelt wird, deren Unterwürfigkeit eine Zugabe zu seinen Reichtümern darstellt,[34] wie sie ihn mit göttlichen Titeln und bombastischen Attributen nur deshalb anhimmeln, weil er soviel Geld und Gut sein eigen nennt, und einen mit Weihrauch und Elogen überschütten, den sie sehr wohl als Schwindler durch-

34 Morus, *Utopia*.

schauen, als Narren, als gierigen Schuft, als Vieh &c., nur weil er eben reich ist!‹[35] *Sub exubiis leonis onagrum* [unter dem Löwenfell den Wildesel] zu sehen, ein unflätiges und widerwärtiges Stück Aas, ein von Parasiten aufgeputztes Gorgonenhaupt, wie es sich ruhmreiche Titel anmaßt, seinem Wert nach unmündig, ein Cumanischer Esel, ein übertünchtes Grab, eine ägyptische Tempelfassade! Zu sehen wie ein vergilbtes Gesicht, eine kränkliche, ungestalte wurmstichige Erscheinung, ein verrotteter Leichnam, ein Viperngeist und eine Epikuräerseele mit orientalischen Perlen ausstaffiert wird, mit Geschmeide, Diademen, duftenden Essenzen, seltenem und kunstreichem Zierat, kleiderstolz wie ein Kind mit neuen Röcken; – und daneben ein braver Mann, mit göttlichen und engelhaften Zügen, ein Heiliger, mild und demütig an Geist und Seele, wie er in Lumpen bettelt und dicht vor dem Hungertod steht! Der eine: armselig, verächtlich, heruntergekommen in seiner Erscheinung, der Rock zerschlissen, aber seine Rede elegant, von göttlichem Atem und Weisheit: der andere: fein gekleidet, geschniegelt, voll von Artigkeiten, doch uneinnehmend, witzlos, ein Unsinnschwätzer!

So viele Anwälte, Advokaten, Tribunale, und so wenig Gerechtigkeit; so viele Magistratsbeamten, sowenig Sorge um das Gemeinwohl; so viele Gesetze, und doch Willkür wie nie zuvor; *tribunal litium segetem* [die Gerichtshöfe selbst säen Rechtsstreit], das Tribunal wird zum Labyrinth, mit so vielen tausend Prozeßgegnern bisweilen an ein und

35 Ebenda, im 2. Buch.

demselben Gerichtshof, die alle aufs heftigste miteinander streiten. Und dabei *injustissimum saepe juri praesidentem* zu sehen, *impium religioni, imperitissimum eruditioni, otiosissimum labori, monstrosum humanitati* [wie der Ungerechteste den Vorsitz in Sachen Gerechtigkeit führt, der Gottlose in der Religion, der größte Ignorant in der Gelehrsamkeit, ein Erzfaulenzer, wenn es um die Arbeit, ein Ungeheuer, wenn es um die Menschlichkeit geht]! Zu sehen, wie das Lamm hingerichtet wird und der Wolf das Urteil spricht; *latro* [der Räuber] vor den Schranken, und *fur* [der Dieb] auf dem Richterstuhl; wie der Richter andere streng bestraft und selbst Schlimmeres tut, *eundem furtum facere et punire, rapinam plectere cum sit ipse raptor* [wie einer als Dieb Diebe straft, Räubereien ahndet, wo er doch selbst Räuber ist]! Wie wird das Gesetz umgebogen, mißdeutet, pro und contra ausgelegt, je nachdem, wie den Richter Freunde, Bestechungsgelder, oder irgendwelche Gemütsbewegungen beeinflussen[36] – gerade als wäre es eine wächserne Nase, die heute ansehnlich ragt und morgen zu nichts zergeht.

Was ist ein Marktplatz? Ein Ort, sagt Anacharsis, wo einer den andern übers Ohr haut, eine Falle. Nun gut, und die Welt selbst? Ein Riesendurcheinander, ein Wirrwarr von Sitten, launisch wie die

---

36 *Ergo judicium nihil est nisi publica merces* [somit ist Rechtsprechung nichts als eine feile Ware] – Petronius.
Quid faciant leges ubi sola pecunia regnat?
[Was sollen Gesetze ausrichten, wo nur das Geld regiert?] – Derselbe.

Luft, *domicilium insanorum* [ein Irrenhaus], ein tobender Haufen Unrat, ein Auflauf wandelnder Kobolde und Gespenster, Theater der Heuchelei, Handelshaus der Gaunerei und Liebedienerei, Pflanzstätte der Schurkerei, Plapperbühne, Schule des Leichtsinns, Laster-Akademie: ein Kriegsschauplatz *ubi velis nolis pugnandum, aut vincas aut succumbas* [wo es kämpfen heißt, ob einer will oder nicht, die Oberhand gewinnen oder untergehen], wo man tötet, um nicht getötet zu werden, wo jeder für sich allein steht, eigene Ziele verfolgen und sich vorsehen muß. Weder Liebe noch Erbarmen, Freundschaft, Gottesfurcht, Bündnistreue, Verschwägerung, Blutsverwandtschaft, noch Christentum hält die Menschen zurück: sobald ihnen einer zu nahe kommt oder an ihren Besitz rührt, schlagen sie aus. Alte Freunde werden mit einem Mal über Winzigkeiten und kleinsten Kränkungen zu erbitterten Feinden, und die eben noch bereit waren, einander alle Liebe und Freundlichkeit zu erweisen, verteufeln und verfolgen sich nun mit mehr als Prophetengrimm bis in den Tod und verweigern alle Versöhnung. Solange sie einander zweckdienlich sind, lieben sie sich und stehen sich sogar bei, aber kaum ist kein Vorteil mehr zu erwarten, da behandeln sie den anderen wie einen alten Hund, jagen ihn davon oder hängen ihn an den nächsten Nagel – ein Verhalten, das Cato höchst unschicklich findet, nämlich mit Menschen umzugehen wie mit altem Schuhwerk und zerbrochenem Glas, das man auf den Schindanger wirft; er brachte es nicht übers Herz, auch nur einen alten Ochsen zu verkaufen, geschweige denn, einen alten Knecht aus dem Haus zu jagen.

Doch sie belohnen ihren Diener mit Hohn, und nachdem sie ihn zum Spielball ihrer Bosheit gemacht haben, räumen sie ihn beiseite, wie der Türkenkaiser Bajazet II. den Bassa Acomethes, oder statt ihm seine Dienste zu entgelten, hassen sie ihn zu Tode, wie die Behandlung des Silius durch Tiberius zeigt. Mit einem Wort, jeder dient nur seinen eigenen Zielen.

Unser *summum bonum* [höchstes Gut] ist Besitz, und die Göttin, die wir anbeten, heißt *Dea Moneta,* Königin Geld: ihr opfern wir täglich, sie lenkt unsere Herzen, Hände, Sinne, unser ganzes Wesen, sie ist die allmächtige Gottheit, die uns formt, niederdrückt, aufrichtet, sie gilt als alleinige Befehlshaberin all unserer Taten, für sie verrichten wir Gebete, hasten zu Fuß und zu Roß, kommen, gehen, plagen und streiten uns wie Fische um eine Brotkrume, die ins Wasser fällt. Nicht Wert oder Tugend, bloßes *bonum theatrale* [ein Vorzug, der nur auf dem Theater zählt], macht uns angesehen, noch Klugheit, Mut, Wissen, Ehrbarkeit, Frömmigkeit, oder irgendwelche Tauglichkeit – sondern Geld, Macht, Ämter, Titel, Einfluß. Ehrbarkeit gilt als Torheit, Betrug als Diplomatie; die Menschen werden bewundert nach dem herrschenden Vorurteil, nicht als was sie sind, sondern was sie scheinen: es herrscht ein derartiges Sich-Verstellen, Lügen, Falschspiel, Intrige und Gegenintrige, Hinhalten, Schmeichelei, Schwindel und Heuchelei, ›daß einer notwendig Gott aufs schlimmste kränken muß, wenn er sich nach dem Lauf der Welt richtet.‹ *Cretizare cum Crete* [mit den Kretern heißt es kretisch handeln] oder in Mißachtung, Ungnade, Elend leben. Der eine tut maßvoll und fromm, ein anderer streng gegen sich selbst, wieder ein anderer hält eine affektierte Art von Schlichtheit hoch, und doch sind alle drei und alle ihresgleichen nichts als Scheinheilige, Taschenspieler, Oberflächen und lauter Bilder zum Umdrehen, ein Lamm auf der einen Seite, ein Löwe auf der anderen. Wie hätte es Demokrit gefreut, all dies zu sehen!

Auf alle Einzelheiten einzugehen wäre eine Arbeit des Herkules: der absurden Beispiele sind so viele wie Stäubchen in der Sonne. *Quantum est in rebus inane!* [wieviel Nichtigkeit steckt in allem]; unmöglich, sich mit allem zu befassen. *Crimine ab uno disce omnes* [aus einem Übel lerne alle kennen] – nimm dies als Probebissen. Ist nicht das Gesagte allen Sinnen offenbar, banal, und wohlbekannt? Wie wäre Demokrit erst in Wallung geraten, hätte er ihnen in die Geheimnisse ihrer Herzen geschaut! Hätte jeder Mensch nur ein Fenster in seiner Brust (so wie nach dem Vorschlag des Momus jener, den Vulkan für die Götter konstruieren sollte) oder (was sich Cicero vor allem wünschte), wäre einem jeden auf die Stirn geschrieben, *quid quisque de republica sentiret,* was er [über den Staat] denkt; ließe sich in einem Augenblick bewirken, was Lukians Merkur mit Charon tat, als er ihm die Augen berührte, ihn nämlich *semel et simul rumores et susurros* [mit einem Mal alle Gerüchte und Flüstereien] hören zu lassen,

Spes hominum caecas, morbos, votumque, labores,
Et passim toto volitantes aethere curas
Ihr Hoffen, Wünschen, Mühen, blind und siech,
Und jede Sorge, die in Lüften fliegt;

könnte einer nur *cubiculorum obductas foras recludere et secreta cordium penetrare* [die geheimen Schlafzimmertüren durchdringen und die Heimlichkeiten der Menschenherzen entdecken] (was Zyprian gern getan hätte); Türen und Schlösser öffnen, Riegel zurückschieben wie Lukians Hahn mit einer Schwanzfeder; hätte er Gyges' unsichtbarmachenden Ring oder irgendein rares Fernglas oder Hörrohr, die alle Erscheinungen derart verstärken, daß man alles auf einmal hören und sehen könnte (wie bei Martianus Capella Jupiter mit Hilfe eines Speeres in seiner Hand, der ihm vergegenwärtigte, was täglich auf dem Angesicht der Erde geschah), daß man Hahnreihgehörnte zu sehen bekäme, Alchemistentrug, den Stein der Weisen, die neuesten Spekulationen &c., und all jene Werke der Finsternis wie närrische Gelübde, Hoffnungen, Ängste und Wünsche – wie sehr hätte das erst Demokrit zum Lachen gebracht! Im einen Kopf hätte er Windmühlen entdeckt, im nächsten ein Hornissennest. Oder hätte er mit Lukians Ikaromenipp Jupiter in seiner Flüstergalerie Gesellschaft geleistet, und zugehört, wie der eine um Regen betet, der zweite um Schönwetter, wieder einer, daß ihm sein Weib, ein anderer, daß ihm sein Vater sterben möge &c., ›wie sie von Gottes Hand erbitten, was sie aus Scham keinem Menschen zu offenbaren wagen‹, er wäre aus dem Staunen nicht mehr herausgekommen! Was glaubt Ihr, könnte er oder irgendein anderer urteilen, daß diese Menschen noch bei Sinnen sind? *Haec sani esse hominis non sanus juret Orestes?* [Nicht einmal Orest im Wahnsinn würde auf den Verstand solcher Leute schwören]. Kann aller Nieswurz von Antikyra sie kurieren? Nein und abermals nein, ›ein ganzer Hektar Heilkraut reicht dazu nicht aus.‹

Und was noch beklagenswerter ist, sie sind im Wahn wie die blinde Frau bei Seneca: weder wollen sie ihr Leiden erkennen noch Heilung suchen,[37] denn *pauci vident morbum suum, omnes amant* [wenige sehen, alle lieben ihre Krankheit]. Wenn unser Arm oder Bein krankt, so trachten wir unter Aufbietung aller Mittel danach, sie wieder herzustellen, und wenn wir an körperlichen Gebrechen leiden, so schicken wir nach dem Arzt; doch von den Krankheiten des Geistes nehmen wir keinerlei Notiz. Lust zerfleischt uns auf der einen Seite, Neid, Zorn, Ehrgeiz auf der anderen. Wir werden von unseren Leidenschaften, wie von lauter wilden Pferden, in Stücke gerissen, der eine nach seiner Anlage, der andere durch Gewohnheit; der eine verfällt der Schwermut, der andere dem Wahnsinn; und wer von uns bemüht sich schon um Abhilfe, gesteht seine Verirrung ein, oder weiß auch nur, daß er krank ist? So wie jener Dummkopf die Kerze ausblies, damit ihn die blutgierigen Flöhe nicht finden sollten, hüllt sich jeder in geborgte Titel und fremdes Gewand, damit ihn ja keiner

37 *Eoque gravior morbus quo ignotior periclitanti* [Um so schwerer die Krankheit, je unbekannter sie dem Patienten ist].

erkennt. Ein jeder denkt bei sich *Egomet videor mihi sanus,* mit mir steht es gut, ich bin klug, und lacht die anderen aus. Und der gleiche Fehler grassiert unter allen: was unsere Vorväter für gut befanden, an Nahrung, Kleidung, Ansichten, Einstellungen, Sitten und Gebräuchen, das verlachen und verwerfen wir heutzutage als abgeschmackt. Die Alten nehmen die Jungen allesamt für Narren, wo sie bloße Wirrköpfe sind, wie für die Seeleute *terraeque urbesque recedunt* [Land und Stadt zurückweichen], dabei sind sie es, die sich bewegen, und das Land steht still: die Welt hat Witz genug, nur sie faseln. Die Türken verhöhnen uns, wir sie, ebenso wie Italiener und Franzosen, die wir als leichtsinniges Volk abtun; die Franzosen spotten wieder über die Italiener und ihre diversen Gebräuche; die Griechen haben alle Welt außer sich selbst als Barbaren verdammt, und dafür schmäht die Welt sie jetzt ebenso; wir erklären die Deutschen für schwerfällige und stumpfe Gesellen und verwerfen viele ihrer Gewohnheiten: sie denken ebenso verächtlich von uns; die Spanier verlachen alle und werden wiederum von allen verlacht. So sind wir töricht und lächerlich, absurd in unserem Tun und Treiben, in der Art, uns zu nähren und zu kleiden, in Sitten und Reden: wir schelten und zeigen mit dem Finger auf einander,[38] wo wir letzten Endes alle Narren sind, ›und die größten Esel sind die, die ihre Ohren am meisten verstecken‹.

---

38 *Clodius accusat moechos* [Clodius, d. h. der größte Wüstling, schilt die Ehebrecher].

[In der zweiten Hälfte seiner Vorrede dehnt Burton sein Argument, daß alle Welt an melancholischem Wahn leide, von den Menschen auf die Länder und Staatsgebilde seiner Zeit aus und entwirft im Gegenzug spielerisch eine eigene utopische Gesellschaftsordnung. Am Ende folgt erneut eine längere Abhandlung über Torheit und Elend der Menschen.]

Wenn unterdessen mich selbst einer fragen sollte, wer ich denn sei, der so dreist über die anderen herzieht: *tu nullane habes vitia?* Habe ich etwa keine Fehler? Ja doch, mehr als Du, wer immer Du bist. *Nos numerus sumus* [ich bin dabei], ich bekenne es nochmals, ich bin so närrisch, so verrückt wie irgendeiner.

Insanus vobis videor, non deprecor ipse,
Quo minus insanus

[Ihr meint, ich sei verrückt, und ich entschuldige mich nicht einmal dafür, daß ich verrückt bin.] Ich leugne es nicht, *demens de populo dematur* [der Verrückte soll aus der Gemeinschaft ausgeschlossen werden]. Mein Trost ist nur, daß ich eine ganze Menge Gefährten habe, und zwar solche von Rang und Namen. Und bin ich auch nicht so verständig und recht im Kopf, wie ich sein sollte, so doch weniger irr oder auch schlecht, als Du vielleicht annimmst.

Kurz und gut, wenn man mir zugibt, daß alle Welt und jedes Teil von ihr unter Schwermut oder Verrücktheit leidet und im Wahne lebt, so habe ich meine Aufgabe beendet und zur Genüge ausgeführt, was ich darzulegen unternahm. Fürs erste habe ich nichts mehr zu sagen. *His sanam mentem Democritus:* es bleibt mir nur, mir selbst und ihnen einen guten Arzt zu wünschen, und uns allen einen gesünderen Geist.

Und obgleich ich aus den obengenannten Erwägungen guten Grund hatte, mich diesem Gegenstand zuzuwenden, eben um diese besonderen Arten von Wahn aufzuzeigen, damit die Menschen ihre Gebrechen begreifen und wiederherzustellen suchen, was ihnen fehlt, so ist meine Absicht diesmal doch noch eine dringendere.

Um gleich alle nebensächlichen Abschweifungen abzuschneiden und kein Wort mehr über die uneigentlich Melancholischen und metaphorisch Verrückten zu sagen, über die Halbnarren und zur Narrheit Disponierten (die nichts weiter sind als stumpfe, wütende, trunkene, einfältige, blöde, mürrische, hochfahrende, eitle, lächerliche, viehische, mißgelaunte, sture, dreiste, maßlose, öde, schwachköpfige, desperate, hasenhirnige, irre, wahnwitzige, närrische Sonderfälle, die kein neues Spital fassen, keine Arzenei kurieren kann), – mein Ziel und Unterfangen ist es, in der folgenden Abhandlung diesen Körpersaft der schwarzen Galle zu anatomisieren und durch all seine Bestandteile und Spezies zu verfolgen, wie man es mit jeder gewöhnlichen Krankheit zu tun pflegt, um so philosophisch und medizinisch ihre Ursachen, Symptome und verschiedenen Heilungsmöglichkeiten offenzulegen, damit sie um so eher vermeidbar sei; und hierzu hat mich ihre weite Verbreitung und der Wunsch, Gutes zu tun, bewogen, denn dies Leiden ist nach dem Zeugnis des Mercurialis ›so häufig in unseren Tagen‹ und nach Laurentius ›so grassierend in unserer elenden Zeit‹, daß nur wenige ihre Qualen nicht zu spüren bekommen. Der gleichen Meinung sind auch Aelian Montaltus, Melanchthon und andere. Julius Caesar Claudinus nennt es ›die Quelle aller anderen Gebrechen, und so epidemisch in diesem verrückten Zeitalter, daß kaum einer unter tausend davon verschont bleibt‹; und dies gilt besonders für jenen benebelnden, hypochondrischen Dunst, der aus der Milz und der Enge des Brustkorbs aufsteigt. Da die Melancholie also eine so schwere, so allgemeine Krankheit ist, weiß ich mir keinen besseren Dienst an der Allgemeinheit, keinen nützlicheren Zeitvertreib, als ein Mittel für Verhinderung und Heilung eines so universalen Siechtums, einer so verheerenden Seuche zu verschreiben, die so häufig, so grausam Körper und Geist foltert.

Wenn ich im bisher Gesagten über mein Ziel hinausgeschossen habe oder (wie gewiß manche einwenden werden) allzu fantastisch, leichtfertig und unernst für einen Gottesgelehrten, ›zu satirisch für einen meines Berufes‹ geredet habe, so unterfange ich mich, mit Erasmus in einem ähnlichen Fall[39] zu erwidern: ich war es nicht, sondern Demokrit – *Democritus dixit.* Bedenkt, welcher Unterschied darin liegt, ob einer in eigener Person

39 *Si quis calumnietur levius esse quam decet theologum aut mordacius quam decet Christianum. Moriae Encomium* [Wenn mir einer vorwirft, dies Werk sei zu leichtfertig für einen Theologen oder zu bissig für einen Christen ... *Lob der Torheit*].

spricht oder in fremder, mit geborgtem Habit und Namen; eben der Unterschied zwischen dem, der die Rolle eines Fürsten, Philosophen, Magistrats oder Hofnarren ausprobiert und agiert, und jenem, der dies wahrhaft ist: und was die Redefreiheit der alten Satiriker angeht, ihr Werk ist lauter aus anderen Autoren zusammengelesenes Flickwerk: nicht ich, sie selber sagen es.

Dixero si quid forte jocosius, hoc mihi juris
Cum venia dabis[40]

Paßt auf, daß Ihr mich nicht mißversteht. Wenn ich mich ein wenig vergesse, so hoffe ich, Ihr werdet mir verzeihen. Aber, in Wahrheit, warum sollte irgendwer sich beleidigt fühlen und Anstoß nehmen?

– Licuit, semperque licebit
Parcere personis, dicere de vitiis.

So galt es immer, wird es weiter gelten:
Das Laster, nicht der Name ist zu schelten.

Laster verabscheue ich, nicht Personen. Fühlt sich jemand dabei unwohl, bezieht er gar das eine oder andere auf sich selbst, so darf er doch deshalb nicht mit dem Verfasser hadern und rechten. Erasmus hat sich auf diese Weise vor Dorpius gerechtfertigt, *si parva licet componere magnis* [falls sich Geringes mit Großem vergleichen läßt], und ich mache es ebenso: soll derjenige sich selber gram sein, der seine eigenen Fehler entblößt und preisgegeben hat, indem er sich getroffen fühlte! ›Wer aber ungestraft sein will, der bleibt ein Narr‹ (Sprüche

40 Horaz, *Sat. 1,4* [Habe ich etwas zu scherzhaft gesagt, es ist rechtens, wenn Du mir nur Nachsicht schenkst.]

12,1). Trägt einer keine Schuld, so mag es ihn kalt lassen; und schlägt er aus, so ist es nicht meine offene Sprache, sondern sein eigenes schlechtes Gewissen, sein wunder Rücken, was ihn ausschlagen läßt.

Suspicione si quis errabit sua,
Et rapiet ad se, quod erit commune omnium,
Stulte nudabit animi conscientiam.

[Wenn einer argwöhnisch irrt und an sich reißt, was allen gehört, stellt er aus Unverstand sein Gewissen bloß.] Zugegeben, meine Rede schmeckt ein wenig nach Demokrit, *quamvis ridenter dicere verum quid vetat:* es kann einer scherzhaft und doch wahrhaft reden. Und gewiß ist das Ganze etwas scharf gewürzt; *acriora orexim excitant embammata,* wie es heißt – scharfe Saucen reizen den Appetit, *nec cibus ipse juvat morsu fraudatus aceti* [noch mundet die Speise selbst ohne ein bißchen Essig].

Widersprich also und nörgle, soviel Du willst, ich wehre alles mit dem Schild des Demokrit ab; seine Medizin soll mich salvieren. Stoß zu, wann und wo Du willst: *Democritus dixit,* Demokrit wird dafür einstehen. Dies alles wurde von einem müßigen Gesellen in müßiger Zeit verfaßt, um die Saturnalischen oder Dionysischen Festtage, wo nach alter Sitte *nullum libertatis periculum est* [der Freiheit keine Schranken gesetzt sind], und die Sklaven im alten Rom sagen und tun durften, was sie wollten. Während unsere Landsleute der Göttin Vacuna opferten und sich vor ihrem Feuer berauschten, habe ich dies hier geschrieben und herausgebracht: *outis elegen* [keiner hat es gesagt], es ist *neminis nihil* [niemands Sache]. Zeit, Ort, Personen und Umstände entschuldigen mich, und warum sollte ich nicht ausgelassen sein wie alle anderen auch und meine Meinung frei zum besten geben? Wenn Du mir diese Freiheit verweigerst, so werde ich sie präsumptiv in Anspruch nehmen. Ja, ich sage es noch einmal, ich will sie mir nehmen.

Si quis est qui dictum in se inclementius
Existimavit esse, sie existimet.

[Wenn einer glaubt, hier werde er allzu unsanft angegriffen, so mag er es glauben.] Wenn einer Anstoß nehmen will, so soll er ruhig den Degen anschnallen – mir ist es gleich. Ich bin Dir nichts schuldig, Leser, ich brauche kein Almosen aus Deiner Hand, ich bin unabhängig, ich fürchte nichts.

Nein, ich widerrufe, ich will nicht, mir kommen Bedenken, ich habe Angst, ich gestehe meinen Fehler, ich muß eine schlimme Verfehlung bekennen – *motos praestat componere fluctus* [ich will lieber die aufgewühlten Wogen glätten], ich habe über das Ziel hinausgeschossen, habe närrisch, übereilt, schlecht beraten, unsinnig gesprochen und meine eigene Torheit anatomisiert. Und nun ist mir, als sei ich aus einem Traum erwacht, ich hatte einen verrückten, einen phantastischen Anfall, bin auf und ab, hierhin und dorthin gerast, habe dabei die meisten Arten der Menschheit vor den Kopf gestoßen, einige geschmäht, andere gekränkt, mir selbst Unrecht getan, und jetzt, da ich wieder zu mir komme und meinen Wahn erkenne, rufe ich mit Orlando aus[41] *solvite me, o boni,* verzeiht das

41 Bei Ariost, Buch 39, Str. 60.

Vergangene, und ich will Euch mit dem Zukünftigen entschädigen: ich verspreche Euch einen gesetzteren Diskurs in der folgenden Abhandlung.

Wenn ich aus Schwäche, Torheit, Leidenschaft, Mißvergnügen und Unkenntnis unrecht geredet habe, so laßt es vergessen und vergeben sein. Ich bekenne, daß das Wort des Tacitus wahr ist *asperae facetiae ubi nimis ex vero traxere, acrem sui memoriam relinquunt:* ein bitterer Scherz läßt [sofern zuviel Wahrheit in ihm steckt] einen Stachel zurück; und wie ein ehrenwerter Mann bemerkt,[42] sie fürchten den Witz des Satirikers, er ihre Erinnerung. Ich muß mit Recht das Schlimmste argwöhnen, und obgleich ich hoffe, daß ich keinem Menschen Böses angetan habe, so will ich doch mit den Worten Medeas um Vergebung flehen:

– Illud jam voce extrema peto,
Ne si qua noster dubius effudit dolor,
Maneant in animo verba, sed melior tibi
Memoria nostri subeat, haec irae data
Obliterentur –

Und dies erbitt ich mit den letzten Worten:
Was ich in Zorn und Leidenschaft gesprochen,
Vergebt, vergeßt es – besseres Angedenken
Mögt Ihr dem Schreiber dieser Zeilen schenken.

Aufrichtig bitte ich jeden einzelnen, wie Scaliger den Cardano, keinerlei Kränkung zu empfinden. Ich will mit seinen Zeilen schließen: *Si me cognitum haberes, non solum donares nobis has facetias nostras, sed etiam indignum duceres tam humanum animum, lene ingenium, vel minimam suspicionem deprecari*

42 Sir Francis Bacon in seinen *Essays*.

oportere; wenn Du meine Bescheidenheit und Einfalt kennen würdest, wie leicht könntest Du dann übersehen und verzeihen, was hier mangelt oder von Dir mißverstanden wurde. Wenn mir hernach bei der Anatomie dieses mürrischen Körpersaftes wie einem ungeschickten Lehrling einmal die Hand ausrutscht und ich zu tief einsteche und unversehens in Haut und Gewebe einschneide, wenn die Prozedur schmerzt oder der Schnitt schief sitzt,[43] vergib meiner groben Hand, meinem ungeschickten Skalpell; überaus schwer ist es, Ton und Inhalt in stetigem Gleichmaß zu halten, ganz ohne gelegentliche Ausfälle. *Difficile est saturam non scribere* [es fällt schwer, keine Satire zu schreiben]: so viele Ablenkungen verleiten uns, soviel innere Unruhe setzt uns zu, und selbst die Besten irren bisweilen; *aliquando bonus dormitat Homerus* [manchmal nickt auch der gute Homer ein], es ist nicht möglich, immer ins Schwarze zu treffen: *opere in longo fas est obrepere somnum* [über einem langen Werk darf sich der Schlummer einschleichen].

Doch wozu das alles? Ich hoffe, es wurde keinerlei Grund zum Ärgernis gegeben, und wenn dem doch so ist, *nemo aliquid recognoscat, nos mentimur omnia.* Ich streite alles ab (dies ist meine letzte Zuflucht), schwöre ab, widerrufe, was immer ich gesagt habe, falls jemand Einspruch erhebt, und entschuldige mich mit derselben Leichtigkeit, mit der er mich beschuldigt. Doch ich vertraue ganz

43 *Quas aut incuria fudit aut humana parum cavit natura.* Horaz. [Was aus Sorglosigkeit geschah oder weil die menschliche Natur sich zuwenig vorsah].

auf Deinen guten Willen und auf Dein freundliches Entgegenkommen, geneigter Leser. In der gefestigten Hoffnung und Zuversicht darauf will ich beginnen.

ERSTER TEIL
Bestimmung, Ursachen und Symptome der Melancholie

Des Menschen hervorragender Rang, Fall, Elend und Gebrechlichkeit

DER MENSCH, das edelste und vortrefflichste Geschöpf auf Erden, das hauptsächliche und erhabene Werk Gottes und Wunder der Natur, wie Zoroaster ihn nennt; *audacis naturae miraculum* [Mirakel der kühnen Natur]; das Wunder der Wunder, so Platon; Konzentrat und Inbegriff der Welt, so Plinius; Mikrokosmos oder Welt im Kleinen, Muster der Schöpfung, souveräner Monarch der Erde, Vizekönig des Universums, alleiniger Befehlshaber und Gouverneur ihrer Kreaturen, die allesamt seiner Herrschaft unterstehen und Gehorsam schulden; an Leib und Seele weit über alle anderen hinausragend; *imaginis imago,*[1] geschaffen nach Gottes eigenem Bild[2] nach jener unsterblichen und körperlosen Wesenheit mit allen ihr eigenen Fähigkeiten und Kräften, – wurde am Anfang rein, himmlisch vollkommen, glückselig Gott nachgebildet in wahrer Heiligkeit und Rechtschaffenheit, *Deo congruens,* von jeglicher Schwachheit frei, und ins Paradies versetzt, um Gott zu erkennen, zu

---

1 *Ut in numismate Caesaris imago, sic in homine Dei* [Wie auf einer Münze das Bild des Kaisers erscheint, so im Menschen dasjenige Gottes].

2 *Imago mundi in corpore, Dei in anima* [Bild der Welt dem Leib nach, der Seele nach Bild Gottes].

preisen, zu verherrlichen und Seinen Willen zu tun, *ut diis consimilis parturiat deos* [um aus Gottähnlichkeit Götter zu zeugen], wie ein alter Dichter sagt, und so die Kirche auszubreiten.

Doch diese edelste aller Kreaturen – *heu tristis et lachrymosa commutatio!* (ruft ein Autor aus), o jammervoller Umschlag! – ist von ihrer ersten Höhe herabgestürzt, hat ihren Stand verwirkt, ist *miserabilis homuncio* [ein elendes Menschlein] geworden, ein Ausgestoßener und Heimatloser, eines der allererbärmlichsten Geschöpfe; wenn man ihn seiner wahren Natur nach betrachtet, ein Unerlöster, und so sehr durch seinen Fall verfinstert, daß er (einige wenige Überreste ausgenommen) schlechter gestellt ist als ein Tier. ›Wenn ein Mensch in Ansehen steht und hat keinen Verstand, so fährt er davon wie ein Vieh‹, urteilt David; durch seine unglaubliche Metamorphose sinkt er zum Untier herab, wird Fuchs, Hund, Schwein, und was noch alles.[3] *Quantum mutatus ab illo!* Wie sehr ist er von seinem ursprünglichen Stand abgefallen! Selig zuvor, jetzt elend und verflucht, muß er ›sein Brot mit Tränen essen‹, dem Tod verfallen, und Gebrechen oder Schicksalsschlägen aller Art ausgesetzt. All dies befällt ihn schon in diesem Leben, und im nächsten dann vielleicht ein Elend ohne Ende.

Der entscheidende Grund für all diese Heimsuchungen des Menschen, für den Verlust, ja die Zerstörung von Gottes Bild, für Tod und Siechtum, für alle zeitlichen und ewigen Strafen, war

---

3 *Lascivia superat equum, impudentia canem, astu vulpem, furore leonem* [lüsterner als ein Hengst, dreister als ein Hund, verschlagener als ein Fuchs, verheerender als ein Löwe].

die Sünde unseres Urvaters Adam, als er auf Einflüsterung und Verführung des Teufels hin die verbotene Frucht aß – sein Ungehorsam, Hochmut, Ehrgeiz, Ungestüm, Unglauben und Vorwitz: daraus erwuchs die Erbsünde und allgemeine Verderbnis der Menschheit. Wie aus einer Quelle entsprangen hier alle üblen Neigungen und tatsächlichen Verfehlungen; und sie wieder bringen all jenes Unheil hervor, das uns um unserer Sünden willen auferlegt wird. Vielleicht ist es dies, was unsere fabelspinnenden Dichter mit der Büchse der Pandora dunkel versinnbildlichten: kaum hatte sträfliche Neugier sie geöffnet, da erfüllte sie die Welt mit allen erdenklichen Plagen. Es ist freilich nicht nur Neugier, sondern unsere himmelschreiende Sünde, die uns all diese Nöte und Geißeln aufs Haupt lädt. Denn wie Chrysostomus treffend bemerkt: *ubi peccatum, ibi procella* [wer sündigt, entfesselt einen Sturm].

Was nun die instrumentalen Gründe all unserer Gebrechen angeht, so sind sie ebenso vielfältig wie diese selbst; Sterne, Himmel, Elemente &c., und alle Kreaturen, die Gott erschaffen hat, stehen gegen uns Sünder in Waffen. Ursprünglich waren sie freilich gut an sich, und daß viele von ihnen jetzt auf uns verderblich wirken, liegt nicht an ihrer Natur, sondern an unserer Verderbtheit als alleiniger Ursache. Denn durch den Fall unseres Urvaters Adam wurden sie verwandelt, die Erde verflucht, der Einfluß der Gestirne verändert, und die vier Elemente, Getier, Vögel und Gewächse sind nun willens, uns zu schädigen. Die Himmel bedrohen uns mit ihren Sternen, Kometen, Planeten, mit ihren großen Konjunktionen, Eklipsen, Oppositionen, Quartilen und anderen unfreundlichen Aspekten; die Luft mit ihren atmosphärischen Ausdünstungen, mit unmäßiger Hitze und Kälte, gewaltigen Winden und Stürmen, und anderer Ungunst der Witterung; daraus wiederum erwachsen Teuerung, Hungersnot, Pest und grassierende Seuchen aller Art, die myriadische Menschenmassen verschlingen. Zu Kairo in Ägypten sterben alle drei Jahre (wie Boterus und andere berichten) 300 000 an der Pest, und 200 000 alle fünf oder höchstens sieben Jahre in Konstantinopel. Wie schreckt und peinigt uns die Erde mit entsetzlichen Erdbeben, die sich am häufigsten in China, Japan und anderen östlichen Klimazonen ereignen und bisweilen sechs Städte auf einen Schlag vertilgen! Wie wütet das Wasser mit seinen Dammbrüchen und Sturmfluten, reißt Städte, Dörfer, Brücken &c. ein, ganz abgesehen von den Schiffsuntergängen, die es herbeiführt. Manchmal werden ganze Inseln auf einmal mit all ihren Bewohnern überflutet, wie im holländischen Seeland, und große Teile des Festlandes unter Wasser gesetzt, etwa durch den See von Erne in Irland.

Und wie tobt das Feuer, dieses gnadenlose Element, das in einem Augenblick ganze Städte verzehrt! Wo ist die Stadt von einigem Alter und Ansehen, die nicht – keineswegs nur einmal, sondern wieder und wieder – durch die Wut dieses unbarmherzigen Elements entstellt, ruiniert und zur Wüste gemacht worden wäre?

Der schlimmste Feind des Menschen jedoch ist der Mensch, immer bereit, nach des Teufels Unterweisung Unheil anzurichten, sein eigener Scharfrichter, ein Wolf, ein Satan gegen sich selbst und andere.[4] Wir sind alle Brüder in Christus, oder sollten es sein, Glieder eines Leibes, Diener eines Herren, und doch, kein Dämon kann so plagen, kränken, tyrannisieren, quälen, wie der Mensch seine Mitmenschen. ›Laßt mich daher‹, sagte David, als von Krieg, Pest und Hungersnot die Rede war, ›nur nicht in Menschenhand fallen‹, in die Hand grausamer und böser Menschen:

Vix sunt homines hoc nomine digni,
Quamquam lupi, saevae plus feritatis habent.[5]

[Menschen, die kaum diesen Namen verdienen,
denn sie sind wüster und wilder als Wölfe.]

Epidemische Seuchen können wir in der Regel vorhersehen und vermeiden; Sturm, Pest und teure Zeit sagen unsere Astrologen voraus; Erdbeben, Überschwemmungen, einstürzende Häuser, verheerende Feuersbrünste kommen Schritt für Schritt, oder kündigen sich durch ihr Getöse an; Unrecht, Betrug, Kränkung und Schurkerei der Menschen aber kann keine Kunst der Welt umgehen. Unsere erklärten Feinde vermögen wir durch Tore, Mauern und Türme von unseren Städten fernzuhalten, vor Dieben und Räubern schützen wir uns durch Wachsamkeit und Waffen; aber die Bosheit und verderblichen Anschläge der Menschen kann keine Vorsicht abwenden, keine Aufgewecktheit vorher-

---

4 *Homo homini lupus, homo homini daemon.*
5 Ovid, *Tristia,* Buch 5, Elegie 7.

sehen, so viele heimliche Schliche und Schlauheit haben wir, einander Unheil zu tun. Manchmal hilft uns der Teufel dabei mit Zauberern und Hexen aus; dann wieder verfolgen und vernichten wir einander durch Schwindel, Giftmischerei, Winkelzüge, Duelle und Kriege, wie die Krieger des Kadmus *ad internecionem nati,* zum gegenseitigen Mord geboren.

Wir sind also von Natur und Anlage her schlecht, aber viel schlimmer noch durch eigene Kunst, wobei jeder immer sich selbst der schlimmste Feind ist. Wie oft verwenden wir allen Scharfsinn darauf, uns zugrunde zu richten, und mißbrauchen dabei alle guten Gaben, die uns Gott verliehen hat, wie Gesundheit, weltliche Güter, Stärke, Vernunft, Wissen, Kunst und Erinnerungsvermögen, zum eigenen Ruin. *Perditio tua ex te* [dein Verderben kommt aus dir]. Unsere Maßlosigkeit zieht so viele unheilbare Krankheiten auf uns herab, beschleunigt das Alter, verdirbt unsere Konstitution, und bringt uns jäh zu Tode. Schließlich kreuzigt uns am schlimmsten der eigene Wahn und Wahnsinn (*quos Jupiter perdit, dementat:* Gott läßt es zu, indem er uns Verstand und gnädigen Beistand entzieht), unsere Schwachheit und mangelnde Beherrschung, unser leichtes, schwächliches Nachgeben gegen alle Lüste, Leidenschaften und Verrückungen des Geistes, wodurch wir uns verwandeln und zu Tieren verkommen.

[Nach einem Überblick über Krankheiten im allgemeinen und Geisteskrankheiten im besonderen charakterisiert Burton ihre spezifischen Formen.]

Narrheit, Phrenitis, Wahnsinn, Hydrophobie, Lykanthropie, Sankt Veitstanz, Verzückung

Narrheit, Unsinnigkeit oder Unvernunft ist, wie manche Autoren erklären, der gemeinsame Oberbegriff aller folgenden Spezies. Laurentius und Altomarus schlossen Wahnsinn, Melancholie und alle übrigen in diese Bezeichnung ein und nennen sie ihrer aller *summum genus* [Hauptgattung]. Unterscheidet man die Narrheit jedoch von ihnen, so ist sie entweder natürlich und angeboren (in diesem Fall kommt sie von einem organischen Mangel oder einem Überschuß an Hirnmasse – wie man an unseren gewöhnlichen Narren sieht – und verschlimmert oder bessert sich bei den einzelnen, weshalb immer einige Narren weiser sind als andere); oder aber die Narrheit ist anerworben, als Anhängsel und Symptom einer anderen Krankheit, das kommt und geht, oder, wenn sie chronisch wird, ein Merkmal der Melancholie selbst.

Phrenitis, vom griechischen Wort *phren* [Geist] abgeleitet, ist eine Krankheitsform kontinuierlicher Geistesstörung und Wahnbefangenheit, die mit einem akuten Fieber einhergeht, oder aber eine Entzündung des Gehirns, seiner Häute und Membranen, verbunden mit akutem Fieber, die Geistesstörung und Wahnzustände auslöst.

Wahnsinn läßt sich definieren als heftige Narrheit oder Raserei ohne Fieber, in ihren Äußerungen viel gewaltsamer als Melancholie, oft begleitet von Wut und Geschrei, von gräßlichen Grimassen,

Handlungen und Gesten, die den Leib und Geist des Patienten weit ungestümer (doch ohne Angst und Trauer) überfällt, und mit so rasender Gewalt und Wildheit schüttelt, daß manchmal drei oder vier Männer nicht imstande sind, ihn zu halten. Unterarten dieser Raserei sind Schwarmgeisterei, Prophezeiungen und Visionen, die Gregorius und Beda so oft in ihren Werken erwähnen; Zwangsvorstellungen und Besessenheit durch Dämonen, sibyllinische Weissagung und poetischer Wahnsinn; dazu die Wirkung von Giftkräutern, Tarantelbissen &c., die manche hierzu rechnen. Die bekanntesten dieser Erscheinungen sind Lykanthropie, Hydrophobie und *Chorus Sancti Viti.*

Lykanthropie, von Avicenna *cucubuth* genannt, von anderen *lupina insania* oder Wolfswahn, ist jener Zustand, in dem Menschen bei Nacht über Felder und Kirchhöfe rasen und sich nicht davon abbringen lassen, daß sie Werwölfe oder ähnliche Untiere seien. Diese Krankheit, sagt Avicenna, setzt den Menschen am meisten im Februar zu, und grassiert heutzutage in Böhmen und Ungarn, wenn man Heurnius glauben will. Schernitzius behauptet, sie sei in Livland weit verbreitet. Die von ihr Befallenen verkriechen sich meist tagsüber und schwärmen bei Nacht aus, um an Gräbern und wilden Flecken zu bellen und zu heulen. ›Sie haben in der Regel tiefliegende Augen‹, sagt Altomarus, ›krätzige Beine und Schenkel, und sind sehr bleich und ausgemergelt.‹ Er erörtert auch alle Symptome und entwirft in knappen Worten eine Behandlung für sie.

Hydrophobia oder Tollwut ist eine Form von Wahnsinn, allen Dörflern wohlbekannt, die vom Biß eines tollwütigen Hundes herrührt, oder davon, daß er einen kratzt, berührt, oder manchmal auch nur beschnüffelt, wie Schenkius nachweist, und sie befällt nicht nur Menschen, sondern auch viele andere Geschöpfe; so genannt, weil die davon Betroffenen den Anblick von Wasser oder allgemein von Flüssigkeit nicht ertragen, da sie sich stets einbilden, darin einen tollen Hund zu sehen; und was noch verwunderlicher ist, sie mögen noch so ausgetrocknet sein (und das sind sie wahrhaftig bei dieser Krankheit), lieber wollen sie sterben als trinken.

Chorus Sancti Viti oder Sankt Veitstanz: Paracelsus nennt ihn den ausgelassenen Tanz,[6] denn die damit geschlagen sind, können nichts als tanzen, bis sie entweder sterben oder geheilt werden. Seinen Namen hat er daher, daß die daran Leidenden nach Sankt Veit pilgerten und dort, nachdem sie eine Weile getanzt hatten, mit Sicherheit von ihrem Übel befreit wurden. Es ist erstaunlich zu hören, wie lang und auf welche Weise sie zu tanzen pflegen, indem sie über Hocker, Bänke und Tische hüpfen; je, selbst Frauen in guter Hoffnung tanzen dabei manchmal so lang (ohne je ihre Kinder zu verletzen), bis sie weder Hand noch Fuß rühren können und wie tot daliegen.

---

6 *Lascivam choream. – Lib. IV, De morbis amentium, tract. I.*

Melancholie in der Veranlagung, fälschlich so genannt. Über die Mehrdeutigkeit der Begriffe

Melancholie, der Gegenstand dieser Abhandlung, ist entweder eine Veranlagung oder eine angenommene Gewohnheit. Als Veranlagung ist sie jene flüchtige Schwermut, die da kommt und geht, die auf jeden noch so geringen Anlaß von Kummer hin erscheint, von Not, Krankheit, Unruhe, Angst, Gram, Erregung, Geistestrübung, jede Art von Sorge, Mißvergnügen, oder bei jedem Gedanken, der Qual, Dumpfheit, Schwere und Plage des Geistes auslöst, bei allem, was dem Genuß und Frohsinn, der Freude und Lust entgegensteht und in uns Eigensinn und schlechte Laune erzeugt. In diesem mehrdeutigen und uneigentlichen Sinn nennen wir jeden melancholisch, der trüb, traurig, träge, mißgelaunt, eigenbrötlerisch oder in irgendeiner Weise verstimmt und verärgert ist. Und von diesen melancholischen Stimmungen ist kein Mensch auf dieser Welt verschont, kein Stoiker kann sich davor bewahren, kein noch so Weiser, noch so Glücklicher, Geduldiger, Großmütiger, Frommer, ja Göttlicher;[7] keiner ist so harmonisch gefügt, daß er nicht gelegentlich ihren Stich verspürt. Schwermut in diesem Sinn ist das Merkmal der Sterblichkeit. ›Der Mensch, vom Weibe geboren, lebt kurze Zeit, und ist voll Unruhe‹.[8]

---

7 *De quo homini securitas, de quo certum gaudium? Quocumque se convertit, in terrenis rebus amaritudinem animi inveniet.* [Wo soll der Mensch Gewißheit, wo sichere Freude erlangen? Wohin er sich auch wendet, er wird in den irdischen Dingen Bitternis des Herzens finden] – Augustin, *Über den 8. Psalm.*
8 Hiob 14,1.

Kein Mensch kann sich selbst kurieren. Sogar die Götter bekamen bitteren Schmerz und heftige Gemütsbewegungen häufig zu spüren, wie die alten Dichter ihnen nachsagen. Im allgemeinen ist ›wie der Himmel, so auch unser Leben, bald schön, dann wieder wolkenverhangen, bald stürmisch, dann heiter; wie eine Rose voll Blüten und Dornen; wie das Jahr selbst, ein milder Sommer bisweilen, dann ein harter Winter, Dürre, gefolgt von erquickenden Schauern: so ist unser Dasein gemischt aus Freuden, Hoffnungen, Ängsten, Kümmernissen, Bosheiten.‹ *Invicem cedunt dolor et voluptas,* Lust und Pein lösen einander ab. *Inter delicias semper aliquid saevi nos strangulat* [Immer schnürt uns mitten im Genuß ein grimmiger Schmerz die Kehle zu]. Auf einen Tropfen Honig kommt in dieser Welt leicht ein Becher voll Galle, auf eine Unze Freude ein Pfund Leid, auf einen Zoll Ausgelassenheit eine Elle Gejammer. Wie der Efeu die Eiche, so umranken diese Übel unser Leben, und es ist höchst absurd und lächerlich, wenn die Sterblichen in diesem Dasein eine ununterbrochene Dauer des Glücks erwarten. *Exi e mundo,* fort mit Dir aus der Welt, wenn Du sie nicht ertragen kannst! Es gibt keine Aussicht, ihr aus dem Weg zu gehen, es sei denn, Du wappnest Dich mit Geduld und Herzensstärke,[9] um dich ihr entgegenzustellen, Drangsal zu leiden als guter Soldat Christi (wie Paulus rät[10]), und sie standhaft zu ertragen.

9 *Horum omnia studia dirigi debent, ut humana fortiter feramus* [All unser Bestreben muß sich darauf richten, die menschlichen Dinge beherzt zu ertragen].
10 2. Timotheus 2,3.

Aber nachdem so wenige diesen guten Rat befolgen oder recht anwenden können, sondern sich wie das dumpfe Vieh von ihren Trieben hinreißen lassen, sich willig unterwerfen, in ein Labyrinth von Schmerz, Leid und Elend stürzen und, unfähig, sich mit der nötigen Geduld zu rüsten, ihre Seelen schutzlos preisgeben, – so geschieht es denn häufig, daß diese Anlagen zu Gewohnheiten werden, und (wie Seneca anmerkt[11]), ›viele Affekte sich durch Vernachlässigung in Krankheit verwandeln: genau wie ein Triefschnupfen, solange er nicht gewohnheitsmäßig ist, nur zum Husten führt, wenn er einmal hartnäckig und chronisch geworden ist, aber zur Schwindsucht der Lungen‹, ebenso geht es mit diesen Anreizen zur Melancholie. Und je nachdem, wie der schwarze Gallensaft in den Menschen anschwillt oder abebbt, wie ihre leibliche Konstitution oder Kraft der Vernunft Widerstand zu leisten vermag, sind sie mehr oder minder angegriffen. Denn was dem einen ein bloßer Flohbiß ist, verursacht einem andern unerträgliche Qual; was der eine durch eigene Mäßigung und gefaßte Haltung glücklich überwindet, hält ein anderer ganz und gar nicht aus, und jeder geringfügige Anlaß von eingebildeter Kränkung, Herausforderung, Beschwernis, Ungnade, Verlust, Trug, Gerücht &c. löst (besonders bei Einsamen und Müßigen) so starke Leidenschaft aus, daß sich das Gesicht verfärbt, die Verdauung verstopft, der Schlaf verflüchtigt, die Lebensgeister verfinstern,

11 Buch 10, Epistel 96: *Affectus frequentes contemptique morbum faciunt. Distillatio una nec adhuc in morem adaucta, tussim facit, assidua et violenta phthisim.*

sein Herz beschwert, und die hypochondrischen Organe anschwellen; Winde und Unverdautes setzen ihm mit einem Male heftig zu, und er wird von Melancholie überwältigt.

Es geht ihm wie einem Menschen im Schuldgefängnis: kaum sitzt er im Kerker, so kommen alle seine Schuldner angelaufen, ihn weiter zu verklagen, und ihm schwindet jede Aussicht auf Befreiung; sobald auch nur eine Beschwerde vom Patienten Besitz ergreift, stürzen sich im Nu alle anderen Leiden auf ihn – *qua data porta ruunt* [sowie man ihnen eine Tür öffnet, drängen sie herein] – und dann läßt er den Kopf hängen wie ein hinkender Hund oder eine flügellahme Gans, siecht dahin, und verfällt schließlich ganz der schlimmen Gewohnheit und Seuche der Melancholie selbst. Wenn deshalb die Philosophen acht verschiedene Grade von Hitze und Kälte annehmen, dürfen wir wohl achtundachtzig der Melancholie unterscheiden, je nachdem, wie die befallenen Organe angegriffen werden, wie sie mehr oder weniger tief in diesen Höllenstrudel gestürzt oder aber im Seichten verblieben sind.

Definition, Name und Abgrenzung der eigentlichen Melancholie

Der Name ist von der Sache selbst abgeleitet und die Krankheit nach ihrer materiellen Ursache bezeichnet: wie Bruel bemerkt, heißt *melancholia* so viel wie *mélaina cholé* oder schwarze Galle.

Ob sie eine Ursache oder Wirkung, eine Krankheit oder ein Symptom sei, mögen Altomarus und Salvianus entscheiden; ich will mich auf keinen Streit darüber einlassen. Sie wird auf unterschiedliche Weise beschrieben, bezeichnet und definiert. Die gängige Definition lautet: ›Eine Art von unfiebrigem Wahnzustand, begleitet in der Regel von Angst und Niedergeschlagenheit ohne ersichtlichen Anlaß.‹ Das *summum genus* ist der Wahn oder die Geisteskrankheit eines zentralen Bereiches, wie Aretaeus hinzufügt, um die Melancholie von Krampf und Lähmung und allen Leiden abzugrenzen, die die äußeren Sinne und Bewegungsorgane betreffen. ›Ohne Fieber‹ heben alle hervor, zum Unterschied von Phrenitis und jener Melancholie, die mit dem Pestfieber einhergeht. ›Angst und Trauer‹ markieren den Unterschied zum Wahnsinn, und ›grundlos‹ heißt es schließlich, um sie gegenüber allen gewöhnlichen Leidenswirkungen von Angst und Trauer abzugrenzen. Wir verstehen, nach der Deutung des Laurentius, unter Wahn jenen Zustand, ›in dem ein hauptsächliches Vermögen des Geistes, wie die Vernunft oder Einbildungskraft, verkommen ist, wie man an allen Melancholikern sieht.‹ Dies geschieht ohne Fieber, weil der Körpersaft zum größten Teil kalt und ausdörrend wirkt und aller Fäulnis entgegengesetzt ist.

Über die betroffenen Organe und die organisch Betroffenen

EINIGE Meinungsverschiedenheiten finde ich unter den Autoren zu der Frage, was das hauptsächliche Organ sei, das von dieser Krankheit befallen wird: ob Hirn, Herz oder irgendein anderer Teil. Die meisten halten dafür, daß es das Gehirn sei: denn da es sich nun einmal um eine Art Wahnzustand handelt, muß unweigerlich das Hirn in Mitleidenschaft gezogen sein, nicht etwa durch irgendwelche Obstruktion innerhalb seiner Membranen, denn dann handelte es sich um Apoplexie oder Epilepsie, wie Laurentius treffend bemerkt; vielmehr durch ein kaltes und trockenes Ungleichgewicht der Mischung innerhalb seiner Substanz, die verdorben ist, erkaltet, vertrocknet, oder überhitzt, wie bei Verrückten und solchen, die zum Irrsinn neigen; und dies bekräftigen Hippokrates, Galen, die Araber, und die meisten unserer jüngeren Autoren.

Capivaccius und Mercurialis haben diese Frage ausgiebig erörtert, und beide kommen zu dem Schluß, Ausgangspunkt sei das Zentralhirn,[12] von wo aus sich das Leiden dem Herzen und anderen tieferliegenden Organen mitteilte, die angesteckt werden und mit starken Störungen reagieren, zumal wenn es sich sympathetisch ausbreitet und vom Magen (*myrach* in arabischer Terminologie) herkommt, wobei der ganze Unterleib in Mitleidenschaft gezogen wird, Leber und Milz, die in der

12 *Subjectum est cerebrum interius.*

Regel anschwellen,[13] Darmausgang, mesenterische Adern &c. Denn unser Leib gleicht einem Uhrwerk: wenn es an einem Rädchen fehlt, fällt das ganze Gefüge aus seinem Gang – mit so wunderbarer Kunst und Harmonie ist der Mensch eingerichtet, so vorzüglich abgestimmt ist seine Symmetrie, wie Luis Vives in seiner Fabel vom Menschen beredt ausgeführt hat.

Nach den betroffenen Körperteilen will ich an dieser Stelle kurz über die Betroffenen selbst sprechen. Es sind solche, die eine ungünstige Position von Mond, Saturn oder Merkur in ihrem Horoskop haben; solche die in unterkühlten oder überhitzten Klimazonen leben; die von schwermütigen Eltern abstammen; die in den sechs *Non-naturalia* fehlerhaft sind, dunkelhäutig oder von stark sanguinischer Gesichtsfarbe, die kleine Köpfe haben,[14] heißes Herz und feuchtes Hirn, heiße Leber und kalten Magen, oder die lange an Krankheit zu leiden hatten; Menschen, die von Natur einsam leben, große Bücherwälzer, ganz der betrachtenden Lebensweise verfallen und der aktiven entzogen – sie alle sind am anfälligsten für Melancholie. Beide Geschlechter werden von ihr befallen, doch häufiger die Männer; aber wenn Frauen daran erkranken, sind sie weit schlimmer und heftiger gepeinigt.

Von den Jahreszeiten ist der Herbst die melancholischste, von den Lebenszeiten das Alter, dessen so gut wie unvermeidliches Attribut die Schwer-

---

13 *Raro quisquam tumorem effugit lienis, qui hoc morbo afficitur.* – Piso.

14 *Qui parvum caput habent, insensati plerique sunt.* [Die Kleinköpfigen sind zumeist der Unvernunft verfallen.]

mut ist. Noch häufiger jedoch ist diese unnatürliche Krankheit bei Menschen in der Mitte des Lebens anzutreffen,[15] manche nennen vierzig Jahre als Regel, Gariopontus nur dreißig. Jobertus nimmt weder jung noch alt von diesem Schicksalsschlag aus.

›Im allgemeinen‹, sagt Rhasis, ›fallen ihr die witzigsten Köpfe und scharfsinnigsten Geister vor allen anderen zum Opfer‹.[16] Ich kann keinen Typus, keinen Stand, kein Geschlecht oder Lebensalter ausnehmen, nur die Dummköpfe,[17] und die Stoiker, die nach Synesius nie von irgendwelchen Leidenschaften heimgesucht werden, sondern gleich Anakreons Zikaden *sine sanguine et dolore similes fere diis sunt* [blutlos und ohne Schmerzempfinden fast den Göttern gleichen]. Erasmus streicht die Toren aus dem Katalog der Melancholiker, weil sie zumeist feuchte Hirne und leichte Herzen hätten; ›sie sind frei von Ehrgeiz, Neid, Scham und Furcht; weder von Gewissensbissen gepeinigt, noch von Sorgen ausgezehrt, denen doch unser ganzes Leben am meisten unterliegt.‹

---

15 *Qui prope statum sunt.* [Die ihren Stand im Leben nahezu erreicht haben] – Aretinus. *Mediis convenit aetatibus* [sucht das mittlere Alter heim] – Piso.
16 *Qui sunt subtilis ingenii, et multae perspicacitatis, de facili incidunt in melancholiam. – Lib. 1, tract. 9.*
17 *Numquam sanitate mentis excidit aut dolore capitur* [Der Tor ist immer bei guter geistiger Gesundheit und wird nie von Schmerz überwältigt] – Erasmus.

Von den Species oder Arten der Melancholie

VIELE neue und alte Autoren haben widersprüchlich über diesen Gegenstand gehandelt und dabei Melancholie und Wahnsinn vermengt, wie Heurnius, Guianerius, Gordonius, Sallustius Salvianus, Jason Pratensis und Savonarola, die da postulieren, Melancholie sei vom Wahnsinn nicht essentiell sondern (wie gesagt) nur graduell verschieden. Die geläufigste Einteilung ist in drei Arten. Die erste entspringt allein einer Störung des Gehirns und heißt Melancholie des Kopfes; die zweite geht sympathetisch vom ganzen Körper aus, wenn die gesamte Konstitution melancholisch ist; die dritte steigt auf aus Eingeweiden, Leber, Milz oder der Mesenterium genannten Membran, und sie heißt hypochondrische oder windige Melancholie; Laurentius teilt sie wiederum, nach jenen drei Organen, in drei Teile ein, nämlich in eine hepatische, splenetische und mesenterische Species. Die drei genannten Species sind Gegenstand meiner gegenwärtigen Ausführungen, und ich will sie anatomisieren, und in all ihren Ursachen, Symptomen, Heilmöglichkeiten sowohl gemeinsam wie einzeln erörtern; so daß jeder, der irgendwie von dieser Krankheit befallen ist, daraus lernen kann, sie an sich selbst zu untersuchen und ihr Gegenmittel zu verabreichen.

Ich muß gestehen, es ist eine harte Nuß, diese drei Arten gegeneinander abzugrenzen und ihre jeweiligen Ursachen, Symptome und Kuren auszuführen, da sie ebenso oft miteinander verwechselt werden; denn sie grenzen so dicht aneinander, daß sie kaum von den exaktesten Medizinern auseinandergehalten werden können. So laßt mich über unsere melancholischen Species das gleiche sagen wie viele Staatskundige über die Reinformen von Republiken, Monarchien, Aristokratien, Demokratien, daß sie nämlich am besten aus der theoretischen Betrachtung bekannt sind, während sie in der Praxis temperiert und zumeist gemischt erscheinen (wie Polybius uns belehrt); so zu alter Zeit im Staat von Sparta und Rom, und heute in Deutschland und an vielen anderen Orten. Was die Mediziner in ihren Lehrbüchern über besondere Species sagen, hat nichts zu sagen, da sie in den Leibern ihrer Patienten stets vermischt auftreten.

Wie schwer ist es demnach, angesichts solch obskurer Vielfalt und verworrener Mischung von Symptomen und Ursachen, die einzelnen Arten getrennt zu behandeln! Irgendeine Entscheidung und Unterscheidung unter soviel Zufälligkeit und Verwirrung zu treffen, wo doch nur selten zwei Menschen *per omnia* [in jeder Hinsicht] gleich betroffen sind! Ich gebe zu, es ist schwer, und doch will ich mich mitten durch diesen Wirrwarr wagen, mich – vom Fingerzeig und Ariadnefaden der besten Autoren geleitet – diesem Labyrinth der Zweifel und Irrtümer zu entwinden, und somit zu den Ursachen der Krankheit übergehen.

Gründe der Melancholie. Gott ein Grund

Die allgemeinen Ursachen sind entweder übernatürlich oder natürlich. Die übernatürlichen kommen von Gott und seinen Engeln, oder, mit Erlaubnis Gottes, vom Teufel und seinen dienstbaren Geistern. Daß Gott selbst eine Ursache ist für die Bestrafung der Sünder und den Vollzug Seiner Gerechtigkeit, machen uns viele Exempel und Zeugnisse der Heiligen Schrift offenbar. Ps. 107,17: ›Es werden die Narren geplagt um ihrer Übertretung und Sünden willen.‹ Gehasi wurde mit Aussatz geschlagen (2. Könige 5,27); Joram mit Ruhr und Ausfluß, und mit viel Krankheit der Eingeweide (2. Chronik 21,15); David wurde mit Pest gestraft, weil er sein Volk zählen ließ (1. Chronik 21); Sodom und Gomorrha wurden verschlungen. Und unsere Krankheit wird dabei eigens angeführt: ›Er drückte ihr Herz durch Schwermut nieder‹ (Ps. 107,12); ›Der Herr schlug sie mit Wahnsinn, Blindheit, und Rasen des Herzens‹ (5. Mose 28,28); ›Ein böser Geist ward vom Herrn zu Saul gesandt und machte ihn sehr unruhig‹ (1. Samuel 16,14); Nebukadnezar fraß Gras wie Ochsen und ›sein Herz ward gleich den Tieren auf dem Feld‹ (Daniel 5,21).

Wenn wir unseren papistischen Autoren Glauben schenken wollen, so wissen sie von vielen seltsamen und wunderbaren Strafen dieser Art zu berichten, die ihre Heiligen verhängt haben: wie Chlodwig, einstmals König von Frankreich, der Sohn Dagoberts, den Verstand verlor, weil er den Leichnam von St. Denis entblößte; oder wie ein Gutsbesitzer in Radnor, der spät abends von der Jagd zurückkam, seine Meute in die Kirche des Hl. Avan sperrte (Llan Avan nennen sie die Einheimischen), und als er nach Jägerart am anderen Morgen zeitig aufstand, fand er sie alle tollgeworden, und er selbst wurde jäh mit Blindheit geschlagen; oder wie Tiridates, König von Armenien, der einigen frommen Nonnen Gewalt angetan hatte, ebenfalls mit Wahnsinn bestraft wurde. Aber Poeten und Papisten können sich, was ihre Fabelkunst angeht, die Hand reichen; mögen sie für ihre eigene Glaubwürdigkeit einstehen. Doch soviel sie auch von ihrer Nemesis faseln, oder von ihren Heiligen, so sehr sie der Teufel hinters Licht führen mag, wir erfahren daraus, wie wahr das Wort ist: *ultor a tergo Deus* [unversehens greift Gott rächend ein], daß Er der strafende Gott bleibt (wie ihn David nennt); und daß es unsere himmelschreienden Sünden sind, die diese und viele andere Heimsuchungen auf unser Haupt laden; daß Er durch Seine Engel, die Seine Diener sind, zu schlagen und zu heilen vermag (sagt Dionysius), wen Er will; daß Er uns mithilfe Seiner Kreaturen Sonne, Mond und Sterne, die Er (nach dem Wort des Zanchius) als Werkzeug benützt, wie ein Bauer sein Beil, verheerend züchtigen kann.

Paracelsus ist der Meinung, solche spirituellen Leiden (wie er sie nennt) könnten auch nicht anders als auf geistliche Weise kuriert werden. Gewöhnliche Mittel müssen in solchen Fällen versagen: *non est reluctandum cum Deo* [mit Gott zu ringen ist aussichtslos]. Wenn Er uns schlägt, *una eademque manus vulnus opemque feret* [wird ein und dieselbe Hand uns verwunden und heilen], wie bei denen, die der Speer des Achilles traf. Alle Hilfe liegt bei Ihm, sonst bleiben unsere Krankheiten unheilbar und unsere Not findet keine Linderung.

Abschweifung über die Natur von Geistern, unheiligen Engeln oder Teufeln, und die Art, wie sie Melancholie verursachen

Wie weit die Macht von Geistern und Teufeln reicht, und ob sie diese oder jene Krankheit verursachen können, ist eine ernste und bedenkenswerte Frage, zu derem besseren Verständnis ich eine kurze Abschweifung über die Natur der Geister einschieben will. Unsere subtilen Scholastiker, all die Cardani, Scaligeri, profunden Thomisten, die Truppe der Fracastorianer und Fernelianer, erweisen sich als schwach, witzlos, umnachtet und wenig bewandert in diesen Mysterien; und all unseren muntersten Geistern geht es wie Eulenaugen im Sonnenlicht: sie werden trüb und sind zur Wahrnehmung unfähig. Und doch, hier wie auch sonst will ich versuchen, etwas zur Sache Taugliches beizutragen.

In alter Zeit, so lesen wir (*Apostelgeschichte 23*), leugneten die Sadduzäer, daß es derartige Geister, Teufel oder Engel gäbe. Das gleiche taten der Arzt Galen, die Peripatetiker, sogar Aristoteles selbst.

Epikuräer und Atheisten sind derselben Ansicht, weil der Augenschein dagegen spricht. Plato, Plotin, Porphyrius, Iamblichus, und Proklus, in den Fußstapfen von Trismegistus, Pythagoras und Sokrates folgend, bezweifeln nicht (ebensowenig wie die Stoiker) die Existenz solcher Geister, obgleich sie freilich von der Wahrheit weit entfernt sind. Was deren erste Anfänge angeht, so lehren die Talmudisten, Adam habe vor seiner Ehe mit Eva ein Weib namens Lilis gehabt, mit dem er lauter Teufel zeugte. Der türkische Koran ist ebenso abgeschmackt und lächerlich in dieser Hinsicht, doch die Heilige Schrift belehrt uns Christen, wie Luzifer, der Oberste der Geister, gottgeschaffener Himmelsbewohner und einstmals Engel des Lichtes, mit seinen Genossen zur Strafe für seinen Stolz und Ehrgeiz vom Himmel herabstürzte, wie er in die unteren und sublunaren Gefilde des Äthers verschlagen wurde, oder in die Hölle, ›und in Ketten der Finsternis gelegt, daß er zum Gericht behalten werde.‹ (2. Petrus 2,4)

Psellus, ein Christ[18] und einstiger Lehrer (wie Cuspinian sagt) des griechischen Kaisers Michael Parapinatius, ein großer Beobachter des teuflischen Naturells, vertritt die körperliche Beschaffenheit dieser Geister, und daß sie ›Leiber aus Luft haben, sterblich sind, Leben und Tod kennen‹;[19]

18 Er lebte vor fünfhundert Jahren.

19 Apuleius: *Spiritus animalia sunt animo passibilia, mente rationalia, corpore aeria, tempore sempiterna* [Die Geister sind Lebewesen von empfindungsfähigem Sinn, rationalem Geist, luftigem Körper und immerwährender Lebenszeit].

daß sie sichtbar erscheinen, wann, wie und wem sie wollen, *tametsi nil tale viderim, nec optem videre,* obgleich er dergleichen nie gesehen hat und nie sehen möchte; und auch, daß sie bisweilen Frauen und Männern fleischlich beiwohnen. Manche weigern sich zu glauben, daß man sie zu Gesicht bekommen könne, und wenn einer sagt, schwört, und steif und fest behauptet, er habe sie gesehen, so mag er noch so klug und besonnen, gebildet und vertrauenswürdig sein, sie erklären ihn für einen hasenherzigen Narren, melancholischen Schwachkopf, einen Schwächling, Träumer, Kranken oder Verrückten. Sie verachten und verlachen ihn, und doch versicherte Marcus dem Psellus bei seiner Ehre, daß er sie oft erblickt habe. Und Leo Sauvius, ein Franzose, schreibt in *lib. 1, cap. 8* seines Kommentars zu Paracelsus' *De vita longa,* in der Nachfolge einiger Platoniker, die Luft sei von ihnen voll wie von Flocken bei Schneefall, und man könne sie wahrnehmen, ja, er gibt sogar das Mittel an, sie zu sehen: *si irreverberatis oculis sole splendente versus coelum continuaverint obtutus* [wenn die Augen, ohne sich blenden zu lassen, bei Sonnenschein fest in den Himmel schauen].

Was die Ordnungen der guten und bösen Dämonen angeht, so ist die Anschauung der Platoniker hierzu völlig irrig, und ihre heidnischen *boni et mali genii* sind nichts als Hirngespinste. Daß die Geister murren und toben, wenn man sie kränkt, und uns mancherlei Heimsuchung schicken, aber viel Gutes tun, solange man sie bei Laune hält, ist ebenso eitel wie alles übrige, und von Augustin *lib. 9, cap. 8, De civitate Dei,* sowie von Eusebius, *lib. 4, cap. 6, Praepar. Evang.* widerlegt.

Doch finde ich immerhin, daß unsere Schulmänner und andere Theologen die bösen Geister (wie Dionysius die Engel) in neun Arten unterteilen. Gazaeus (zitiert bei Lipsius) sieht alle Orte über und unter dem Mond, in Luft und Äther,[20] voll von Engeln, Geistern und Teufeln, was Augustin, *De civitate Dei, lib. 7, cap. 6,* nach Varro, so ausdrückt: ›die Himmelsdämonen oben, die Luftdämonen unten‹. Ihrer Meinung nach ist nirgends ein freier Fleck, alles voll von Geistern, Teufeln und anderen Insassen: *plenum coelum, aer, aqua, terra, et omnia sub terra* [erfüllt sind Himmel, Luft, Wasser, Erde und alles Unterirdische], sagt Gazaeus; und während Antonius Rusca in seinem Buch *De inferno, lib. 5, cap. 7,* ihnen die mittleren Regionen zuweisen möchte, sehen sie überall Geister, ›und keine Haaresbreite in Himmel, Erde, Wasser, über und unter der Erde, die frei von ihnen wäre‹.[21] Im Sommer wimmelt die Luft nicht so von Mücken, wie zu allen Zeiten von unsichtbaren Teufeln: dies behauptet Paracelsus steif und fest, und dazu noch, daß jeder davon sein eigenes Chaos mit sich führe. Wieder andere nehmen eine unendliche Zahl von Welten an, und daß jede einzelne ihre besonderen Geister, Götter, Engel und Teufel habe, um sie zu regieren und zu züchtigen.

---

20 *Usque ad lunam animas esse aetherias, vocarique heroes, lares, genios* [bis hinauf zum Mond soll es Geister geben, die Heroen, Laren und Genien heißen].

21 *Nihil vacuum ab his, ubi vel capillum in aerem vel aquam jacias.*

Gregor von Toulouse unterscheidet sieben Arten ätherischer Geister oder Engel, der Zahl der sieben Planeten entsprechend, saturnische, joviaIische, martialische &c.: je höher eine Sphäre liegt, um so vorzüglicher sind ihre Bewohner; vielleicht ist es das, worauf Galileo Galilei und Kepler in ihren *Sidereus Nuntius* genannten Büchern zielen, etwa wenn Kepler von saturnischen und jovialischen Himmelsbewohnern spricht. Es muß also, nach Meinung dieser Autoren, die Zahl der ätherischen Geister notwendigerweise unendlich sein. Denn wenn die Ansicht einiger unserer Rechenkünstler stimmt, daß nämlich ein Stein, der vom Sternhimmel oder der achten Sphäre herabfiele und in jeder Stunde 100 Meilen durchquerte, 65 oder mehr Jahre brauchte, bis er den Boden erreichen würde (aufgrund der riesigen Entfernung des Himmels von der Erde – die angeblich 170 Millionen 803 Meilen betragen soll – und dazu kommen noch jene anderen Himmel von kristall- oder wasserförmiger Beschaffenheit, mit denen Maginus rechnet und die vielleicht noch einmal soviel Ausdehnung haben) – wenn dem so ist, wieviele Geister mag die Welt enthalten? Und bei alledem sind doch Thomas, Albert und die meisten anderen Autoritäten davon überzeugt, daß es weit mehr Engel als Teufel geben müsse.

Im übrigen stellen unsere Gottesgelehrten fest, daß der Teufel keine Macht über Himmel und Sterne hat. *Carminibus coelo possunt deducere lunam*[22] [durch ihre Beschwörungen können sie den Mond

22 Vergil, *Ekl. 8*.

vom Himmel herabhexen] &c. – das sind poetische Erfindungen; und daß sie die Gabe hätten *sistere aquam fluviis et vertere sidera retro*[23] [das Wasser in den Flüssen anzuhalten und die Gestirne rückwärts laufen zu lassen] &c., wie Canidia bei Horaz, ist barer Unsinn. Sie sind bis zum Tag des Gerichts in diese sublunare Welt gebannt, und können nicht über die vier Elemente hinaus wirken, und nur soweit, als Gott es zuläßt. Deshalb teilt Psellus diese sublunaren Teufel (obgleich andere sie nach Ort und Funktion anders unterscheiden) in sechs Arten ein; in feurige, luftige, erdige, wässerige und unterirdische Teufel, wozu noch Feen, Satyren, Nymphen &c. kommen.

Feuergeister oder -teufel sind solche, die gemeinhin durch Kometen, feurige Drachen oder *ignes fatui* [Irrlichter] wirken, und immer wieder Menschen in *flumina aut praecipitia* [in Flüsse oder Abgründe] stürzen. Außerdem gaukeln sie Sonne, Mond und oft auch Sterne vor und sitzen auf Schiffsmasten; gewöhnlich werden sie Sankt Elmsfeuer genannt und erscheinen häufig nach Seestürmen. Luftgeister oder -teufel sind solche, die sich zumeist in der Luft aufhalten[24] und viele Stürme oder Gewitter mit Donner und Blitz verursachen; Eichen entwurzeln, Kirchtürme und Häuser in Brand setzen, Menschen und Tiere erschlagen, es Steine (wie in Livius' Tagen), Flaum oder Frösche

---

23 *Aeneis*, im 4. Buch.

24 *Domus diruunt, muros dejiciunt, immiscent se turbinibus et procellis, et pulverem instar columnae evehunt* [Sie reißen Häuser ein, stürzen Mauern um, vermischen sich mit Luftwirbeln und Stürmen, und türmen Staubsäulen auf] – Cicogna, *lib. 5, cap. 5.*

&c. regnen lassen, Heerscharen in der Luft vorgaukeln, seltsamen Lärm, Schwertgeklirr &c., wie in Wien, ehe die Türken anrückten, und oftmals auch in Rom. Sie sind es, von denen Cardano meint, daß es sie sehr nach fleischlichem Verkehr mit Hexen gelüste (als *incubi* und *succubi*), die Körper verwandeln können, eiskalt sind, wenn man sie anrührt, und in den Dienst von Zauberern treten. Sein eigener Vater hatte einen aus der Schar (wie er sich nicht zu berichten scheut), einen Luftteufel für 28 Jahre in Dienst genommen; wie ja auch Agrippas Hund einen Teufel an seinem Halsband befestigt bei sich trug. Manche glauben, daß Paracelsus (wenn ihn Erastus nicht verleumdet) einen in seinen Schwertknauf gebannt hatte; andere tragen sie in Ringen &c.

Wasserteufel sind jene Naiaden oder Nixen, die sich vordem in Seen und Flüssen tummelten. Das Wasser, so glaubt Paracelsus, ist ihr Chaos, das Element, in dem sie leben. Manche nennen sie Feen und sagen, Habundia sei ihre Königin. Sie verursachen Überschwemmungen und oftmals Schiffbrüche, und hintergehen Menschen auf vielerlei Weise, als *succubae* oder auf andere Art, wobei sie meist (wie Trithemius sagt) in Weibsgestalt erscheinen. Olaus Magnus hat eine lange Geschichte von einem gewissen Hotherus, König von Schweden, der eines Tages von seiner Jagdgesellschaft abkam, solchen Wassernixen oder Feen begegnete, und von ihnen festlich bewirtet wurde; und Hector Boethius erzählt von Macbeth und Banquo, zwei schottischen Adligen, die durch die Wälder irrten und sich von drei unheimlichen Weibern die Zukunft prophezeien ließen.

Erdteufel sind jene Laren,[25] Genien, Faune, Satyrn, Waldnymphen,[26] *foliots,* Feen, Kobolde, Trolle &c., die am besten mit den Menschen bekannt sind und ihnen daher den größten Schaden tun. Von dieser Art war Dagon unter den Philistern, Bel unter den Babyloniern, Astarte in Sidon, Baal in Samaria, Isis und Osiris in Ägypten &c. Manche rechnen unsere Feen[27] diesem Stande zu, die früher so abergläubisch verehrt wurden, indem man die Häuser für sie sauberfegte, ihnen einen Eimer klares Wasser hinstellte, dazu ein paar gute Bissen und dergleichen, um selbst keine Not zu leiden, Geld in den Schuhen und Glück bei allen Unternehmungen zu finden. Sie sind es, die auf Wiesen und Heiden tanzen (wie Lavater und Trithemius glauben) und (wie Olaus Magnus anfügt) jene grünen Kreise hinterlassen, die man oft auf ebenen Feldern findet – andere führen sie freilich auf Meteoreneinschlag oder den Zufall einer üppigen Bodenbeschaffenheit als Laune der Natur zurück. Manchmal lassen sie sich von alten Weibern und Kindern sehen. Paracelsus zählt viele Orte in Deutschland auf, wo sie oft mit kleinen, zwei Fuß langen Mänteln herumspazieren.

---

25 *Pro salute hominum excubare se simulant, sed in eorum perniciem omnia moliuntur* [Sie geben vor, um das Wohl der Menschen besorgt zu sein, und tun doch alles zu ihrem Verderben]. – Augustin.

26 Dryaden, Oreaden, Hamadryaden.

27 *Elvas Olaus vocat, lib. 3* [Elfen nennt sie Olaus im 3. Buch].

Unterirdische Teufel sind ebenso verbreitet wie die übrigen und richten nicht weniger Unheil an. Sie treiben sich, nach der Auskunft Münsters, meist in der Nähe von Erzbergwerken herum; manche sind schädlich, andere wieder harmlos. Ihre Aufgabe ist es, wie Pictorius und Paracelsus meinen, die Schätze der Erde zu behüten, damit sie nicht alle auf einmal entdeckt werden; und dazu sind sie, wie Cicogna feststellt, die häufige Ursache jener schrecklichen Erdbeben, ›die oft nicht nur Häuser, sondern ganze Inseln und Städte verschlingen‹; wofür er in seinem 3. Buch, Kap. 11, viele Beispiele anführt. Diese Geister versammeln sich um den Erdmittelpunkt, um die verdammten Seelen bis zum Tag des Gerichts zu peinigen. Ihren Aus- und Eingang nehmen sie, wie manche glauben, an Orten wie dem Berge Aetna, auf Lipari, auf dem Mons Hecla in Island, auf dem Vesuv, in Feuerland &c., weil dort ständig viel Getöse und schreckliches Geschrei zu hören ist, und dauernd Erscheinungen von Toten, Geistern und Kobolden umgehen.

So herrscht der Teufel; und in tausend verschiedenen Gestalten, ›geht er umher wie ein brüllender Löwe und sucht, wen er verschlinge‹ (1. Petrus 5), in der Erde, zu Wasser, auf dem Land, in der Luft, immer noch unumschränkt. Wo immer er auch ist, er wütet solange er kann, um sich (wie Lactanz meint) mit dem Fall der anderen selbst zu trösten; er müht sich mit aller Kraft, sie zu seiner Gesellschaft in dieselbe Grube des Verderbens zu stürzen; denn ›der Menschen Kalamitäten, Trübsal und Zusammenbrüche sind des Teufels Schlemmergerichte‹.[28]

Viele meinen, er könne nur den Leib schädigen, nicht aber den Geist. Doch die Erfahrung spricht eine andere Sprache, daß er nämlich beiden, dem Leib und dem Geist zusetzt. ›Er greift zuerst die Einbildung an, und setzt ihr so heftig zu, daß die Vernunft keinerlei Widerstand zu leisten vermag‹. Die Einbildung wieder beeinflußt er vermittels der Körpersäfte, obgleich viele Ärzte glauben, daß der Teufel das Bewußtsein verändern und die Krankheit unmittelbar auslösen könne. Die direkte Ursache ist verbrannter Gallensaft, wie Pomponatius nachzuweisen versucht. Galgerandus aus Mantua, ein berühmter Arzt, kurierte zu seiner Zeit eine Besessene, die in allen möglichen fremden Zungen redete, durch Abzapfen der schwarzen Galle, weshalb wohl dieser *humor* der Melancholie auch *balneum Diaboli* oder Teufelsbad genannt wird. Der Teufel erspäht in solchen Körpersäften seine Gelegenheit und treibt sie oftmals bis zur Verzweiflung, Wut, Raserei &c., indem er sich selbst ihnen beimischt.

Und deshalb bekreuzigen sich unsere Papisten so oft, *ne Daemon ingredi ausit* [damit kein Teufel einzudringen wagt], und exorzieren alle möglichen Gerichte als unsauber und verwünscht, was Bellarmin rechtfertigt. Viele solcher Geschichten, mit denen sie ihre Behauptungen stützen, finde ich bei den römischen Autoren. Cornelius Gemma, *lib. 2,*

---

28 *Mortalium calamitates epulae sunt malorum daemonum* – Synesius.

cap. 4, De natura miraculorum, berichtet etwa von einem jungen Mädchen namens Katerina Walter, einer Küfnerstochter anno 1571, die in so schlimme Anfälle verfiel, daß manchmal drei Männer nicht genügten, sie festzuhalten. Sie erbrach einen lebendigen Aal (den er selbst sah und berührte), von anderthalb Fuß Länge, der jedoch später wieder verschwand; dann spie sie zweimal am Tag, und dies zwei Wochen lang, 24 Pfund ekles Zeug in allen möglichen Farben; und danach schied sie drei große Haarknäuel aus, allerlei Holzstücke, Taubendung, Pergament, Gänsekot, Kohlestücke; danach zwei Liter reines Blut, Kohlen und Steine (einige davon beschriftet) von mehr als Walnußgröße, mehrere Glas- und Messingstücke &c.; dazu wand sie sich in Lach- und Weinkrämpfen und Raserei &c. *Et hoc, inquit, cum horrore vidi,* ›dies alles sah ich mit Entsetzen.‹ Die Ärzte konnten ihr nicht helfen und überließen sie der Klerisei.

[Nach den übernatürlichen behandelt der Autor die natürlichen Ursachen der Melancholie als primäre oder allgemeine (wie Einfluß der Sterne) und sekundäre oder besondere (hier zuerst die angeborenen, danach die zufälligen).]

Eltern ein Grund für Melancholie durch Vererbung

Die andere innere, eingeborene Ursache der Melancholie ist unser Temperament, entweder gänzlich oder teilweise, wie wir es von unseren

Eltern empfangen haben. Wie die Verfassung des Vaters war, so wird die des Sohnes werden, an welcher Krankheit auch immer er zum Zeitpunkt der Zeugung litt, der Sohn muß die gleiche Bürde von ihm übernehmen, als ›Erbe seiner Leiden wie seiner Ländereien‹.[29] *Et patrum in natos abeunt cum semine mores* [der Charakter der Eltern fließt mit dem Samen ihren Kindern zu].

Seleucus hatte einen Anker auf seinem Schenkel, und ebenso all seine Nachkommen, wie Trogus, *lib. 15,* berichtet. Lepidus (nach *lib. 7, cap. 17* bei Plinius) war halbblind, und sein Sohn ebenfalls. Die berühmte Sippe der Aenobarbi war von alters her berühmt und so benannt ihrer roten Bärte wegen; die Habsburger Lippe pflanzt sich genauso fort wie die Plattnasigkeit der Indianer, das bayerische Kinn und die Glotzaugen unter den Juden, wie Buxtorfius feststellt. Ich brauche daher, was die Melancholie angeht, nicht im geringsten zu bezweifeln, daß sie ein erbliches Leiden ist.

Filii ex senibus nati raro sunt firmi temperamenti, Kinder von Greisen erben selten eine gute Konstitution (wie Scoltzius, *consult. 177,* annimmt), und sind daher für diese Krankheit prädestiniert; und wie Levinius Lemnius hinzufügt: alte Männer zeugen zumeist ungeratene, verdrossene, niedergeschlagene, schwermütige, und höchst selten unbeschwerte Söhne.[30] Wer mit vollem Magen ein Kind zeugt, wird ein kränkliches Kind oder einen geistesschwachen Sohn bekommen (so das Ur-

29 *Ut filii non tam possessionum quam morborum heredes sint.*
30 *Lib. 4, cap. 3, de occult. nat. mir.: Tetricos plerumque filios senes progenerant et tristes, rarius exhilaratos.*

teil des Cardano,[31] *Contradict. med., lib. 1, 18*); und wenn die Eltern krank sind, irgendwelchen starken Druck im Kopf, Migräne oder Kopfschmerzen spüren (dies führt Hieronymus Wolf am Beispiel eines Kindes von Sebastian Castalio aus), oder wenn ein Betrunkener ein Kind zeugt, so ist (wie Gellius *lib. 12, cap. 1* anmerkt) die Wahrscheinlichkeit gering, daß es bei gutem Verstande sein wird. *Ebrii gignunt ebrios,* Säufer zeugen wieder Säufer, heißt es dazu bei Plutarch. Blöde, trunkene und hirnrissige Weiber bringen gemeinhin Kinder zur Welt, die ihnen gleichen, *morosos et languidos* [übellaunige und schwächliche], und dasselbe geschieht, wenn man mit einer Frau während der Menstruation Umgang hat. *Intemperantia veneris, quam in nautis praesertim insectatur Lemnius,*[32] *qui uxores ineunt, nulla menstrui decursus ratione habita, nec observato interlunio, praecipua causa est, noxia, perniciosa (concubitum hunc exitialem ideo, et pestiferum vocat Rodericus a Castro Lusitanus, detestantur ad unum omnes medici), tum et quarta luna concepti infelices plerumque et amentes, deliri, stolidi, morbosi, impuri, invalidi, tetra lue sordidi, minime vitales, omnibus bonis corporis atque animi destituti.*

Ein anderer Grund, den manche angeben, liegt in ungeregelter Ernährung: wenn einer Knoblauch ißt, oder Zwiebeln, im Übermaß fastet oder zu streng studiert, von allzuviel Sorge geplagt ist, matt, schwerfällig, niedergeschlagen, wirr im Denken, voll Angst &c., ›dann werden seine Kinder‹

---

31 *Coitus super repletionem pessimus, et filii qui tum gignuntur aut morbosi sunt aut stolidi.*

(sagt Cardan, *Subtil. lib. 18*) ›viel unter Wahnsinn und Schwermut zu leiden haben; denn wenn in solcher Art und zu solchem Zeitpunkt die Lebensgeister des Gehirns benebelt und angegriffen sind, wird sich auch das Hirn ihrer Kinder umnebeln: sie werden stumpfsinnig, schwer von Begriff, zaghaft und mißvergnügt sein ihr Leben lang.‹

So sind wir auf vielerlei Weise heimgesucht und geplagt für die Sünden unserer Väter; so daß Fernelius recht hat, wenn er sagt: ›Eine gute Geburt ist die wichtigste Voraussetzung für unser Lebensglück, und es wäre für die Menschheit insgesamt eine Wohltat, wenn nur die an Körper und Geist Gesunden heiraten dürften.‹ Ein Landmann wird nur die besten, auserlesensten Saatkörner auf seine Felder streuen, er wird keinen Hengst, keinen Stier aufziehen, der nicht an allen Teilen wohlgebaut ist, wird ihn nur dann eine Mähre oder Kuh decken lassen, wenn er der Qualität seiner Zucht sicher ist; wir wählen die besten Böcke für unsere Schafe, züchten das prächtigste Hornvieh und halten die besten Hunde, *quanto id diligentius in procreandis liberis observandum!* um wieviel mehr Augenmerk sollten wir auf das Zeugungswerk verwenden! In früheren Zeiten waren manche Länder so sorgsam und strikt in dieser Hinsicht, daß man jedes an Leib und Geist verwachsene und entstellte Kind beiseite schaffte.[33] Grausame Strenge, werdet

32 *Lib. 2, cap. 8, de occult. nat. mir.* Diesen Teil sollst Du nicht übersetzen, Schulmeister!

33 *Infantes infirmi praecipitio necati* [schwächliche Kinder wurden getötet, indem man sie in einen Abgrund stürzte] – Bohemus, *lib. 2, cap. 3. Apud Laconas olim* [Sitten der alten Spartaner] – Lipsius, *epist. 85: Si quos aliqua membrorum parte inutiles notaverint, necari jubent* [Wenn sie irgendein mißgebildetes Teil an ihnen bemerkten, ließen sie sie töten].

Ihr sagen, und unter Christenmenschen nicht zu dulden; und doch, man sollte die Sache gründlicher bedenken, als es meist geschieht. Denn heute, dank unserer Lässigkeit in diesen Dingen, die allen erlaubt, zu heiraten, wen sie wollen, dank unserer allzugroßen Freiheit und Nachsicht, die alles und jedes toleriert, herrscht ein wildes Durcheinander von Erbkrankheiten: keine Familie ist vor ihnen sicher, fast niemand findet sich, der frei wäre von schwerwiegenden Leiden aller Art; es gibt keine Wahl, die Ältesten müssen heiraten, sie sind die Hengste des ganzen Geschlechts; oder seht Euch die Reichen an: sie mögen Narren sein oder Kretins, lahm oder verstümmelt, zeugungsunfähig, unmäßig ausschweifend, durch Schwelgerei ausgelaugt – *jure hereditario sapere jubentur,* wie der Autor sagt,[34] das Erbrecht macht sie zwangsläufig weise und fähig. So kommt es, daß unsere Generation verderbt ist, daß wir so viele haben, die an Geist und Körper geschwächt sind, daß so viele abscheuliche Krankheiten unter uns grassieren, so viele Familien angeschlagen sind – *parentes peremptores* [unsere Eltern haben uns verkauft], schlecht waren die Väter, und wir haben Aussicht, noch schlechter zu werden als sie.

---

34 *Satyricon* des Euphormio.

Ungeeignete Kost als Grund. Substantielle Einwirkung durch die Beschaffenheit von Speisen

NACHDEM ICH, getreu der von mir gewählten Methode, bisher unter den sekundären Ursachen die angeborenen erschlossen habe, muß ich nun zu den äußerlichen und zufälligen übergehen, die uns nach der Geburt zustoßen. Sie sind entweder offensichtlich und weit zurückliegend oder intern, unmittelbar vorausgehend und direkt. Die äußeren, fernwirkenden und vorzeitigen Ursachen werden wiederum unterteilt in zwangsläufige und nicht zwangsläufige. Zwangsläufig (weil wir sie nicht vermeiden können: sie beeinflussen uns je nach Gebrauch oder Mißbrauch) sind die sechs Non-naturalia, die eine so große Rolle bei allen medizinischen Diskussionen spielen und als Hauptursachen unserer Krankheit gelten.

Die sechs Non-naturalia sind Nahrung und Verhaltung bzw. Ausscheidung – diese beiden sind substantieller als die anderen, weil sie neue Substanzen bilden oder dazu beitragen, sie zurückzuhalten oder auszustoßen –; und dann die anderen vier: Luft, Bewegung, der Wechsel von Schlaf und Wachen, sowie seelische Unruhe, die lediglich substanzverändernd wirken. An erster Stelle steht somit die Ernährung, bestehend aus Speise und Trank, die Melancholie verursacht, indem sie uns substantiell oder akzidentiell beeinträchtigt, das heißt durch ihre Quantität, Qualität &c. So gut wie jedes einzelne medizinische Handbuch geht in seinem Kapitel zur Melancholie ausführlich auf alle möglichen Speisen ein; doch da diese Bücher nicht jedermann zur Hand sind, will ich kurz erläutern und spezifizieren, welche Speisen diesen *humor* erzeugen und welche zu meiden sind.

Rindfleisch, ein kräftiges, herzhaftes Nahrungsmittel – kalt im ersten Grad, trocken im zweiten, sagt Galen, *lib. 3, cap. 1, de alim. fac.* – wird von ihm wie von allen nachfolgenden Autoren für gesundheitsschädlich erklärt, weil es dickflüssiges, schwarzgalliges Blut hervorbringt; geeignet allein für jene, die kerngesund und von guter Konstitution sind, und kräftig zupacken, doch nur, wenn es recht zubereitet ist, gepökelt, junges Fleisch vom Ochsen (denn die verschnittenen Fleischarten jeder Gattung gelten als die besten) oder wenn schon alt, dann möglichst von abgearbeiteten Tieren.

Schweinefleisch ist von allen Fleischarten die nahrhafteste, doch ganz und gar ungeeignet für die behäbige Lebensart, sowie für alle, die irgendwie an Leib oder Geist kränkeln: es ist zu feucht und saftreich und damit *noxia delicatis,* sagt Savonarola, *ex earum usu ut dubitetur an febris quartana generetur:* sowenig für empfindliche Mägen geeignet, daß sein häufiger Verzehr möglicherweise sogar ein Quartanfieber hervorrufen kann.

Savonarola rät vom Fleisch der Ziegen ab, und Bruerinus *lib. 13, cap. 19* ebenfalls,[35] der sie als unflätiges und geiles Vieh bezeichnet und daher an-

35 *Non laudatur quia melancholicum praebet alimentum* [nicht empfehlenswert, weil es der Melancholie Nahrung gibt].

nimmt, ihr Fleisch müsse widerwärtige und unsaubere Körpersubstanz bilden; doch Zicklein, so weit sie jung und zart sind, läßt Isaac zu, und ebenso Bruerinus und Galen, *lib. 1, cap. 1, De alimentorum facultatibus.*

Hirsch und Rotwild stehen im schlechten Ruf, grobe Nahrung abzugeben; scharf im Geschmack und grobkörnig, kommt ihr Fleisch gleich nach dem der Pferde. Diese wiederum werden zwar von einigen Völkern wie Tartaren und Chinesen verzehrt, doch Galen lehnt sie ab.[36] Junge Fohlen ißt man in Spanien ebenso häufig wie Rotwild und man verwendet sie oft besonders in der Gegend von Malaga als Schiffsproviant; doch solches Fleisch will lang gesotten und gebraten werden, und selbst das nützt manchmal nicht viel.

Alles Wild wirkt melancholisch und erzeugt schlechtes Blut; und doch ist es wohlschmeckendes Fleisch, und hier bei uns (denn wir haben mehr Parks in England als im ganzen übrigen Europa zusammen) hochgeschätzt zu allen festlichen Gelagen. Es schmeckt besser von der freien Wildbahn als aus dem Gehege, zumal wenn es durch Kochkunst wohl zubereitet ist; doch es ist generell ungesund und sollte selten genossen werden.

Milch und alle Milcherzeugnisse, wie Butter, Käse, Quark &c., verstärken die Melancholie (ausgenommen nur die Molke, ein höchst heilsames Getränk); manche wollen auch Eselsmilch ausnehmen. Im übrigen sind sie für Gesunde nahrhaft

36 *Lib. de subtiliss. dieta: Equina caro et asinina equinis danda est hominibus et asininis* [Pferde- und Eselsfleisch soll man Roßnaturen und eselhaften Menschen verabreichen].

und unschädlich, besonders für kleine Kinder, aber – ihrer raschen Verderblichkeit wegen – unzuträglich für alle, die an verdorbenem Magen, Kopfschmerz, frischen Wunden, Nieren- und Gallensteinen &c. leiden. Unter allen Käsesorten halte ich den, den wir Banbury-Käse nennen, für den besten; *ex vestustis pessimus,* je älter, stärker und fester, um so unbekömmlicher.

Rhasis und Magninus raten ab von Fischen aller Art, mit der Begründung, sie nährten zähflüssige Substanz und seien schleimige, minderwertige und mißlaunige Nahrung; kalt, fügt Savonarola hinzu; und Isaac, feucht und phlegmatisch, und daher ungesund für alle kalten und melancholischen Temperamente; andere differenzieren stärker und verwerfen unter den Süßwasserfischen nur Aale, Schleien, Neunaugen, Flußkrebse (die Bright, *cap. 6,* jedoch billigt), ferner alle, die in schlammigen und stehenden Gewässern leben und nach Schlamm schmecken, und die Franciscus Bonsuetus, *lib. de aquatilibus,* dichterisch folgendermaßen umschreibt:

Nam pisces omnes, qui stagna lacusque frequentant,
Semper plus succi deterioris habent.

Von Fisch aus Teich und Sumpf ist abzuraten:
Sein schlechter Saft schlägt dir nur auf den Magen.

Was das Gemüse angeht, so finde ich Kürbisse, Gurken, Kohlwurz, und Melonen unzulässig, aber Kohl ganz besonders. Er erzeugt unruhige Träume und läßt schwarze Dünste ins Hirn aufsteigen. Galen, *loc. affect., lib. 3, cap. 6,* verwirft vor allen anderen Kräutern den Kohl; nach Isaac, *lib. 2, cap. 1, animae gravitatem facit,* wirkt er auf die Seele bedrückend.

Manche meinen, daß alle rohen Kräuter und Salate melancholisches Blut machen, ausgenommen Ochsenzunge und Lattich. Unsere Italiener und Spanier richten ganze Mahlzeiten aus Kräutern und Salatblättern an – Plautus nennt dergleichen *coenas terrestres* [erdhafte Gerichte] und Horaz *coenas sine sanguine* [blutlose Speisen], was nach den folgenden Ausführungen des Plautus so zu verstehen ist:[37]

Hic homines tam brevem vitam colunt …
Qui herbas hujusmodi in alvum suum congerunt,
Formidolosum dictu, non esu modo,
Quas herbas pecudes non edunt, homines edunt.
Auf langes Leben dürfen die nicht hoffen,
Die solches Zeug in ihre Bäuche stopfen;
Gräßlich zu sagen (und nicht nur zu essen):
Der Mensch vertilgt, was nicht die Tiere fressen.

Solche Kost macht Winde, und kein Mensch sollte sie daher in rohem Zustand zu sich nehmen, nicht einmal dann, wenn sie mit Öl genießbarer gemacht wurde, sondern nur in Suppen oder ähnlicher Zubereitung.[38] Alle Hülsenfrüchte sind untauglich, Bohnen, Erbsen, Plattschoten &c.; sie benebeln das Hirn (so Isaac) mit üblen Dünsten, erzeugen schwarzes, dickes Blut, und bringen beschwerliche

37 *Pseudolus,* Akt III, 2. Szene.
38 *Quare rectius valetudini suae quisque consulet, qui lapsus priorum parentum memor, eas plane vel omiserit vel parce degustarit* [Daher wird seiner Gesundheit den besten Dienst leisten, wer in Erinnerung an den Fehltritt unserer Vorväter solche Speise entweder ganz meidet oder aber spärlich verzehrt].

Träume. Und daher läßt sich, was Pythagoras vor alter Zeit zu seinen Schülern sagte, für alle Zeit auf melancholische Gemüter anwenden: *a fabis abstinete,* hütet euch vor Erbsen und Bohnen; und wenn sie doch einer unbedingt essen muß, so rate ich ihm, sie nach den Anweisungen zu bereiten, die Arnold von Villanova und Freytag für Anrichtung und Verzehr von Früchten, Kräutern, Wurzeln, Schoten &c. vorschreiben.

Verhaltung und Ausscheidung als Gründe, und wieso

Es gibt verschiedene Arten der Verhaltung und Ausscheidung, die entweder unterstützende Begleiterscheinungen oder häufig auch alleinige Verursacher der Melancholie sind. Galen führt allen Mangel und Überschuß auf diese Kategorie zurück, andere ›alles, was abgesondert oder zurückbehalten wird‹.

Hier nenne ich mit Grund an erster Stelle die Hartleibigkeit und Verhaltung unserer gewöhnlichen Körperausscheidungen, die häufig alle möglichen Krankheiten auslöst und insbesondere dieses Leiden der Melancholie. Celsus, *lib. 1, cap. 3,* sagt: ›Sie führt zur Entzündung des Gehirns, zu Dumpfheit, Umnebelung, Kopfschmerz &c.‹; und bisweilen ist sie alleiniger Grund für Wahnsinn, wie Ihr im 1. Buch von Schenkius' *Medizinischen Beobachtungen* lesen könnt: Ein junger Kaufmann, der den Jahrmarkt von Nördlingen in Deutschland besuchte, blieb zehn Tage lang ohne jeden Stuhlgang; bei seiner Rückkehr war er in finsterste Melancholie verfallen,[39] glaubte steif und fest, man habe ihn beraubt, und ließ sich auf keine Weise ausreden, daß sein ganzes Geld verschwunden sei; seine Freunde argwöhnten, man hätte ihm einen Zaubertrank eingeflößt, doch Cnelinus, ein Arzt, den man herbeirief, stellte als einzige Ursache Verstopfung fest[40] und verabreichte ihm sogleich ein Klistier, worauf der Patient unverzüglich genas.

Verhaltung von Hämorrhoiden oder Menstruation führen Villanova, *Breviar., lib. 1, cap. 18,* Arculanus, *cap. 15,* Burel &c. als normale Ursachen an. Schenkius etwa bringt zwei Beispiele von Frauen, deren Melancholie und Wahnsinn durch Zurückhalten ihres Monatsflusses herbeigeführt wurde. Dasselbe läßt sich auch vom Nasenbluten sagen, wenn es nach längerem Strömen plötzlich unterbunden wird, wie Villanova nachdrücklich erklärt. Ähnliche Wirkung zeitigt die Unterlassung des Venusdienstes. Matthiolus, *epist. 5, lib. penult.,* versichert aus eigener Kenntnis, ›daß manche, die sich aus Schamhaftigkeit der fleischlichen Liebe enthalten hätten, daraufhin sehr niedergeschlagen und lustlos wurden, andere wieder ganz verschüchtert, schwermütig und über die Maßen traurig‹. Und so vertritt Galen selbst die Auffas-

---

39 *Tam delirus, ut vix se hominem agnosecret* [so sehr im Wahn befangen, daß er sich kaum selbst als Menschen erkannte].

40 *Alvus astrictus causa* [Leibesverhärtung war der Grund].

sung, ›daß der natürliche Samen, wenn er überlang zurückgehalten wird, sich bei manchen Menschen in Gift verwandelt‹.[41] Doch unmäßig der Venus zu opfern ist genauso schlecht wie das Gegenteil. Galen, *lib. 6, De morbis popular., sect. 5, text. 26,* rechnet Melancholie unter die Krankheiten, die ›durch Beischlaf verschlimmert werden‹.[42] Magninus, *cap. 5, part. 3,* führt als Grund an, ›daß er den Körper auskühlt und austrocknet, und die Lebensgeister verbraucht‹, und rät allen kühlen und trockenen Temperaturen, sich vor ihm zu hüten und ihn wie ihren Todfeind zu meiden. Jacchinus, bei *Rhasis lib. 9, cap. 15,* gibt dieselben Gründe an und erwähnt einen seiner Patienten, der in einem heißen Sommer ein junges Weib nahm und ›sich im Kammerdienst so ausdörrte, daß er in kurzer Zeit aus der Melancholie in den Wahnsinn verfiel‹; er habe ihn durch befeuchtende Heilmittel kuriert.

Schlechte Luft eine Ursache der Melancholie

Luft ist ein entscheidender Faktor beim Entstehen dieser wie jeder anderen Krankheit, da sie ständig durch Atmung in unsere Leiber und deren innerste Organe gelangt. ›Ist sie unrein und dunsttrüb, so drückt sie die Lebensgeister nieder und verursacht Krankheiten durch Ansteckung

41 *Sperma plus diu retentum transit in venenum.*
42 *Quae a coitu exacerbantur.*

des Herzens, wie Paulus, *lib. 1, cap. 49,* feststellt;[43] und dieses besondere Leiden beeinflußt (nach Jobertus) nichts so sehr wie die Luft, in der wir leben und weben: wie die Luft, so die Lebensgeister, wie die Lebensgeister, so die Stimmung der Säfte.[44] Luft schadet uns gemeinhin, wenn sie zu heiß und trocken ist, zu dick, rauchig, wolkig, brausend und stürmisch. Gordonius will es jedermann zur Kenntnis geben: ›Bedenkt (so sagt er), daß in den heißen Ländern der Wahnwitz weit verbreiteter ist als in den kühlen‹.[45] Freilich gilt das nicht ohne Einschränkung, denn wie Acosta zurecht feststellt, herrscht unter dem Äquator selbst ein gemäßigtes Klima, gesunde Luft, ein Paradies des Wohllebens, mit immergrünen Blättern und erfrischenden Regenschauern. Aber es gilt für unmäßig heiße Regionen, wie Johannes a Meggen in Zypern fand, andere in Malta, Apulien und im Heiligen Land, wo es zu manchen Jahreszeiten nichts als Staub gibt, die Flüsse vertrocknen, die Luft sengend heiß weht, die Erde glüht; so daß nicht selten Pilger, die in frommer Absicht barfuß auf dem heißen Sand von Joppa nach Jerusalem wandern, den Verstand verlieren; oder aber vom Sand überwältigt, *profundis arenis,* wie in vielen Teilen Afrikas, in Arabia Deserta, Baktrien (jetzt Chorassan), wenn der Westwind weht, *involuti arenis transeuntes necantur* [Reisende in Sanddünen versinken und begraben werden].

---

43 *Impurus aer spiritus dejicit, infecto corde gignit morbos.*
44 *Qualis aer, talis spiritus; et cujusmodi spiritus, humores.*
45 *Intellige quod in calidis regionibus frequenter accidit mania, in frigidis autem tarde.*

Hercules de Saxonia, ein Professor in Venedig, gibt als Grund dafür an, daß viele Venezianerinnen schwermütig seien, *quod diu sub sole degant,* sie hielten sich zu lange in der Sonne auf. Und deshalb rührt sich im Sommer um die Mittagszeit so wenig in den ziegelgepflasterten Straßen Venedigs, weil alle Welt dann schläft; ebenso in den Ländern des Großmoguls und in Indien. Im arabischen Aden, wie Lodovicus Vertomannus in seinen Reisen berichtet, halten sie des Nachts ihren Markt ab, um die große Hitze zu vermeiden; und in Ormus liegen Leute aller Stände den lieben langen Tag, wie das Vieh auf der Weide, bis zum Kinn im Wasser. Die Türken tragen mächtige Turbane *ad fugandos solis radios,* um die Sonnenstrahlen zu verscheuchen; und viele Ungelegenheiten bereitet die heiße Luft in Bantam auf Java unseren Männern, die sich dort aufhalten, um Handel zu treiben; denn so heiß ist es da, daß die Geschlechtskranken meist zum Bleichen an der Sonne liegen, um ihre Pusteln auszutrocknen.[46]

Die kalte Luft aber, das andere Extrem, ist fast genauso schlimm wie die heiße, und so beurteilt sie auch Montaltus, *cap. 11,* zumal wenn sie auch noch trocken ist. In jenen nördlichen Regionen sind die Menschen daher in der Regel stumpfsinnig und schwerfällig, und es wimmelt von Hexen, was (wie gesagt) Saxo Grammaticus, Olaus, und Baptista Porta mit der Melancholie in Zusammenhang bringen. Am allerschlimmsten ist dicke, wol-

46 *Morbo Gallico laborantes exponunt ad solem ut morbos exsiccent.*

kige, dunstige, neblige Luft,[47] wie sie aus Sumpf und Moor aufsteigt, aus Teichen, Misthaufen, Abzugsgräben und Gossen, in denen irgendein Aas oder Kadaver liegt, oder die irgendwelche widerwärtig stinkenden Dünste aussenden. Galen, Avicenna, neue wie alte Ärzte sind überzeugt davon, daß solche Luft schädlich sei und Melancholie, Epidemien und andere Übel verursacht. Cardano, *De rerum varietate, lib. 17, cap. 96,* kritisiert sogar jene wohlhabenden und überaus volkreichen Städte in den Niederlanden wie Brügge, Ghent, Amsterdam, Leiden, Utrecht &c.: die Luft sei dort ungesund. Doch einmal ganz abgesehen von der Örtlichkeit, was soll man zu denen sagen, die über gute Lage, angenehme Luft und alle Wohltaten der Natur verfügen, und doch durch ihre eigene unsaubere und liederliche Art, durch ihre schäbige und unflätige Lebensweise zulassen, daß ihnen die Luft verfault und sie selbst im Gestank ersticken? Viele Städte gibt es etwa in der Türkei, die in diesem Sinne *male audiunt* [in üblem Geruch stehen]; darunter Konstantinopel, wo häufig Aas in den Straßen liegt. Manche finden denselben Makel in Spanien, sogar in Madrid selbst, dem Sitz des Königs: die Luft ist vorzüglich, die Lage angenehm, doch die Bewohner sind unordentlich und die Straßen nicht sauber gehalten.

Wildbewegte und stürmische Luft ist ebenso abträglich wie unsaubere: rauhes und widriges Wetter, ungestüme Winde, finstere wolkenverhangene

---

47 *Crassus et turbidus aer tristem efficit animam* [Dicke und trübe Luft stimmt die Seele traurig].

Tage, wie sie bei uns üblich sind – *coelum visu foedum,* nennt das Polydorus, ein Himmel greulich anzuschauen. Und wer wäre nicht wetterfühlig bei bestimmten Konjunktionen der Planeten, bedrückt bei scheußlichem Klima, dumpf und niedergeschlagen in stürmischer Jahreszeit? *Gelidum contristat Aquarius annum* [kalt und trist macht das Jahr der Wassermann]: der Zeitlauf bringt es, der Herbst brütet es aus; und von gleicher Art ist der Winter, widrig, abscheulich, schmutzig. Die Luft wirkt auf alle Menschen mehr oder weniger ein, doch am meisten auf die, die melancholisch sind oder zur Schwermut neigen. Daher fordert Montanus, *consil. 24,* die Melancholiker auf, rauhe und stürmische Luft zu meiden, ebenso (*consil. 27*) alle Nachtluft, will ihnen das Spazierengehen nur an schönen Tagen erlauben, und verbietet ihnen (*consil. 31*), des Nachts die Fenster zu öffnen.[48] Nacht und Finsternis stimmen die Menschen traurig, ebenso alle unterirdischen Gewölbe, und dunkle Behausungen in Grotten und Felshöhlen. Wüste Orte lösen augenblicklich Schwermut aus, besonders bei denen, die nicht an sie gewöhnt oder irgendwie mit ihnen vertraut sind.

---

48 *Aer noctu densatur et cogit moestitiam* [Nachts verdichtet sich die Luft und verursacht so Niedergeschlagenheit].

Übermäßige Beschäftigung ein Grund, und weshalb. Einsamkeit. Trägheit

Nichts ist so gut, daß es sich nicht mißbrauchen ließe: nichts besser für die Erhaltung der Gesundheit als Beschäftigung und Bewegung (freilich im rechten Maß), nichts schädlicher als ihr unzeitiger und unmäßiger Gebrauch. Fernelius, nach Galen, *Path. lib. 1, cap. 16,* sagt, ›daß viele und ermüdende Beschäftigung Lebensgeister und Substanz aufzehrt, und den Leib auskühlt; sie rührt jene Säfte bis zur Raserei auf, die die Natur sonst zu einem Gebräu vermischt und entschärft hätte, und in ihrem Rasen beeinträchtigen und beunruhigen sie auf vielerlei Weise Leib und Geist‹. So ist es in der Tat, wenn die Leibes- und Geistesübung zur ungeeigneten Zeit erfolgt, und auf vollen Magen, wenn der Körper voll unverdauter Brocken steckt; dagegen wettert Fuchsius, *lib. 2, Inst., sect. 2, cap. 4,* und gibt dies als Grund dafür an, warum die Schulbuben in Deutschland so oft krätzig seien, weil sie nämlich unmittelbar nach der Mahlzeit lernen müssen. Bayerus fügt ein eigenes Caveat gegen solche Beschäftigung ein, weil sie ›die Speise im Magen verdirbt und ihren Saft roh und noch unverdaut in die Adern leitet‹, der (wie Lemnius hinzufügt) ›die Lebensgeister in Fäulnis versetzt und in völlige Verwirrung stürzt‹.

Das Gegenteil von Beschäftigung ist Trägheit (Merkmal der besitzenden Stände) oder Mangel an Tätigkeit, Gift für Körper und Geist, Nähramme der Nichtsnutzigkeit, Stiefmutter aller Selbstsucht, Haupturheberin allen möglichen Unheils, eine der Todsünden, Alleinschuldige an diesem und vielen anderen Leiden, des Teufels Kissen (wie Walter sie nennt), sein Polster und liebstes Lotterbett. Eine Krankheit, die allen Müßigen wohlvertraut ist, untrennbarer Begleiter des behaglichen Lebens: sie vertragen keinerlei Anstrengung, und sei sie noch so nötig und unschwer, wie Ankleiden, Briefeschreiben &c. – nein, wie einer zitternd vor Kälteschauern weiter auf seinem Fleck sitzenbleibt, der sich durch die kleinste Leibesübung und Bewegung erwärmen könnte, so beklagen sie sich, sind nicht bereit, das einfachste und probateste Mittel zu nützen, um ihren Zustand zu bessern, und lassen sich weiterhin von der Melancholie peinigen.

Diese Trägheit ist entweder leiblicher oder geistiger Natur. Die leibliche ist nichts weiter als eine Art lähmender Lustlosigkeit, die Zeiten des Tätigseins unterbricht, *neglectis urenda filix innascitur agris:*[49] wie Farn auf unbestelltem Boden wuchert und allerlei anderes Unkraut, so gären zähflüssige Säfte in einem müßigen Leib; *ignavum corrumpunt otia corpus* [Müßiggang verdirbt den erschlafften Körper]. Ein im Stall gehaltenes Pferd, das nie eine Strecke zurücklegt, ein Falke im Mauserkäfig, der nur selten ausfliegen darf, sind beide anfällig für Krankheiten, während sie, ihrer eigenen Natur überlassen, völlig frei von solcher Beschwernis wären. Ein fauler Hund holt sich die Räude, wie kann sich da ein fauler Mensch einbilden, ungeschoren davonzukommen?

49 Horaz, *Sat.* 1,3.

Geistige Trägheit ist noch viel schlimmer als leibliche; Witz ohne Verwendung ist eine Krankheit, *aerugo animi, rubigo ingenii:*[50] Rost der Seele, Fäulnis des Geistes, eine Hölle eigener Art;[51] *maximum animi nocumentum* [schlimmste Seelenverderbnis] nennt sie Galen. ›Wie in stehendem Gewässer sich Gewürm und scheußliche Schlingpflanzen vermehren‹ (*et vitium capiunt ni moveantur aquae,* Wasser selbst, und Luft, verfaulen, wenn sie nicht ständig vom Wind bewegt werden), ›so wirken schlimme und verfaulte Gedanken bei einem trägen Menschen‹; sie vergiften die Seele. In einem Staatswesen ohne äußere Feinde bricht leicht Bürgerzwist aus, und sie wüten gegeneinander; ebenso geht es mit unserem Körper, wenn er müßig ist und sich keiner Aufgabe zu widmen weiß: er quält und zerfleischt sich mit Kummer, Sorge, falscher Furcht, Unzufriedenheit und Mißtrauen; er foltert und verzehrt die eigenen Eingeweide, und kann keine Ruhe finden. Und dies ist der wahre Grund dafür, daß so viele hohe Herren, Damen und Fräulein in Stadt und Land an diesem Leiden laborieren; denn Müßiggang ist des adligen Standes Anhang. Sie halten Arbeit für eine Schande, bringen all ihre Tage mit Jagd und Spiel und Zeitvertreib hin, und haben keine Lust auf einen anstrengenden Beruf; ja, sie speisen ausgiebig und lassen es sich gutgehen, aber es fehlt ihnen an Bewegung, Aktivität, Beschäftigung (Arbeit, wie gesagt, können sie nicht ausstehen), dazu auch an passender Ge-

---

50 Seneca.

51 *Moerorem animi et maciem* [Betrübnis und Auszehrung des Herzens] nennt sie Plutarch.

sellschaft: so füllt sich ihr Leib mit dickflüssigen *humores,* mit Winden und Unverdautem, und ihr Geist wird unruhig, öde, niedergeschlagen. Bei all den vielen Unzufriedenen, die Ihr überall hört und seht, all den vielen Klagen, unnötigen Beschwerden, Befürchtungen und Verdächtigungen[52] besteht die beste Heilmethode darin, ihnen Arbeit zu schaffen oder ihren Geist zu beschäftigen; denn alles läuft doch nur auf eines hinaus: sie sind müßig.

Die engste Verwandte des Müßiggangs, seine ursächliche Begleiterin, die Hand in Hand mit ihm auftritt, ist *nimia solitudo,* übermäßige Einsamkeit, nach dem Zeugnis aller Mediziner Ursache und Symptom zugleich; doch insoweit wir sie hier als Grund betrachten, ist sie es entweder als erzwungenes oder aber als freiwilliges Alleinsein. In ihrer erzwungenen Form sieht man sie gemeinhin bei Scholaren, Mönchen, Klosterbrüdern und Einsiedlern, die sich aufgrund ihres Ordens und ihrer Lebensweise von aller menschlichen Gesellschaft und Gemeinsamkeit absondern und in ihre private Klause zurückziehen müssen: *otio superstitioso reclusi* [weltabgeschieden zu abergläubischem Nichtstun], wie Bale und Hospinian sie nennen; so wie heutzutage die Kartäuser, die (aufgrund ihrer Regel) keinerlei Fleisch essen und auf Gesellschaft verzichten müssen, wie viele unserer Landadeligen in ihren abgelegenen Herrenhäusern, wo es ihr Los ist, entweder ungesellig und abgeschie-

52 Mein Herz! mein Kopf! mein Gatte! mein Sohn! &c. (denn sie wissen nicht, was ihnen wirklich fehlt und was sie selbst wollen).

den, oder über ihre Verhältnisse zu leben und alle Vorbeireisenden wie lauter Ehrengäste zu bewirten, oder aber mit ihren Dienern und Knechten Umgang zu pflegen, mit Menschen ungleichen und niedrigeren Ranges und entgegengesetzter Veranlagung; oder schließlich, wie es viele tun, um dem Alleinsein zu entkommen, ihre Zeit mit liederlichen Genossen in Tavernen und Bierschenken totzuschlagen und sich anstößiger Lustbarkeit und ausschweifender Lebensart hinzugeben. Andere wieder werden auf diese Klippe der Einsamkeit getrieben, weil es ihnen an Mitteln mangelt, oder aber weil sie zu stark unter eigener Schwachheit und Schmach leiden, oder weil sie vor lauter Schüchternheit, Tumbheit und Einfalt sich nicht in menschliche Gesellschaft wagen.

Willentliche Absonderung ist die Vertraute der Schwermut, und führt uns unmerklich wie eine Sirene, ein Lockvogel, eine Sphinx in diesen Abgrund ohne Wiederkehr; eine Ursache erster Ordnung nennt sie Piso. Wie genießen es die melancholisch Gestimmten am Anfang, ganze Tage im Bett zu verbringen, ihr Zimmer nicht zu verlassen, in einem einsamen Hain zu wandeln, zwischen Wald und Wasser, an Baches Rand, um dort über einen angenehmen, ergötzlichen Gegenstand nachzusinnen, der sie besonders bewegt. Diese phantastischen und bezaubernden Vorstellungen setzen ihnen so heimlich, starkempfunden, dringlich und beständig zu, schleichen und schmeicheln sich ein, erfüllen und überwältigen sie, lenken sie so sehr ab und halten sie auf, daß sie ihre wichtigeren Geschäfte vernachlässigen; unfähig zum Widerstand und zur Selbstbefreiung, brüten sie ewig vor sich hin, melancholisieren und lassen sich treiben. Wie einer, den (wie man so sagt) nachts auf der Heide ein Kobold an der Nase herumführt, laufen sie fleißig in diesem Labyrinth angstvoll trauriger, melancholischer Meditation umher, ohne Willen und Vermögen, sich zurückzuhalten und damit aufzuhören, ziehen sich auf und laufen ab wie die Uhren, immer ihren Stimmungen nachgebend, bis sich am Ende die Szene durch irgendein schlimmes Ereignis jäh verändert, und sie, die nun ganz an eitle Betrachtungen und einsame Orte gewöhnt sind, nur noch über quälende und widerliche Dinge nachgrübeln können.

[Es folgt eine Darstellung der verschiedensten Leidenschaften, die auf dem Weg über die Einbildung Schwermut auslösen.]

Von der Gewalt der Einbildungskraft

Die wundersame Wirkung und Allmacht der Einbildung auf alle Menschen ist augenfällig; in ganz besonderer Weise jedoch wütet sie unter den Melancholikern, indem sie nämlich über lange Zeit eine Scheinwirklichkeit aufrecht erhält, oder die Dinge durch beständige und intensive Betrachtung so sehr entstellt und vergrößert, daß sie endlich bei einigen Betroffenen handfeste Wirkungen zeitigt. Dies läßt sich deutlich an solchen

Menschen beobachten, die im Schlaf aufgrund von Körpersäften und zusammenströmenden Dünsten, die ihnen die Phantasie in Wallung bringen, sich oftmals absurde und monströse Dinge einbilden, und an solchen, die von *incubi* heimgesucht oder (*vulgo*) von Hexen geritten werden; auf dem Rücken liegend meinen sie, eine alte Vettel hocke rittlings auf ihnen und presse sie so zusammen, daß es ihnen schier den Atem verschlägt: dabei ist es nichts weiter als eine Ansammlung widriger *humores,* die die Phantasie verstören. Fracastorius, *lib. 3, De intellectu,* führt alle ekstatischen Zustände auf diese Macht der Einbildung zurück, etwa bei Menschen, die ganze Tage lang in Trance liegen, oder bei jenem Priester, der (nach Celsius' Zeugnis) sich von seinen Sinnen absondern konnte, wann immer er wollte, und leblos und empfindungslos dalag wie ein Toter.[53] Wenn sie nach solchen Zuständen der Entrückung wieder zu sich kommen, berichten sie oft seltsame Dinge von Himmel, Hölle, und den Visionen, die sie erlebt haben. Ganz ähnliche Wirkungen zeigen sich auch an denen, die im Wachzustand phantasieren: wie viele Chimären, Grotesken, goldene Berge und Luftschlösser bauen sie sich selber! Doch ganz besonders seltsam und ins Auge springend wirkt die Einbildung unter dem Einfluß von Leidenschaften und Gemütsbewegungen: was wird nicht ein Geängstigter alles im Dunkel entdecken? welch absonderliche Gestalten von Schreckgespenstern,

---

53 *Qui, quotiens volebat, mortuo similis jacebat, auferens se a sensibus, et cum pungeretur, dolorem non sensit.*

Teufeln, Hexen, Kobolden? Lavater schreibt die Hauptursache für Geisterspuk und ähnliche Erscheinungen der Angst zu, die vor allen anderen Leidenschaften (sagt Wierus) die Phantasie am stärksten anregt, wie es daneben auch Liebe, Kummer, Freude &c. tun. Jakob der Patriarch nützte die Einbildungskraft, um gefleckte Lämmer zu gewinnen, indem er seinen Schafen gestreifte Stäbe unterlegte. Persina, die äthiopische Königin bei Heliodor, wurde, nachdem sie ein Gemälde von Perseus und Andromeda betrachtet hatte, nicht von einem kleinen schwarzen Mohren, sondern von einem schönen weißen Kind entbunden.

Diesem Beispiel wollte wohl ein schafsgesichtiger Geselle in Griechenland nacheifern: da er und sein Weib gleichermaßen mißgestaltet waren, hängte er, um zu einer brauchbaren Nachkommenschaft zu kommen, die schönsten Bilder, die für Geld zu haben waren, an seine Schlafzimmerwände, *elegantissimas imagines in thalamo collocavit* &c., ›damit seine Frau durch ihren häufigen Anblick entsprechende Kinder empfangen und gebären möge‹. Und wenn wir dem Zeugnis Bales Glauben schenken wollen, so brachte eine der Beischläferinnen von Papst Nikolaus III., die sich in einen Bären verschaut hatte, ein zottiges Ungetüm auf die Welt.[54] ›Wenn eine Frau‹ (sagt Lemnius) ›zur Zeit ihrer Empfängnis an einen anderen denkt, er sei anwesend oder abwesend, so wird ihm das Kind

54 *Ex viso urso, talem peperit.*

55 *Si inter amplexus et suavia cogitet de uno aut alio absente, ejus effigies solet in foetu elucere* [wenn sie unter Umarmungen und Küssen eines anderen, Abwesenden, gedenkt, so werden in der Regel dessen Züge an dem Neugeborenen hervortreten].

gleichen‹.[55] Die Gelüste von Schwangeren liefern erstaunliche Beispiele, wie Muttermale, Warzen, Narben, Hasenscharten, Mißbildungen an ihren Kindern allein durch eine zügellose Phantasievorstellung hervorgerufen wurden.

Manchmal führt die Macht der Einbildung sogar zum Tode. Ich hörte einmal von einem Mann, der zufällig einem angeblich (aber nicht wirklich) Pestkranken begegnete, und der daraufhin ganz plötzlich tot umfiel. Ein anderer zog sich vor lauter Wahnvorstellung selbst die Pest zu. Der eine fällt in Ohnmacht, wenn er sieht, wie man seinen Gefährten zur Ader läßt; einen anderen (so Cardano nach Aristoteles) traf der Schlag – wie es Frauen leicht bei einem greulichen Anblick zustößt – als er bloß zusah, wie man einen armen Sünder hängte. So unterschiedlich befällt, verdreht und verrenkt, so herrisch tyrannisiert diese Einbildungskraft unsere Leiber, die ›wie ein zweiter Proteus oder ein Chamäleon alle möglichen Formen annimmt; und so groß ist ihre Gewalt‹ (fügt Ficino hinzu), ›daß sie auf andere wie auf uns selbst ansteckend wirken kann.‹ Warum sollte sonst eines Menschen Gähnen einen anderen zum Gähnen bringen? und wenn einer sein Wasser abschlägt, warum fühlt sich so oft ein zweiter bemüßigt, das gleiche zu tun? Warum fängt ein Leichnam an zu bluten, wenn der Mörder vor ihm steht, und dies noch Wochen, nachdem die Tat begangen wurde?

Ich darf also abschließend als unzweifelhaft feststellen, daß diese starke Vorstellungskraft oder

Phantasie *astrum hominis* ist [des Menschen Leitstern], unseres Schiffes Ruder, das die Vernunft steuern sollte, doch wegen der übermächtigen Einbildung nicht zu handhaben weiß, so daß sie zusehen muß, wie unser Gefährt hin- und hergerissen und nicht selten zum Kentern gebracht wird.

Begehrliche Neigung wie Ehrgeiz als Ursache

Ehrgeiz, ein stolzes Gelüst, brennender Durst nach Anerkennung, ist eine große Folter des Geistes, bestehend aus Neid, Hochmut und Begehrlichkeit, eine noble Art von Wahnsinn; einer definiert ihn als gefälliges Gift; Ambrosius als ›Rost der Seele‹,[56] als heimliche Pest; Bernhard als ›verborgenes Gift, Vater der Scheelsucht und Mutter der Heuchelei, Mottenfraß der Frömmigkeit, und Weg zum Wahnsinn‹. Gemeinhin sind nun jene, die wie Sisyphus diesen rastlosen Stein des Ehrgeizes wälzen, in ständiger Agonie, dauernd wie betäubt, nach Lukrez *semper taciti tristesque recedunt* [stets wortkarg, finster und zurückgezogen], unsicher, furchtsam, argwöhnisch, Leisetreter in Wort und Tat, ewige Schmeichler und Speichellecker, fleißig im Umarmen, Mützenschwenken, Katzbuckeln, Beifallklatschen, Komplimentieren, Gesichterschneiden, Treppensteigen, Türstehen, voll von aufgesetzter Ehrbarkeit, Leutseligkeit und Bescheidenheit. Und wenn das nichts nützt, so

---

56 *Aerugo animae.* – Ambros., *lib. 3, Super Lucam.*

wird einer (in Cyprians Worten), sobald dieser *humor* [diese Salzlake] an seiner durstlechzenden Seele frißt, *ambitionis salsugo ubi bibulam animam possidet,* auf geradem oder krummem Weg erraffen, was er begehrt; ›und aus seinem Loch hinauf zu allen Ehren und Ämtern kriechen, an die er nur irgend herankommt; mit Schmeichelei hier, mit Schmiergeldern dort, wird er kein Mittel unversucht lassen, um alle für sich zu gewinnen.‹

Es ist ein wahres Wunder, zu sehen, wie diese Sorte Mensch, sowie sie nur ein Anliegen betreibt, sich jedem Niedrigergestellten sklavisch andient, wie sie alle Mühen auf sich nimmt, zu rennen, zu reiten, zu lavieren, intrigieren, unterminieren, zu beteuern, beeiden, geloben, versichern, kurz, zu schuften von früh bis spät; wie dienstbar und umgänglich sie sind, wie volkstümlich und liebenswürdig, wie sie jedem, der ihnen begegnet, zugrinsen und -grimassieren; wie sie vor lauter Einladen und Bewirten Substanz und Vermögen vergeuden, indem sie einer Sache nachjagen, ohne die sie meist besser daran wären. Und sei es zum eigenen Ruin, zum Verderben ihrer Freunde, sie müssen wetteifern, da ist kein Innehalten, nein, wie ein Hund in der kreisenden Trommel, ein Vogel im Käfig, ein Eichhörnchen an der Kette (damit vergleicht sie Budaeus), müssen sie immer weiter klettern und klettern, mit viel Plackerei, doch ohne je ans Ziel, an die Spitze zu kommen.[57] Ein gewöhnlicher Edelmann möchte Baron werden, dann Lord,

57 *Ut hedera arbori adhaeret, sic ambitio* &c. [Wie sich der Efeu um den Baumstamm schlingt, so der Ehrgeiz].

Viscount, Earl &c.; ein theologischer Doktor Dekan, und danach Bischof; vom Tribun zum Prätor, vom Büttel zum Bürgermeister! erst dieses Amt, dann jenes; wie Pyrrhus bei Plutarch wollen sie erst Griechenland, dann Afrika, dann Asien, und blasen sich wie Äsops Frosch solange auf, bis sie schließlich platzen, mit Sejanus *ad Gemonias scalas* [an die Gemonische Treppe] kommen und sich den Hals brechen.

Philautia: *Eigenliebe oder Ruhmsucht ein Grund*

Eine große Vorkämpferin und Ursache unseres Leidens, und obgleich wir sie meist übersehen und kaum beachten, eine Kraft, die unsere Seelen gewaltig bestürmt und in Melancholie und Wahn verstrickt. Diese gefällige Stimmung, diese einschmeichelnd raunende wohltuende Weise, *amabilis insania,* genußreiche Raserei, ganz und gar unbezähmbare Leidenschaft, *mentis gratissimus error* [hochwillkommene Verirrung des Geistes], lächelndes Siechtum, das uns so sanft umgarnt, unsere Sinne berauscht, unsere Seelen einlullt, unsere Herzen schwellen läßt wie lauter Schweinsblasen! und das alles völlig schmerzlos, so daß ›die von dieser Krankheit Befallenen sie nicht einmal wahrnehmen, geschweige denn nach Heilung verlangen‹.[58] Obwohl wir wenigstens heimlich, wenn Schmarotzer uns ihre verlogenen Lobreden allzu

58 *Hac correpti non cogitant de medela.*

dick auftragen, ironisch lächeln, wie es viele Fürsten unweigerlich müssen, *cum tale quid nihil intra se repererint,* wo sie doch genau wissen, daß es ihnen zu solchen Tugenden soweit fehlt wie der Maus zum Elefanten, so ist es uns doch angenehm zu hören. Wenn wir auch oft ärgerlich erscheinen, ›und rot werden, wenn wir uns loben hören, insgeheim frohlockt unser Herz, und es schwillt uns der Kamm.‹ *Fallax suavitas, blandus diabolus* [ein trügerischer Reiz, eine Liebkosung des Teufels] läßt uns über unsere Grenzen hinausdrängen und uns selbst vergessen.

Nun erwächst der allgemeine Grund dieses Unheils sowohl aus uns wie aus anderen: wir sind zugleich aktiv und passiv beteiligt.[59] Es kommt, soweit wir aktive Ursache sind, aus unserem eigenen Inneren, von einer übertriebenen Vorstellung unserer guten Eigenschaften, unseres eigenen Wertes (der doch eigentlich nichts wert ist), unserer Großmut, Eleganz, Tapferkeit, Stärke, Wohlhabenheit, Geduld, Demut, Gastfreundlichkeit, Schönheit, Mäßigung, unseres Adels, Wissens, Witzes, Gelehrtentums, unserer Kunst und Weisheit, unserer vorzüglichen Gaben und Erfolge[60] für die wir nach Art des Narziß uns selbst Bewunderung zollen, uns schmeicheln und applaudieren, und dann meinen, alle Welt denke ebenso von uns.

Und wie häßliche Frauen nur zu gern jenen Glauben schenken, die ihnen einreden, sie seien

---

59 *Nec enim mihi cornea fibra est* [Auch mein Herz ist schließlich nicht aus Horn] – Persius, *Sat. 1.*

60 *E manibus illis nascentur violae* [Aus jenen Überresten werden Veilchen erblühen]. – Persius, ibid.

schön, so sind wir blind im Vertrauen auf unsere wertvollen und löblichen Eigenschaften, und viel zu sehr von uns selbst eingenommen. Prahlerisch rufen wir unsere eigenen Werke aus, und machen alle anderen im Vergleich dazu schlecht: Wie? *mecum confertur Ulysses?* [den Odysseus wagt man mit mir zu vergleichen?] Sie sind *mures, muscae, culices prae se,* nichts als [Mäuse,] Mücken und Schnaken im Vergleich zu Unseren unerbittlichen, hochnäsigen, eminenten und arroganten Gnaden! Was Cicero vor langer Zeit an Atticus schrieb, gilt heute noch: ›Nie gab es einen echten Dichter und Redner, der einen anderen für besser hielt als sich selbst.‹ Und von dieser Art sind auch die meisten unserer Fürsten und Potentaten, unserer großen Philosophen, Geschichtsschreiber, Begründer von Sekten und Ketzereien, und alle unsere großen Gelehrten.

Dieser Hang zur Selbstvergrößerung ist es, der so viele dicke Wälzer hervorgebracht hat, so berühmte Denkmäler, trotzige Burgen und Mausoleen, auf daß ihre Urheber die eigenen Taten verewigt sehen, und *digito mostrari et dici ›hic est‹* [daß man auf sie zeigt und sagt: ›der ist es!‹]; damit sie ihre Namen darauf sehen, wie Phryne auf den Mauern von Theben: *Phryne fecit.* ›So richtet sich ihr einziges Trachten Tag und Nacht darauf, belobt und beklatscht zu werden‹ (Augustin); wäh-

61 *Quae major dementia aut dici, aut excogitari potest, quam sic ob gloriam cruciari? Insaniam istam, Domine, longe fac a me.* [Welch größerer Irrsinn ist denkbar, als sich des Ruhmes wegen so abzuquälen. Halte diesen Wahnwitz, Herr, fern von mir.] – Augustin, *Bekenntnisse,* Buch 10, Kap. 37.

rend sie doch in Wirklichkeit nach Ansicht aller Verständigen (*quibus cor capit*) verrückt sind, leere Gefäße, lauter Schwämme, ganz von Sinnen;[61] dazu auch noch um ihre Erwartung betrogen: Unter all den Myriaden von Dichtern, Rhetorikern, Philosophen und Sophisten der früheren Zeiten hat (wie Eusebius treffend bemerkt) kaum ein Werk von tausend überlebt; *nomina et libri cum corporibus interierunt,* ihre Werke und Körper sind miteinander verwest. Es trifft nicht ein, was sie in ihrer Eitelkeit glauben, daß ihnen Bewunderung und Unsterblichkeit gewiß sind. Und wenn es Beifall, Ehre und Anerkennung gibt, *quota pars,* wie klein der Teil im Vergleich zur ganzen Welt, der auch nur unsere Namen hört! wie wenige nehmen Notiz von uns, wie schmal der Landstrich, so winzig wie Alkibiades' Land auf einer Karte! Und doch wollen und müssen Hinz und Kunz unsterblich werden (wie sie meinen), müssen ihren Ruhm bis zu unseren Antipoden ausbreiten, wo sie doch von der Hälfte, ja drei Vierteln ihrer Heimatprovinz weder wahrgenommen noch beachtet werden. Und selbst wenn es anders wäre: was ist eine Stadt gegen ein Königreich, ein Königreich gegen Europa, Europa gegen den Erdkreis, jene Erde, die selbst zu nichts werden muß, wenn man sie mit dem geringsten sichtbaren Stern am Himmel, achtzehnmal größer als sie, vergleicht? und wenn die Zahl dieser Sterne unendlich ist, wenn jeder Stern dort (wie manche behaupten) eine Sonne ist, die wie unsere Sonne hier ihre Planeten, allesamt bewohnt, um sich hat, in welchem Verhältnis stehen wir zu ihnen, und wo bleibt unser Ruhmestitel? *Orbem terrarum victor Romanus habebat,* wie der Aufschneider bei Petronius sagte, der Weltkreis war Augustus untertan; ähnlich Alexander, der sich als Herr von vier Königreichen feiern ließ, wo doch weder Griechen noch Römer je auch nur den fünfzehnten Teil der heute bekannten Welt besaßen. Was sind sie, und wir erst, für unverbesserliche Aufschneider! *Quam brevis hic de nobis sermo,* wie der Autor sagt,[62] *pudebit aucti nominis,*[63] welch kurze Zeit, welch kleine Weile dauert unser Ruhm [und wie wird uns der übertriebene Titel beschämen]!

Liebe zur Gelehrsamkeit oder übermäßiges Studium. Mit einer Abschweifung über das Elend der Scholaren, oder warum die Musen melancholisch sind

MARSILIO FICINO, *De sanitate tuenda, lib. 1, cap. 7,* rechnet die Melancholie unter die fünf hauptsächlichen Plagen der Scholaren; immer wieder setzt sie ihnen zu und ist in mancher Hinsicht fast ihr unzertrennlicher Gefährte. Wohl aus diesem Grund nennt Varro *tristes philosophos et severos* [Wissenschaftler trübsinnig und finster]; streng, traurig, trocken, düster heißen die üblichen Epithete der Gelehrten, weshalb auch Patricius, in seiner *Erziehung der Fürsten,* diese nicht gerade zu großen Studenten machen will. Denn das Studium schwächt nach Meinung Machiavellis die Lei-

62 Macrobius, im *Traum des Scipio.*
63 Boethius.

ber, trübt die Lebensgeister, wirkt niederdrückend auf Kraft und Mut; nie sind gute Scholaren auch gute Soldaten.

Zwei Hauptgründe lassen sich anführen, weshalb diese Krankheit den Scholaren mehr als allen anderen zu schaffen macht. Einmal, weil sie ein seßhaftes und einsiedlerisches Leben führen, *sibi et Musis,* frei von körperlicher Bewegung und jener Geschäftigkeit, die andere Menschen gemeinhin pflegen; und oft, wenn Mißvergnügen und Trägheit damit einhergehen (was nur allzuleicht geschieht), stürzen sie mit einem Mal hinab in diesen Abgrund. Doch der übliche Grund ist unmäßiges Studieren: ›Zuviel Gelehrsamkeit‹, wie Festus dem Paulus vorhielt, ›hat dich um den Verstand gebracht.‹

Marsilio Ficino, *De sanitate tuenda, lib. 1, cap. 1, 3, 4,* und *lib. 2, cap. 16,* weiß viele Gründe anzugeben, ›weshalb Scholaren öfter als andere närrisch werden.‹ Der erste liegt in ihrer mangelnden Sorgfalt. ›Andere Menschen müssen sich um ihre Werkzeuge kümmern: ein Maler wäscht seine Pinsel; ein Schmied sieht nach Hammer, Amboß und Esse; ein Landmann schärft die Pflugschar und schleift das Beil, wenn sie ihm abstumpfen; ein Falkner oder Jäger wird sich mit besonderer Sorgsamkeit seinen Falken, seiner Meute, seinen Pferden und Hunden &c. widmen; ein Musiker wird die Saiten seiner Laute aufziehen und abnehmen &c.; nur die Gelehrten vernachlässigen das Instrument (ihren Geist und Verstand nämlich), das sie tagtäglich gebrauchen, mit dem sie die ganze Welt durchstreifen, und das sich über dem ewigen Studieren verzehrt.‹ *Vide,* sagt Lukian, *ne funiculum nimis intendendo aliquando abrumpas,* sieh zu, daß du nicht dein Seil solange straffst, bis es endlich zerreißt:[64] Ficino führt in seinem vierten Kapitel noch einige andere Gründe an: Saturn und Merkur, die Schutzpatrone der Gelehrsamkeit, seien beide trockene Planeten; und Origanus erklärt die Tatsache, daß die meisten Merkurjünger armselig, ja sogar Bettler sind, damit, daß es ihrem Großmeister Merkur selbst nicht besser ergangen sei. Von alters her haben ihm die Geschicke Armut als Strafe auferlegt, und seitdem sind Poesie und Bettelei *gemelli,* zwillingsgeborene Bastarde und unzertrennliche Weggefährten:

So ist bis heute Armut des Gelehrten Los:
Das grobe Gold fällt von ihm ab – dem Klotz
fällts in den Schoß.[65]

Merkur verhilft ihnen zu Wissen, nicht aber zu Geld. Ein weiterer Grund ist die Kontemplation, ›die das Hirn austrocknet und die natürliche Wärme auslöscht, denn während die Lebensgeister oben im Kopf in angestrengte Betrachtung versunken sind, liegen Leber und Magen verwaist; durch unzureichende Vermengung der Teile entsteht schwarzes Blut und grobes Gebrocke, und aus Mangel an Bewegung können die überschüssigen Winde nicht entweichen‹, &c. Die gleichen Gründe finden sich auch bei Gomesius, *lib. 4, cap. 1,*

---

64 *Arcus et arma tibi non sunt imitanda Dianae. Si numquam cessis tendere, mollis erit* [Du sollst nicht die Art nachahmen, wie Diana mit Pfeil und Bogen umgeht: wenn du ihn überspannst, wird er dir nur schlaff] – Ovid.
65 Marlowe.

De Sale; Nymanus, *Oratio de imaginibus;* Iohannes Voschius, *lib. 2, cap. 3, De Peste;* und dazu schreiben sie noch, daß hartnäckige Studenten gewöhnlich zu leiden haben an Gicht, Katarrh, Rheumatismus, Übelkeit, Verdauungsträgheit, schlechter Sicht, Nieren- und Gallensteinen, Kolik, unverdauten Brocken, Schwindel, Körperwinden, Schwindsucht und allen anderen Mißhelligkeiten, die ein Übermaß an Seßhaftigkeit mit sich bringt. Sie sind in der Regel mager, ausgetrocknet und bleichwangig, vergeuden ihr Vermögen, verlieren den Verstand und nicht selten selbst ihr Leben, und alles nur durch die maßlosen Entbehrungen ihrer Studiersucht.

Wie viele arme Scholaren sind verrückt und wirrköpfig geworden, haben alle weltlichen Interessen und Gesundheit, Geld und Gut, *esse* und *bene esse* [Sein und Wohlsein] hintangesetzt, nur um Wissen zu gewinnen; und zum Dank für ihre Mühe gelten sie in den Augen der Welt als Spottgestalten, einfältige Spinner, Idioten, Esel, und (was sie oft wirklich sind) als ausgestoßen, verächtlich, jämmerlich, wirr und irr! Sucht Euch die Beispiele bei Hildesheim, *Spicilegium* 2, *De mania et delirio;* schlagt nach bei Trincavellius, *lib.* 2, *consil. 36*, *cap. 17*; Montanus, *consil. 233*; Mercurialis, *consil. 86*, *cap. 25*; Prosper Calenus in seinem Buch *De atrabile*. Geht ins Irrenhaus von Bedlam und fragt dort nach! Oder wenn sie auch ihren Witz beisammen halten, so betrachtet man sie doch nur als Tölpel und Krüppel, weil sie sowenig aus sich machen; da studiert einer sieben Jahre, und

Der Hypochonder stützt sein Kinn:
Die innern Winde beuteln ihn;
Schlimm setzen sie ihm zu, weiß Gott;
Vor Weh und Ach ist er halbtot.
Er hat für Tiegel, Töpfe, Flaschen
Dem Apotheker viel gelassen.
Saturns Aspekte stehn nicht gut:
Du siehst sie über seinem Hut.

statua taciturnius exit
Plerumque et risu populum quatit

[läuft meist so sprachlos herum wie eine Statue, daß das Volk sich vor Lachen schüttelt]. Weil sie nicht hoch zu Roß sitzen wie jeder Bauernlümmel, eine Dame nicht artig begrüßen und umschmeicheln, bei Tisch nicht vorschneiden, katzbuckeln und Kratzfüße machen wie jeder dahergelaufene Schwadroneur, *his populus ridet,*[66] werden sie von unseren Kavalieren verhöhnt und für Einfaltspinsel gehalten. Und was das schlimmste ist, oftmals zu Recht: ein echter Gelehrter, ein rechter Esel.

Eure größten Gelehrten sind doch in der Regel nichts anderes als einfältige, windelweiche Gesellen in ihrem äußeren Gebaren, abgeschmackt und lächerlich in den Augen der anderen, und ganz und gar unerfahren im weltlichen Geschäft. Sie mögen die Himmel vermessen und den Erdkreis überfliegen, wenn es um Handel und Vertrag geht, führt sie jeder kleiner Krämer an der Nase herum. Sind sie nicht allesamt rechte Narren? Und wie könnte es auch anders sein, sagt unser Autor; ›da sie doch dauernd wie die Einfaltspinsel in ihren Schulen hocken, wo sie nichts von alledem zu hören und zu sehen bekommen, was die Welt draußen gemeinhin treibt.‹ Wie sollen sie denn Erfahrung sammeln, wie sich behelfen?

Da sie nun in der Regel solchen Gefahren und Unannehmlichkeiten ausgesetzt sind wie Narrheit, Wahnsinn, Herzenseinfalt &c., will Jh. Voschius

---

66 Persius, *Sat. 3:* Fiedelspielen können sie nicht, aber, nach dem Wort des Themistokles über sich selbst, einen kleinen Flecken zu einer großen Stadt machen.

tüchtige Gelehrte reich belohnt und in außerordentlichem Ansehen über allen anderen Menschen gehalten sehen, ›mit größeren Vorrechten ausgestattet als die übrigen, da sie sich selbst aufs Spiel setzen und ihr Leben zum Wohl der Allgemeinheit verkürzen.‹ Doch unsere heutigen Schutzherren der Gelehrsamkeit sind so himmelweit davon entfernt, den Musen Reverenz und den Scholaren Respekt zu erweisen, oder den Lohn zu gönnen, den ihnen nach Verdienst viele hohe Herrscher durch großzügige Privilegien zuerkennen, daß sie nach all ihrer Plackerei an den Universitäten, nach all ihren Unkosten, Bürden, Aufwendungen, öden Stunden, mühseligen Pflichten, beschwerlichen Tagen, Risiken und Ungewißheiten (die ganze Zeit über ausgeschlossen von den Freuden der übrigen Menschheit, wie ein Jagdvogel im Käfig ein Leben lang), am Ende – wenn sie durch all dies sich durchgeschlagen haben – ausgestoßen und verachtet dastehen, und (dies ist ihr größtes Elend) im Stich gelassen, preisgegeben an Mangel und Armut, und an den Bettelstab gebracht. Ihre vertrauten Begleiter sind

Pallentes morbi, luctus, curaeque laborque,
Et metus, et malesuada fames, et turpis egestas,
Terribiles visu formae.

Mühen und Plagen, Kummer, krankheitsbleich,
Angst, Armut, Hunger, der zum Himmel schreit,
Greuelgestalten, die das Auge scheut!

Hätten sie sonst weiter keinen Grund, sich zu beunruhigen, diese Vorstellung allein genügte, sie melancholisch zu machen. Jedes Handwerk und jeder Beruf sonst befähigt seine Adepten nach siebenjähriger Lehrzeit, sich selbst durch eigenes Geschick zu ernähren. Ein Kaufmann vertraut sein Gut der See an, und so groß sein Risiko auch sein mag, kehrt auch nur eines von vier Schiffen zurück, so wird sich die Reise gelohnt haben. Dem Bauernstand ist sein Gewinn so gut wie sicher, *quibus Jupiter ipse nocere non potest* [nicht einmal Jupiter selbst kann ihn um den Ertrag bringen] – dies die Übertreibung Catos, der selbst ein großer Landmann war. Einzig die Scholaren sind, so will mir scheinen, ganz ungeschützt, am wenigsten geachtet, allen Widerwärtigkeiten und Gefährdungen ausgesetzt. Denn zunächst einmal taugt kaum einer unter vielen zum Gelehrten; die wenigsten sind dazu genügend fähig und gelehrig: *ex omni ligno non fit Mercurius* [nicht aus jedem Holz läßt sich ein Merkur schnitzen]. Wir können zwar jederzeit Bürgermeister und Amtsdiener ernennen, Gelehrte jedoch nicht.[67] Könige mögen Ritter und Barone einsetzen, wie Kaiser Sigismund feststellte, Universitäten können Titel verleihen, und *tu quod es, e populo quilibet esse potest* [was du bist, kann jeder aus der Menge werden]; doch weder er noch sie, noch irgendeiner in der Welt, kann Gelehrsamkeit vergeben, kann Philosophen, Künstler, Redner und Dichter erschaffen.

Wissen läßt sich nicht im Nu erwerben. Mag einer auch zu jeder Anstrengung bereit sein, zu diesem Zweck von Natur ausreichend begabt, und

67 *Quotannis fiunt consules & proconsules. Rex & Poeta quotannis non nascitur* [Konsuln und Prokonsuln setzt man jährlich ein – ein König und ein Dichter wird nicht jedes Jahr geboren].

frei unterhalten von Eltern und Gönnern, die wenigsten erreichen das Ziel. Oder wenn sie auch noch so gelehrig sind, so läßt doch bei vielen der Wille den Witz im Stich; sie nehmen auf, doch es darf keine Mühe kosten; schlechte Gesellschaft führt sie auf Abwege, *vel in puellam impingunt, vel in poculum* [entweder sie neigen den Mädchen zu, oder dem Becher] und vergeuden so ihre Zeit zum Kummer ihrer Freunde und zum eigenen Verderben. Oder, selbst angenommen, sie sind lernbegierig, beflissen, von ausgereiftem Verstand und gutem Fassungsvermögen – wieviel leibliche und seelische Drangsal müssen sie dazu aushalten! Keine Mühe der Welt gleicht dem Studium. Vielleicht ist ihre Konstitution dem nicht gewachsen, und während sie nach Vortrefflichkeit und Allwissenheit streben, verlieren sie Wohlstand und Wohlergehen, Kopf, Kragen und alles.

Laßt einen glücklich all diesen Gefahren entkommen, *aereis intestinis,* mit eisernen Innereien, und sich vollenden und ausreifen; er hat mit Gewinn studiert, seine Fortschritte wurden mit allgemeinem Beifall bedacht; nach all dem Aufwand taugt er endlich für ein Amt. Doch wo wird er es finden? Er ist der Krippe kein bißchen näher als seinerzeit (vor zwanzig Jahren), als er zum erstenmal die Universität bezog. Denn welche Laufbahn soll er einschlagen, jetzt wo er erprobt und bereit ist? Die zugänglichste und einfachste, die vielen Unterschlupf gibt, ist die eines Schulmeisters, Hilfspredigers und Pfarrverwesers, und dafür erhält er als Falknerslohn zehn Pfund im Jahr und seinen Verzehr und ein schmales Zubrot, solange er seinem Gönner und seiner Gemeinde genehm ist. Wenn er ihnen nicht mehr paßt (und dies geschieht in der Regel nach ein oder zwei Jahren, denn sie sind so wetterwendisch wie jene, die heute ›Hosianna‹ schreien, und morgen ›Kreuzige ihn!‹), dann heißt es dienstbotengleich nach einem neuen Herrn Ausschau halten. Und lassen sie ihn gewähren, was ist sein Entgelt?

Hoc quoque te manet ut pueros elementa docentem
Occupet extremis in vicis balba senectus[68]

[Dies dein Los: in einem abgelegenen Dorf bis ins stammelnde Greisenalter Kindern ABC und Einmaleins beizubringen.] Wie ein Esel muß er sich sein Leben lang um Proviant schinden, und kann dafür eine auf den Stumpf abgearbeitete Rute vorzeigen, *togam tritam et laceram,* wie Haedus sagt, einen alten abgewetzten Amtskittel als Emblem seines Unglücks. Zum Lohn für seine Liebesmühe hat er die Plackerei, ein karges Auskommen, bis er klapprig wird, und das ist alles. *Grammaticus non est felix* &c. [ein Schulmeister ist kein Hans im Glück]. Wenn er als Hausgeistlicher an der Tafel des Gutsherren sitzt, ein Vorzug, der dem Euphormio zuteil wurde, dann mag ihm nach siebenjährigem Dienst eine halbe Pfründe oder als Wohnung ein kleines Pfarrhaus zusammen mit der Mutter der Dienstmägde, einer armen Verwandten oder einer verrückten Kammerjungfer zu Nutz und Niesbrauch auf Lebenszeit übertragen werden. Aber wehe, wenn er in der Zwischenzeit seinen guten

68 Horaz, *Ep.* 20.

Herrn kränkt oder dessen wohlgeborener Gemahlin mißfällt:

> *Ducetur planta velut ictus ab Hercule Cacus,*
> *Poneturque foras, si quid tentaverit unquam*
> *Hiscere –*[69]
>
> Wie Herkules den Cacus, so wird man ihn an den
> Fersen zum Tor hinauswerfen, und fort mit ihm!

Was nun die Dichter, Redekünstler, Chronisten, Philosophen, Mathematiker und Spitzfindigen angeht, so sind sie alle wie die Grillen: im Sommer müssen sie singen und im Winter notleiden, denn es gibt kein Auskommen für sie. Denn wie sie nun einmal sind, ›dient ihnen ihre ganze Beredsamkeit nur dazu, ihr eigenes schlimmes Geschick zu verfluchen‹[70] und viele von ihnen müssen sich, da die Mittel fehlen, auf üble Weise behelfen. Aus Grillen verwandeln sie sich in Wespen und Drohnen, in reine Schmarotzer, und satteln die Musen wie Maultiere, nur um ihre ausgehungerten Wänste zu füllen und um einen Happen für die nächste Mahlzeit zu ergattern. Denn um die Wahrheit zu sagen, es ist das gemeine Los der meisten Scholaren, arm zu sein und unterwürfig: sie jammern zum Steinerweichen und breiten ihre Bedürftigkeit vor dem ungerührten Blick ihrer Schutzpatrone aus, wie Cardano, Xylander, und viele andere es tun; und – dies das Grundlaster ihrer Widmungsepisteln – aus Hoffnung auf Gewinn lügen sie und schmeicheln, erheben und beweihräuchern mit hyperbolischen Elogen und Empfehlungen um seiner

69 Juvenal, *Sat. 5.*

70 *Literas habent quis sibi & fortunae suae maledicant. (Satura Menippea.)*

hervorragenden Tugenden willen einen wertlosen und ungebildeten Tropf, den sie viel eher (wie Machiavelli rät) ohne Umschweife für seine weitbekannten Laster und Gaunerstreiche schmähen und verspotten sollten. So verkaufen sie sich wie Fiedler oder feile Krämerseelen, um für einen Pappenstiel den großen Herren nach der Nase zu tanzen. Sie sind wie die Indianer: haben Gold in Hülle und Fülle und wissen nicht seinen Wert.[71]

Unsere gewöhnlichen Universitätsstudenten erkennen sehr wohl, wie wenig einträglich all diese poetischen, mathematischen und philosophischen Studien sind, wie gering an Ansehen und arm an Gönnern; und sie widmen sich so schnell wie möglich jenen drei einladenden Berufen der Jurisprudenz, Medizin und Theologie, und teilen sie untereinander auf, während sie die freien Künste wie Geschichte, Philosophie oder Philologie verwerfen, oder doch leichthin übergehen, als Bagatellen, als bloßen Stoff für ihre Unterhaltungen und Tischgespräche. Sie vermissen daran den praktischen Nutzen: wer sein Geld zu zählen versteht, der hat Mathematik genug; einen guten Geometer erkennt man daran, daß er sich selbst ein ordentliches Vermögen zumißt; ein Meister der Astrologie ist, wer dem Aufstieg und Fall der anderen das Horoskop stellt und ihre planetarischen Irrläufe zum eigenen Nutzen berechnet; die besten optischen Instrumente dienen dazu, die Strahlen, die die Gunst eines großen Herren aussendet, zu re-

71 Oder wie Pferde, die keine Ahnung haben, wieviel sie vermögen, da ihnen ihre eigene Stärke unbekannt ist.

flektieren und auf sich selbst zu bündeln. Allein der ist ein guter Ingenieur, der sich ein Werkzeug zur eigenen Erhöhung konstruiert.

Freilich, auch diese Menschen scheitern, soweit ich sehen kann, ebensooft wie die übrigen mit ihren Projekten und sehen sich in ihren Hoffnungen betrogen. Es mag einer ein Doctor Juris sein, noch so ausgezeichnet beschlagen in Fragen des Zivilrechtes – doch wo soll er praktizieren und seine Weisheit ausbreiten? Das Gelände ist so karg, so mager sind die Posten, und meist so teuer erkauft, daß ich nicht sehe, wie ein kluger Kopf hier florieren sollte.

Was die Ärzte angeht, so finden sich in jedem Dorf so viele Scharlatane, Wunderdoktoren, Quacksalber, Paracelsianer (wie sie sich selbst nennen), *causifici sanicidae* [Fallfälscher und Gesundtöter] nennt sie Clenard, Hexenmeister, Alchemisten, arme Pfarrhelfer, verkrachte Apotheker, Arztgehilfen, Barbiere und Hebammen, die allesamt behaupten, in ihrem Metier höchst geschickt zu sein – daß mir sehr zweifelhaft wird, wie die Ärzte dabei noch ihr Auskommen und ihre Patienten finden sollten. Außerdem gibt es so viele von jeder Art, manche davon so geiergierig, laut und dreist, zum großen Teil halbverhungert und bereit, ihre Kollegen zu verschlingen, *et noxia calliditate se corrupere* [so verderbt in ihrer bösen Schlauheit], solch ein Haufen von Kurpfuschern, Rabulisten und Schwindlern, daß ein ehrlicher Mann nicht weiß, wie er sich in ihrer Gesellschaft betragen und verhalten soll.

Zu guter Letzt kommen unsere Gottesgelehrten, der nobelste Beruf von allen und doppelter Ehre wert, doch heute der allernotleidendste und erbärmlichste. Wenn Ihr mir nicht glauben wollt, hört den Kern der Sache aus einer öffentlichen Predigt, die ein ehrenwerter Geistlicher (heute ein würdiger Bischof dieses Landes)[72] an St. Paul's Cross gehalten hat: ›Wir, die wir von den Eltern zu diesem Beruf bestimmt und zur Gelehrsamkeit erzogen wurden, stöhnen in unserer Kindheit unter der Lateinschule, die Augustin *magnam tyrannidem et grave malum* [große Tyrannei und schlimmes Übel] nennt und mit den Qualen der Märtyrer vergleicht. Wenn wir die Universität beziehen und von den Zuwendungen des Kollegiums leben müssen, fehlt es uns an allem außer Hunger und Angst, und falls uns die Eltern teilweise unterhalten, geben wir für zusätzliche Lebenskosten, Bücher und Prüfungen, ehe wir zu irgendeinem Abschluß kommen, an die fünfhundert Pfund oder tausend Mark aus. Wenn wir für diesen Aufwand an Zeit, Leib und Geist, an Vermögen und väterlichem Erbteil nicht einmal jene kleine Vergütung erkaufen, die uns nach Recht und Anwartschaft zusteht, eine armselige Pfarre oder Vikarstelle für fünfzig Pfund im Jahr, und wir statt dessen dem Patronatsherrn eine Lebenspacht abkaufen müssen – Pacht eines entleerten und erschöpften Lebens –, welcher Vater wäre am Ende noch so leichtsinnig, seinen Sohn für diese Laufbahn zu erziehen, die

72 John Howson, am 4. November 1597; gedruckt bei Arnold Hatfield.

ihn allem Augenschein nach unausweichlich *cogit ad turpia,* in Sünde stürzt, indem sie ihn in Meineid und Simonie verstrickt, wo doch (wie der Dichter sagt) *invitatus ad haec aliquis de ponte negabit,* jedes Bettlerbalg, das man damit von der Brücke herunterholen wollte, in Kenntnis dieser Nachteile das Angebot ausschlüge.‹

Wenn dem so ist, haben wir dann nicht die ganze Zeit mit leerer Angel gefischt, wir angehenden Geistlichen, daß wir keine bessere Frucht unserer Mühen ernten? *Hoc est, cur pallas, cur quis non prandeat, hoc est?*[73] [Deshalb verliert man die Farbe und gewöhnt sich das Essen ab?] Kasteien wir uns dafür? Dafür stehen wir jahrein, jahraus mit den Hühnern auf, ›springen (wie der Autor sagt) aus den Betten, wenn die Glocke klingt, als scheuche uns ein Donnerschlag auf‹? Wenn das alles ist, was wir an Achtung, Lohn und Ehre zu erwarten haben, sage ich *Frange leves calamos, et scinde, Thalia, libellos* [zerbrich deine wertlosen Federn, Thalia, zerreiß deine Bücher]. Laßt uns doch Soldaten werden, die Bücher verkaufen und Schwerter, Gewehre und Piken anschaffen, oder Flaschen damit stöpseln, unsere Philosophenmäntel zu Müllerkitteln umdrehen (wie einst Cleanthes) – lieber alles fahrenlassen und jeden beliebigen Kurs einschlagen als noch länger in diesem Elend auszuharren. *Praestat dentiscalpia radere quam literariis monumentis magnatum favorem emendicare*[74] [Lohnender ist es, Zahnstocher zu schnitzen, als sich mit literarischen Werken die Gunst der Großen zu erbetteln].

73 Persius, in der 3. Satire.
74 *Satura Menippea.*

Was mich selbst angeht, wenn es mit mir nicht so steht wie es stehen sollte oder wie ich wollte, so schreibe ich dies (wie Cardano in ähnlichem Fall) *meo infortunio potius quam illorum sceleri* zu, meinem Unglück eher als ihrer Bosheit[75] (obgleich einige mir zu meiner Zeit Steine in den Weg legten, und ich ebensoviel Grund zur Klage hätte wie irgendeiner), oder vielmehr meinem eigenen Ungeschick. Ich pflegte durchaus Umgang mit adligen Freunden und einflußreichen Gelehrten, doch in der Regel, und abgesehen von den üblichen Höflichkeiten und gängigen Rücksichten, verabschiedeten wir uns so voneinander, wie wir uns getroffen hatten: sie schlugen mir nichts ab, worum ich sie bat, und das war –. Ich will lieber weiterhin Democritus Junior sein, und *privus privatus, si mihi jam daretur optio, quam talis fortasse doctor, talis dominus. Sed quorsum haec?* [Privatmann ganz für mich, wenn man mir heute die Wahl gäbe, als etwa dieser Doktor oder jener hohe Herr. Doch wozu sage ich das?].

Alles in allem ist es auf beiden Seiten ein *facinus detestandum* [ein abscheuliches Verbrechen], Pfarrstellen zu kaufen und zu verschachern, und der Kirche das vorzuenthalten, was Gottes- und Menschengesetz ihr verliehen hat. Ich wollte, all unsere simonistischen Kirchenherrn und Einbehalter des Zehnten würden die scharfsinnigen Abhandlungen von Sir Henry Spelman und Sir James Sempill zu diesem Thema lesen. Doch wenn sie es auch täten,

---

75 Mir fehlte es an Geld und an Dreistigkeit, ich konnte nicht lavieren, mit dem Strom schwimmen und den Heuchler spielen.

der Erfolg wäre gering: *clames licet et mare coelo confundas,* schleudert Donner und Blitz auf sie, predigt Hölle und Verdammnis, haltet ihnen ihre Sünde vor, sie glauben es nicht; droht und wettert: sie haben ein abgetötetes Gewissen und hören nicht hin; wie bei einem Hund, der den Mond anbellt, ist die Wirkung eurer Rede; nehmt ihr euren Himmel, solange sie nur ihr Geld behalten. Eine niedere, profane, epikuräische und heuchlerische Rotte! Sollen nun diese Männer den Wert eines Gelehrten beurteilen, die selbst wertlos sind? Weil sie reich sind und andere Mittel zum Leben haben, meinen sie, das Wissen und die Mühe seines Erwerbs seien für sie überflüssig, und der Beruf der Tintenkleckser und Pedanten besser geeignet für jüngere Brüder und armer Leute Kind, aber keinesfalls mit der Würde eines Edelmannes verträglich. Daher vernachlässigen sie, dem Usus der Franzosen und Deutschen folgend, alle Geistesbildung – was haben sie damit zu schaffen? Sollen doch Seefahrer Astronomie lernen, Handelsvertreter Arithmetik studieren, Landvermesser sich Geometrie aneignen, Brillenmacher die Optik, Landstreicher die Geographie und Stadtverordnete die Rhetorik! Was sollte einer mit einem Spaten anfangen, der keinen Grund und Boden zum Umgraben besitzt, oder sie mit Wissen, die keinen Gebrauch dafür haben?

Und doch, ich darf es nicht leugnen, liegt der Hauptfehler an uns selbst. Unsere Akademiker erregen immer wieder dadurch Anstoß, wie Erasmus ihnen zurecht vorwirft, daß sie ihre Gönner mißachten oder ungeschickt auswählen; *neglegimus oblatos aut amplectimur parum aptos* [wir stoßen die Entgegenkommenden zurück und hängen uns an die Ungeeigneten]. Und dasselbe kann ich von mir sagen;[76] ich habe in dieser Hinsicht gefehlt, genau wie viele andere. So kommt auch von uns selbst manche Kränkung, doch vor allem liegt unsere Misere an der Härte, ja am völligen Fehlen der Gönner. Wie wurde in alter Zeit Plato von Dionysos geliebt und geachtet! Wie lag dem Alexander Aristoteles am Herzen, Demaratus dem Philipp, Solon dem Croesus, Anaxarchus und Trebatius dem Augustus, Cassius dem Vespasian, Plutarch dem Trajan, Seneca dem Nero, Simonides dem Hieron! Wie waren sie hochgeehrt! Die Zeiten sind vorbei. *Est spes et ratio studiorum in Caesare tantum* [der Monarch allein gibt unserer Anstrengung Hoffnung und Sinn] – was der Dichter[77] einst sagte, dürfen wir heute mit Fug wiederholen. Er ist unser Amulett, unsere Sonne,[78] einziger Trost und Zuflucht, unser aller Mäzen. *Jacobus munificus, Jacobus pacificus, mysta Musarum, rex Platonicus* [Jakob der Freigebige, Jakob der Friedensstifter, Musenpriester, König nach dem Sinne Platons], *grande decus columenque nostrum* [unsere hohe Zier und Stütze], selbst ein großer Gelehrter und einziger Schutzherr, Pfeiler und Bollwerk

76 Hätte ich mich vorgedrängt wie andere, ich wäre vielleicht ein ebenso großer Mann geworden wie so manche meinesgleichen.

77 Juvenal.

78 *Nemo est quem non Phoebus hic noster, solo intuitu lubentiorem reddat* [Keiner, den nicht dieser unser Phöbus durch seinen bloßen Anblick strahlender macht].

aller Wissenschaft. Doch schon verließ er uns, unsere Sonne ist untergegangen, und dennoch folgt keine Nacht. *Sol occubuit, nox nulla secuta est.* Wir haben eine neue an ihrer Statt, *aureus alter; avulsus simili frondescit virga metallo* [wird ein Zweig gepflückt, so treibt in gleicher Weise ein anderer goldenes Laub] – möge er lang unter uns herrschen und blühen.

Doch ich will nicht boshaft sein und wider besseres Wissen lügen. Ich kann nicht bestreiten, daß wir auch unter unserem Adel eine Spur von vorzüglicher Gelehrsamkeit finden, wie bei den Fuggern in Deutschland, bei Du Bartas, Du Plessis, Sadael in Frankreich, Pico della Mirandola, Scottus und Barotius in Italien. *Apparent rari nantes in gurgite vasto* [einige wenige Schwimmer erkennt man im riesigen Strudel]. Aber es sind im Vergleich zur Menge eben allzu wenige; die Mehrzahl (hier wieder ein paar ganz Leidliche ausgenommen) hat nichts weiter im Kopf als Falken und Hunde und läßt sich oftmals von ungezügelter Lust, Glücksspiel und Trunksucht hinreißen.

Wenn sie wirklich einmal ein Buch lesen – *si quod est interim otii a venatu, poculis, alea, scortis* [falls ihnen dazu ihr Jagen, Bechern, Würfeln und Huren Zeit läßt], – dann ist es eine englische Chronik, Sir Huon von Bordeaux, Amadis von Gallien &c., ein gedrucktes Schauspiel oder irgendeine neue Flugschrift, und auch das nur, solange sie nicht aus dem Haus können oder keinen anderen Zeitvertreib finden. Ihre ganze Unterhaltung dreht sich um Hunde, Falken, Pferde und ›was gibt's Neues‹?[79] Ist einer nach Italien gereist oder an den kaiserlichen Hof, hat er in Orleans überwintert und kann seiner Geliebten in gebrochenem Französisch den Hof machen, seine Kleider hübsch in der neuesten Façon tragen, feine Lieder aus der Fremde trällern, von hohen Herrn und Damen, von Städten und Palästen plaudern, dann ist er die Vollkommenheit selbst und aller Bewunderung gewiß. Im übrigen aber ist er so ziemlich aus dem selben Stoff wie die Menge; zwischen Herr und Diener stehen nur die hochwohllöblichen Titel: drück ein Auge zu und sieh, ob ein Unterschied ist zwischen dem, der sich da zu Tisch setzt (ausgenommen die Kleidung) und dem, der hinter ihm steht und ihm die Schüssel hält. Und doch müssen diese Männer unsere Schutzherren sein, bisweilen auch unsere Gouverneure, Staatsmänner, und Magistratsbeamten, denn sie haben Adel, Größe und Weisheit ererbt.

Ein Kleriker mag seine Dienste anbieten, seinen Wert erweisen, sich gebildet, ehrbar, fromm und eifrig zeigen; man preist ihn dafür, aber *probitas laudatur et alget* [Rechtschaffenheit wird gelobt und friert dabei]. Er soll alle guten Worte haben, die man entbehren kann, ›ein rechter Mann! nur schade, daß er kein Amt hat!‹, und alle guten Wünsche. Aber hart und unerbittlich, wie der Herr ist, wird er nichts für ihn tun, obgleich es in seiner Macht stände, denn der Bewerber ist *indotatus,* es fehlt ihm am Nötigen.

---

79 *Rarus enim ferme sensus communis in illa fortuna*
[Denn der Verstand ist sicherlich rar in diesem Stand].
– Juvenal, *Sat. 8.*

Und wenn man ihm tatsächlich entgegenkommt, so muß der andere, mag er noch so geeignet sein und sich auf seine Freundschaft, Blutsverwandtschaft oder fachliche Beschlagenheit berufen, sieben Jahre wie Jakob um Rahel dienen, ehe er die Stelle bekommt. Wenn einer eher zu etwas kommen will, so heißt es durch die Sankt Simonspforte eintreten,[80] ordentlich Haare lassen und gute Sicherheit für das Befolgen aller Verpflichtungen erbringen, sonst läßt sich der Herr auf gar keine Unterhandlung ein. Aber wenn ein heruntergekommener Scholar, ein Spreu-Pastor vorspricht, oder ein Kleriker zur Tafelbedienung, der mit der Hälfte, einem Drittel, oder dem was der Herr gerade geben will, zufrieden ist, dann darf er gern kommen; und wenn er sich schön anpaßt und nur predigt, was man gern hört, dann macht er sich beliebter als alle anderen zusammen. Denn das Beste hat man immer am liebsten billig; erst dann (so sagte Hieronymus zu Chromatius) *patella dignum operculum* [paßt der Deckel zur Schüssel], wie der Herr, so der Kleriker: die Pfarre ist gut versorgt, und alle sind es zufrieden.

Ist der Herr Puritaner, so desgleichen sein Geistlicher, ist er Papist, muß es sein Pfarrer auch sein, oder er ist die Pfründe los. Solche Geistlichkeit sehen sie gern, ihr sind sie gewogen, ihr übertragen sie kirchliche Pfründen, während indessen wir Söhne der Universität, ein Brett vorm Kopf wie lauter Kälber im Pferch, unsere Zeit vergeuden,

---

80 *Quatuor ad portas Ecclesias itus ad omnes: sanguinis aut Simonis, praesulis atque Dei* [Vier Tore für alle hat die Kirche: das Blut oder das Geld, den Bischof oder Gott]. – Holcot.

dahinwelken wie Gartenblumen, ungepflückt, ungenützt; oder wie zu viele Kerzen nur ewig uns selbst beleuchten, einander im Licht stehen und so gar nicht wahrgenommen werden, während noch die geringste davon, verpflanzte man sie in einen dunklen Raum oder in eine ländliche Pfarre, wo sie für sich scheinen dürfte, ein schönes Licht verbreiten und von überall gesehen werden könnte. Wir liegen hier und warten auf unsere Glücksstunde, wie die Kranken am Teich Bethesda[81] darauf, daß der Engel das Wasser aufrührte, doch sie treten dazwischen und betrügen uns um unser Fortkommen.

Oder aber wir werden von herrschsüchtigen Amtsträgern beleidigt und mit Füßen getreten, fallen unter widerspenstige, aufrührerische Sektierer, sauertöpfische Puritaner, verbohrte Papisten, eine lüsterne Rotte gottloser Epikuräer, die sich nicht bessern läßt, oder unter streitsüchtiges Volk. Ja, selbst im besten Fall (der gar nicht so selten eintritt), unter lauter ruhigen und ehrbaren Leuten, muß der Scholar doch verbauern und vergröbern, vor sich hin melancholisieren und das Vergessen lernen, oder nach dem Vorbild vieler selbst zum Malzbrauer, Viehzüchter, Krämer &c. werden – von der Akademie und allem Umgang der Musen ausgeschlossen, verbannt in ein abgelegenes Dorf, wie Ovid von Rom ans Schwarze Meer und täglich mit einer Gesellschaft von Dummköpfen und Klötzen Unterhaltung pflegen.

Nos interim quod attinet, idem reatus manet: nostra enim culpa sit, nostra incuria, nostra avaritia, quod tam

81 Johannes 5.

frequentes foedaeque fiant in Ecclesia nundinationes, nostro, inquam, omnium (academicorum imprimis) vitio sit. Quid enim fieri posse speramus, cum tot in dies sine delectu pauperes alumni, terrae filii et cuiuscumque ordinis homunciones, ad gradus certatim admittantur? Idiotae, nugatores, otiatores, aleatores, compotores, indigni, libidinis voluptatumque administri, modo tot annos in academia insumpserint, et se pro togatis venditarint, lucri causa, et amicorum intercessu praesentantur. Philosophastri licentiantur in artibus, artem qui non habent; theologastri (solvant modo) satis superque docti. Atque hinc fit quod tam viles scurrae, tot passim idiotae literarum crepusculo positi, larvae pastorum, circumforanei, vagi, barbi, fungi, crassi, asini, merum pecus, in sacrosanctos theologiae aditus illotis pedibus irrumpant: hi sunt qui pulpita complent, in aedes nobilium irrepunt. Sed nolo diutius hanc movere sentinam. Hinc illae lacrimae, lugubris Musarum habitus, abjectum sacerdotium putidum vulgus, inops, rude, sordidum, melancholicum, miserum, despicabile, contemnendum.

[Doch der Vorwurf trifft letztlich uns selbst: durch unsere Schuld, Laxheit und Gier gibt es soviel abscheulichen Schacher in der Kirche; ich wiederhole, uns allen, und besonders uns an den Universitäten, gereicht dies zur Schande. Was dürfen wir schon erwarten, wenn wir tagtäglich um die Wette und wahllos jeden armseligen, dahergelaufenen Studenten, jeden Sohn der Gosse, zu akademischen Ehren befördern? Lauter Idioten, Windbeutel, Müßiggänger, Spieler, Säufer, verkommene Subjekte, Werkzeuge aller Lüste und Begierden, die, wenn sie nur soundsoviele Jahre in der Universität abgesessen und sich mit Talaren verkleidet haben, durch Geld oder Protektion an eine Pfründe kommen. Kunstlose Afterphilosophen werden zu Lizentiaten der Künste, Aftertheologen (solang sie solvent sind) gelten als ausreichend, ja über die Maßen gelehrt. Daher die vielen gemeinen Hanswurste, im Wissenschaftsdämmer nistenden Ignoranten, Klerikermasken, Marktschreier, Vagabunden, Rauschebärte, Schwämme, Dickwänste, – lauter Herdenvieh, das sich ungewaschenen Fußes ins Allerheiligste der Theologie drängt: solches Gelichter füllt die Kanzeln und schleicht sich in die Herrenhäuser ein! Doch ich will nicht weiter in dieser trüben Brühe rühren. Daher das ganze Elend, daher die Musen im Trauerflor, daher der gottverlassene, verrottete geistliche Pöbel, armselig, ungehobelt, unsauber, niedergeschlagen, elend, traurig anzusehen, verächtlich.]

[Akzidentielle, nicht-notwendige äußere Gründe, von schlechter Ammenmilch bis zu widrigen weltlichen Umständen und Eigenschaften:]

Armut und Mangel als Ursachen der Melancholie

ARMUT und Mangel sind so große Anfechtungen, so unwillkommene und aller Welt verhaßte Gäste, daß ich es nicht unterlassen kann, eigens auf sie einzugehen. Zwar ist Armut (wenn sie ein weiser, verständiger, wahrhaft geistlich erneuerter und zufriedener Mensch recht betrachtet) *donum Dei,* eine Gottesgabe, ein gesegneter Stand, und nach dem Wort des Chrysostomos Weg zum Himmel, Mutter des rechten Maßes, und dem Reichtum bei weitem vorzuziehen (wie an passender Stelle gezeigt werden soll), doch das Urteil der Welt sieht in ihr einen höchst verhaßten Zustand, niedrig und gemein, eine bittere Tortur, *summum scelus* [das schlimmste Verbrechen], die unerträglichste Bürde. In den Augen der Menge muß einer nur wohlhabend sein, gleichgültig wodurch, oder woher er stammt, wie begabt, wie tugendhaft sein Charakter, wie lasterhaft seine Neigungen; mag er Kuppler sein, Geizhals und Geier, Wucherer, Bösewicht, Heide, Barbar, oder Schuft – solange er reich ist (und etwas herausrückt) wird er mit Ehren, Bewunderung, Anbetung, Respekt und Lobpreisung überschüttet.

Secura naviget aura
Fortunamque suo temperet arbitrio:

immer segelt er mit gutem Wind und kann nach Belieben das eigene Geschick lenken; heitere Tage, Glanz und Pracht, süße Musik, köstliche Kost, die guten Dinge und die Fülle der Erde, feine Kleider, prachtvolle Gewänder, weiche Betten und Daunenkissen stehen ihm zu Diensten; alle Welt schuftet für ihn, tausend Handwerker sind seine Sklaven, plagen sich ab für ihn, rennen, reiten, fliegen für ihn; Geistliche – denn *Pythia Philippizat* [das Orakel ist immer aufseiten Philipps] –, Anwälte, Ärzte, Philosophen, Scholaren sind ganz sein, widmen sich ganz seinem Dienst.[82] Ein jeder wünscht ihn als Bekannten und Verwandten, möchte sich ihm durch Heirat verbinden, und wenn er auch ein ausgemachter Trottel und Gimpel, ein Scheusal und Schafskopf ist, *uxorem ducat Danaen* [er kann eine Danae freien], wann und wo er will, kann er zugreifen, *hunc optant generum rex et regina* [König und Königin gelüstet es nach solchem Schwiegersohn]: was für eine gute Partie für meinen Sohn, meine Tochter, meine Nichte &c.! *Quicquid calcaverit hic, rosa fiet* [wohin er auch tritt, überall sprießen Rosen], er mag gehen, wohin er will, sogleich schmettern die Trompeten, läuten die Glocken &c., alle Glückseligkeit ist sein Gefolge, jeder lädt ihn gerne ein, er soupiert im *Apollo.*[83] Nach welcher Unterhaltung steht Euer Ehren der Sinn? Falknerei, Jagd, Fischfang, Vogelstellen, Stier- oder Bärenhatz, Karten, Würfel, Hahnenkampf, Komödianten, Gaukler, Fiedler, Spaßmacher halten sich zur Verfügung Euer Gnaden. Schöne Häuser, Blumen- und Obstgärten, Terrassen, Galerien, Kabinette, erquickende Spazierwege, köstliche Orte aller Art sind zur Hand; *in aureis lac, vinum in argenteis, adulescentulae ad nutum speciosae* [Milch in goldenen, Wein in silbernen Bechern, entzückende Mädchen warten nur auf einen Wink], Wein, Weib &c., ein türkisches Paradies, ein Himmel auf Erden.

---

82 *Theologi opulentis adhaerent, jurisperti pecuniosis, literati nummosis, liberalibus artifices* [die Theologen hängen sich an die Wohlbemittelten, die Juristen an die Betuchten, die Gebildeten an die Geldigen, die Künstler an die Großzügigen].

83 So wird in Plutarchs *Leben des Lukullus* ein prachtvolles Zimmer genannt.

Wenn einer jedoch arm ist, so ›hat er nimmer einen guten Tag‹ (Sprüche 15,15), er lebt im hintersten Winkel, trostlos, verstoßen und verlassen, arm am Beutel, krank am Herzen. Denn arm sein heißt ein Spitzbube, ein Narr, ein Schuft, ein verruchter und widerwärtiger Bursche sein, ein Dorn im allgemeinen Auge – wer arm sagt, hat alles gesagt.[84] Sie sind zu Müh und Plage geboren, zum Elend, dazu, Lasten zu schleppen wie das liebe Vieh, mit den Gefährten des Odysseus *pistum stercus comedere* [Fladen aus Kot zu kauen] und *salem lingere,* Salz zu lecken (worüber Chremylus sich bei Aristophanes empört), Abtritte zu leeren, Gossen zu reinigen, Mist und Jauche fortzukarren, Kamine zu fegen, Pferdehufe abzuschmirgeln &c. (Ganz zu schweigen von türkischen Galeerensklaven, die gekauft und verkauft werden wie Vieh, oder von afrikanischen Negern und den elenden indianischen Arbeitstieren). Sie bieten einen abstoßenden Anblick, einstmals schmuck, jetzt verrottet und schmutzig, wie es nun einmal der Armut geht: *immundas fortunas aequum est squalorem sequi* [wem es dreckig geht, der starrt meist auch vor Dreck]. Ein Knechtsgeschlecht sind sie, das keine Mühsal zu verweigern wagt. *Heus tu, Dromio, cape hoc flabellum, ventulum hinc facito dum lavamur,*[85] He, Bursche, fächle uns ein wenig Wind zu beim Waschen, und sag deinem Gesellen, er muß morgen zeitig aus dem Bett: ob Regen oder Son-

84 *Egere est offendere, et indigere scelestum est* [Bedürftigkeit ist eine Beleidigung, Armut ein Verbrechen] – *Satura Menippea.*
85 Terenz, *Der Eunuch.*

nenschein, fünfzig Meilen muß er mir laufen, um meiner Geliebten ein Brieflein zu überbringen; *Sosia ad pistrinam,* Sosias bleibt den ganzen Tag daheim, er muß Malz mahlen, Tristram soll dreschen. So kommandiert man sie herum, und manche von ihnen sind in der Tat nichts weiter als Fußschemel, auf die die Reichen treten, Klötze, mit deren Hilfe sie aufs Pferd steigen, und ›Mauern, um daran ihr Wasser abzuschlagen‹.[86]

Und wie das Sprichwort sagt: *necessitas cogit ad turpia* [Not zwingt zu Schändlichkeiten], Not allein macht Menschen zu Räubern, Rebellen, Totschlägern, Verrätern, Meuchelmördern; wenn einer zum äußersten getrieben wird, wovor schreckt er dann noch zurück? Er wird Vater, Fürsten und Heimat verraten, Gott und aller Treue abschwören. Daher nennt Plato die Armut ›diebisch, frevlerisch, schmutzig, schändlich und voller Unheil‹, und ganz mit Recht. So haben also die Armen einigen Grund zur Unzufriedenheit, zur Melancholie und Klage über ihr gegenwärtiges Elend; und wir sollten alle mit Salomon beten: ›Gib mir, o Herr, weder Armut noch Reichtum, laß mich aber mein bescheidenes Teil Speise dahinnehmen‹.[87]

---

86 *Pauper paries factus, quem caniculae commingant* [Der Arme wird zur Wand, an der die Hunde ihr Wasser lassen].
87 *Sprüche* 30,8.

Weitere akzidentielle Ursachen zuhauf: Verlust weltlicher Güter. Furcht. Neugier

Je weiter ich in diesem Labyrinth akzidentieller Gründe umherwandere, desto schwieriger finde ich den Weg: *multae ambages* [der Windungen sind viele], und neue Ursachen bieten sich auf Schritt und Tritt als Seitenpfade zur Erkundung an. Alle herauszufinden wäre eine herkulische Arbeit, und eher für einen Theseus geeignet. Ich will meinem Vorsatz und Leitfaden folgen, und einige der wichtigsten erörtern.

Da ist der Kummer, der aus dem Verlust irdischer Güter und Schätze erwächst: Zeit, Ehre, Amt, guten Ruf, Mühe und hochgespannte Hoffnung zu verlieren, ist eine rechte Qual, doch gibt es meinem Urteil nach keine Tortur, die mit jener vergleichbar wäre oder die eher das melancholische Leiden und Unheil auslöst. *Ploratur lacrimis amissa pecunia veris,* verlorenes Geld preßt den Augen echte Tränen ab, und den Herzen viele sorgenvolle Seufzer, ja verursacht nicht selten gewohnheitsmäßige Schwermut. Es ist keineswegs ungewöhnlich für Menschen in solcher Lage, sich in ihrer Seelenqual selbst zu entleiben. Ein armer Teufel, der drauf und dran war, sich zu erhängen – Ausonius hat das Ganze elegant in einem geschliffenen Epigramm ausgedrückt – fand zufällig einen Topf voll Gold, warf den Strick fort, und zog fröhlich nach Hause; doch als der Besitzer des Goldes sein Schatzversteck leer fand, nahm er in seinem Verdruß den Strick, den der andere hinterlassen hatte, und hängte sich daran auf.

Solch grausame Katastrophen können Mangel und Not hervorrufen. Ob dies durch Bürgschaft oder Schiffbruch geschieht, durch Feuer, Raub und Plünderung von Soldaten, oder welchen Verlust auch immer, kein Kraut ist dagegen gewachsen: die Wirkung auf Provinzen und Städte ist ebenso verheerend wie auf einzelne Personen.

Anno 1527, bei der Plünderung Roms durch den Bourbonen, ging die gemeine Soldateska so ans Beutemachen, daß herrliche Kirchen zu Ställen herabsanken, alte Dokumente und Bücher als Streu für Pferde dienten, oder wie Stroh in Flammen aufgingen; Reliquien und kostbare Bilder verunstaltet, Altäre umgestürzt, reiche Gobelins, Teppiche &c. in den Kot getreten wurden; ihre Frauen und schönsten Töchter waren jedem niedrigen Küchenjungen zur Schändung preisgegeben (wie Sejanus' Töchter öffentlich dem Henker), und dies vor den Augen ihrer Väter und Gatten; Kinder aus adligen oder reichsten bürgerlichen Häusern überließ man allen gemeinen Soldaten und hielt sie wie Dirnen; Senatoren und selbst Kardinäle wurden die Strassen entlang geschleift und ausgeklügelten Foltern unterworfen, damit sie verrieten, wo ihr Geld verborgen war; die übrigen, haufenweise hingeschlachtet, verpesteten die Luft in den Straßen, und kleinen Kindern wurden unter den Augen ihrer Mütter die Schädel an Mauern zerschmettert. Einen jammervollen Anblick bot die eben noch blühende, jäh verwüstete Stadt mit ihren reichen, an alle

Genüsse des Lebens gewöhnten Einwohnern, die sich nun als Bettler nach Venedig, Neapel oder Ancona aufmachten.

Auf solchen Kummer will ich nun allerlei Umstände folgen lassen, die den Menschen Angst machen. Es gibt eine abergläubische Furcht, eine der drei Hauptanlässe für Angst bei Aristoteles, gewöhnlich hervorgerufen durch Schreckenszeichen und unheilvolle Ereignisse, die vielen von uns schwer zusetzen. *Nescio quid animus mihi praesagit mali* [eine Vorahnung unbekannten Unheils erfaßt meinen Geist]: Wenn uns ein Hase beim Aufbruch über den Weg springt, eine Maus unsere Kleider benagt, wenn einem drei Blutstropfen aus der Nase fallen, das Salz verschüttet wird, ein schwarzer Fleck auf dem Fingernagel erscheint &c., und dergleichen mehr. So stark sind die Menschen von diesen Dingen betroffen, daß die Macht ihrer Phantasie, ihre Furcht und die List des Teufels es fertigbringen, das befürchtete Mißgeschick auf sie herabzuziehen. ›Was ich befürchtet habe‹, sagt Hiob, ›ist über mich gekommen.‹ Ein wahres Wort heißt *timor mortis morte pejor,* Angst vor dem Tod ist schlimmer als der Tod selbst, und der Gedanke an diese dunkle Stunde ist einem, der reich und glücklich gelebt hat, ›bitter wie Galle‹ (Jesus Sirach 41,1). *Animula vagula, blandula, quae nunc abibis in loca?*[88] [Kleine, schweifende, zarte Seele, zu welch neuen Gefilden mußt du jetzt aufbrechen?]

Diesen Qualen der Angst und Sorge läßt sich gut die Neugier anfügen, jene lästige und tyran-

88 Kaiser Hadrian.

nische Besorgnis, *nimia sollicitudo* [Unruhe im Übermaß], die Thomas definiert als ›überflüssigen Eifer um unnütze Dinge und ihre Eigenschaften‹:[89] ein brennendes Verlangen, eine Art schwangeres Gelüst danach, zu sehen, was nicht sichtbar ist, zu tun, was man nicht tun sollte, ein Geheimnis zu erkunden, das unbekannt bleiben will, kurz, die verbotene Frucht zu kosten. Andauernd plagen und mühen wir uns ab um untaugliche und unnütze Dinge, so wie Martha sich auch vergebliche Umstände bereitete. Ob in der Religion, der Philologie, in der hermetischen Wissenschaft, in Philosophie oder Staatskunde, jede Handlung, jede Untersuchung ist weiter nichts als nutzlose Plage und bloße Quälerei. Denn was ist Schultheologie? wieviele zerbrechen sich den Kopf darüber! wieviel fruchtlose Fragen über die Dreieinigkeit, Auferstehung, Erwählung, Prädestination, Verworfensein, Höllenfeuer &c., wieviele gerettet, wieviele verdammt werden! Was ist aller Aberglaube anderes als endlose Beachtung entleerter Zeremonien und Traditionen? Was ist unsere meiste Wissenschaft anderes als ein Labyrinth von Meinungen, müßigen Fragen, Thesen, metaphysischen Termini? Denn was geht es uns an, wie hoch die Plejaden am Himmel stehen, wie weit Perseus und Kassiopeia von uns entfernt sind, welche Tiefe die See hat &c.? Das gleiche läßt sich über die horoskopischen Studien sagen: was ist Astrologie? nur eitle Zeitbestimmung, eitle Voraussagen; was alle Magie? nur ein aufreibender Irrweg, verderbliche

89 *Industria superflua circa res inutiles.*

Äfferei; Medizin? nichts als verworrene Regeln und Vorschriften; Philologie? nichts als eitle Krittelei; Logik? lauter überflüssige Sophismen; und selbst die Metaphysik? vertrackte Finessen und fruchtlose Abstraktionen; Alchemie? ein einziges Knäuel von Irrtümern. Wozu all die dicken Folianten? warum verschwenden wir soviele Jahre auf ihr Studium? Viel besser wäre es doch, gar nichts zu wissen wie jene barbarischen Indianer, deren Unkenntnis vollkommen ist, als sich, wie manche von uns, so bitter an unergiebigen Kleinigkeiten aufzureiben: *stultus labor est ineptiarum* [nur ein Narr bemüht sich um Kindereien], wozu ein Haus ohne Balken bauen, ein Seil aus Sand flechten? *cui bono?*

Der eine studiert munter drauf los, doch für ihn gilt, was der Junge zu Sankt Augustin sagte: ›Erst wenn ich die See ausgeschöpft habe, wirst du das Mysterium der Dreieinigkeit begreifen.‹ Ein anderer reist nach Europa, Afrika, Asien, erforscht jeden Fluß und Strand, jede Stadt, jeden Berg und Meerbusen – zu welchem Zweck? Wenn du ein Vorgebirge siehst (sagte schon der alte Sokrates), einen Berg, ein Meer, einen Fluß, dann hast du sie alle gesehen. Wieder ein anderer verwendet all seine Mühe auf Worte, damit sie *lepide lexeis compostae ut tesserulae omnes* seien [elegant wie Mosaiksteine zu Begriffen gefügt], jede Silbe genau am rechten Ort – doch das Ganze dient dazu, einen strohtrockenen Gegenstand auszubreiten; genau wie es Dir nur um den Stil geht: *à la mode* zu parlieren, geschliffen und prägnant, ist Dein einziges Ziel: Ihr plagt Euch beide mit gleichem Erfolg.

So machen geschäftige, heikle, kuriose Köpfe an jedem Beruf, Handwerk, Tun und Treiben vieles unausstehlich, was schlichteren Geistern gar nicht anstößig ist, und trachten eifrig nach dem, was andere ebenso entschieden mißachten.

Symptome: körperliche Kennzeichen der Melancholie

PARRHASIUS, Maler zu Athen, erstand aus der Zahl der olynthischen Gefangenen, die Philip von Makedonien zum Verkauf nach Hause brachte, einen alten Mann; kaum hatte er ihn in Athen, da unterwarf er ihn der schrecklichsten Marter und Folter, um durch diesen Anblick die Leidensqualen seines Prometheus, mit dessen Portrait er gerade beschäftigt war, anschaulicher auszudrücken. So barbarisch, unmenschlich in der Neugier, und grausam brauche ich für meinen eigenen Zweck nicht ans Werk zu gehen, daß ich deshalb einen armen Melancholiker foltern müßte: ihre Symptome sind eindeutig, offensichtlich und wohlvertraut, es bedarf keiner peinlich genauen Beobachtung noch weithergeholter Studienobjekte; sie zeichnen sich selbst, geben sich willig zu erkennen, nur allzu häufig tauchen sie überall auf; ich treffe sie, wo immer ich hingehe, sie könnens nicht verhehlen, ihre Beschwerden sind allbekannt, um sie zu beschreiben muß ich nicht weit ausholen.

Die üblichen körperlichen Symptome der Melancholie sind die folgenden: Kälte und Trockenheit, oder aber Hitze und Trockenheit, je nachdem, wie stark der *humor* verbrannt ist. Von diesen ersten Eigenschaften leiten sich wiederum viele sekundäre ab, wie die Farbe:[90] schwarz, dunkel, bleich, gerötet &c.; manche sind sogar *impense rubri,* wie Montaltus, *cap. 16,* nach Galen, *lib. 3, De locis affectis,* anmerkt, hochrot und von hektischer Farbe. Hippokrates zählt in seinem Buch *De insania et melan.* folgende Anzeichen auf: ›die Patienten sind ausgezehrt, welk, hohläugig, vorzeitig gealtert, verrunzelt, rauhhäutig, mit viel Wind, Kolik und Bauchweh im Leib geplagt, rülpsen viel, der Stuhl trocken und hart, niedergeschlagen die Miene, schlaffhängender Bart, Ohrensausen, Schwindel, Wirrköpfigkeit, schlafen nicht oder nur wenig, und mit Unterbrechungen, schreckliche Alpträume.‹ *Anna soror, quae me suspensam insomnia terrent!*[91] [Anna, Schwester, welche Träume schrecken mich Ruhelose!] Manche fügen als gängige Symptome noch Herzklopfen hinzu, kalten Schweiß, und ein Zucken in verschiedenen Körperteilen, *saltum in multis corporis partibus,* eine Art Jucken auf der Hautoberfläche (sagt Laurentius), bisweilen wie Flohbisse. Montaltus, *cap. 21,* hält als weiteres Zeichen starren Blick oder hektisches Augenzwinkern fest.

Manche nehmen, wenn die Krankheit weit fortgeschritten ist, nur allzu häufig eine eigene Mimik

---

90 *Nigrescitur hic humor aliquando supercalefactus, aliquando super frigefactus* [dieser Körpersaft verfinstert sich bald durch Überhitzung, bald durch Unterkühlung] – Melanelius nach Galen.

91 Vergil, *Aeneis.*

an, lachen, grinsen, blecken die Zähne, murmeln, reden mit sich selbst, verziehen den Mund und grimassieren seltsam, unter unartikulierten Reden und Ausrufen &c. Und wenn sie zumeist auch ausgezehrt, zottig, von freudloser Miene, verblichen und ein wenig einnehmender Anblick sind, eben wegen ihrer dauernden Ängste, Kümmernisse und Drangsal, sowie dumpf, schwerfällig, träge, rastlos und unfähig, Geschäften nachzugehen; so ist doch meist ihr Gedächtnis gut, ihr Geist rege und vorzüglich die Auffassungsgabe. Ihre heiße trockene Hirnsubstanz hindert sie am Schlafen; *ingentes habent et crebras vigilias* (Aretaeus), ausgedehnt und häufig sind ihre Nachtwachen, die manchmal einen Monat, ja ein ganzes Jahr lang dauern.

Ihr Urin ist meist blaß oder schwachgefärbt, *urina pauca, acris, biliosa* (Aretaeus), von geringer Quantität, [beißend und gallig]. Ihr Stuhl oder Exkrement ist hart, manchmal schwarz, und wenig ergiebig. Sind Herz, Hirn, Leber und Milz in Mitleidenschaft gezogen (was meist der Fall ist), so gehen davon viele Beschwerden aus und viele Krankheiten begleiten das Leiden, wie Alpdrücken, Apoplexie, Fallsucht, Schwindel, die erwähnte häufige Schlaflosigkeit und Schreckensträume, unkontrolliertes Lachen, Heulen, Stöhnen, Schluchzen, Schamgefühl, Rotwerden, Schweißausbrüche, Ohnmacht &c. All ihre Sinne sind angegriffen, sie bilden sich ein, Nichtvorhandenes zu sehen, zu hören, zu riechen und zu berühren, wie im Folgenden noch ausgeführt werden soll.

Weitere Symptome: geistige Kennzeichen

Arculanus, *Rhasis ad Almansor 9, cap. 16,* nennt diese Symptome unzählig, und das sind sie wahrhaftig, da sie je nach der Art der Patienten wechseln, ›denn unter Tausend gibt es kaum zwei, die in gleicher Weise närrisch sind‹ (Laurentius, *cap. 16*). Einige wenige von größerer Bedeutung will ich herausgreifen, und darunter besonders Angst und Trauer. ›Manchen graut vor dem Tod, aber in einer widernatürlichen Aufwallung legen sie selbst Hand an sich‹ (Galen, *lib. 3, De loc. affec., cap. 7*). Andere fürchten, der Himmel könnte ihnen auf den Kopf fallen, wieder andere, sie seien bereits verdammt oder würden es werden. Wieder andere plagt Angst vor Tod und Teufel, oder daß sie der oder jener Krankheit verfallen, alles läßt sie erbeben, sie meinen, der Tod stünde vor der Tür, oder daß einige ihrer besten Freunde und nächsten Verwandten sicher schon gestorben seien; drohende Gefahr, Verlust, Schmach quälen andere ohne Unterlaß, &c.; sie meinen, sie seien ganz aus Glas, und wollen daher keinen Menschen an sich heranlassen; oder ganz aus Kork, federleicht, oder aber schwer wie Blei. Mancher hat Angst, der Kopf wolle ihm von den Schultern fallen, oder er hätte Frösche im Bauch &c. Ein anderer wagt keine Brücke zu überqueren, sich keinem Teich, Fels oder steilen Abhang zu nähern, und in keiner Kammer mit Querbalken zu schlafen, aus Furcht, die Versuchung, sich zu erhängen, ertränken oder hinabzustürzen, könnte ihn übermannen. Befindet er sich in einer schweigenden Zuhörerschaft, etwa bei einer Predigt, so fürchtet er, unversehens anstößige, unanständige Worte hinauszuschreien.

Zumeist ›fürchten sie, sie seien verhext, besessen oder vergiftet durch ihre Feinde‹, ja manch einer verdächtigt seine besten Freunde: ›Er meint, etwas mit sich oder in sich sprechen zu hören, und das Gift stößt ihm auf.‹ Trauer ist das zweite Kennzeichen und zwangsläufige Beiwerk der Schwermut, unzertrennlich sind beide wie die Heiligen Cosmas und Damian, sie ist ihr *fidus Achates,* wie alle Autoren bezeugen, ein gewöhnliches und beständiges Symptom, stets ohne augenscheinliche Ursache: *maerent omnes, et si roges eos reddere causam, non possunt,* alle tieftraurig, und wissen nicht warum; *agelasti, maesti, cogitabundi* [ohne Lachen, düster, grübelnd] sehen sie aus, so als kämen sie geradewegs aus der Höhle des Trophonius.

Kaum haben sie die Augen aufgeschlagen, da beginnt (nach schrecklichen und qualvollen Träumen) ihr schweres Herz zu seufzen: ewig müssen sie sich grämen und wüten, stöhnen, hadern, klagen, Haare in der Suppe finden, murren, grollen, heulen; *Heautontimoroumenoi,* Selbstquäler sind sie, im Geiste gestört von rast- und ruhelosen Gedanken. *Ob voluptatem an ob timorem soli sunt?* Sind sie aus Lust oder Unlust einsam? fragt ein Autor; aus beidem, doch meiner Meinung nach am ehesten aus Angst und Traurigkeit &c.

Hinc metuunt cupiuntque, dolent fugiuntque, nec auras
Respiciunt, clausi tenebris, et carcere caeco.[92]

92 Vergil, *Aeneis,* Buch 6.

Aus Furcht und Gram ist ihnen Luft und Licht
verhaßt,
Und sie verschließen sich in blinden Kerkers Nacht.

Wie Bellerophon bei Homer,[93]

Qui miser in silvis moerens errabat opacis,
Ipse suum cor edens, hominum vestigia vitans:
Der elend durch die finstren Wälder streift,
Die Menschen flieht, das eigene Herz zerreißt,

freut es sie, Wasserfluten und Einöden zu sehen, und für sich in Pflanzungen und Gärten, in privaten Alleen und stillen Gassen zu wandeln; ungesellig, wie Diogenes in seiner Tonne, oder Timon, der Menschenfeind, verabscheuen sie am Ende alle Gesellschaft, selbst ihre nächsten Bekannten und vertrautesten Freunde.

Durch Gewöhnung und Zeitverlauf hervorgerufene Kennzeichen

VIELE packt dies Leiden wie ein Anfall, der kommt und geht; auf andere wirkt es kontinuierlich‹; manche (sagt Faventinus) ›werden nur im Frühjahr und Herbst davon befallen‹, manche Frauen nur während der Schwangerschaft, wie Platter beobachtet, und sonst nie; bei anderen ist es dagegen beständig und unveränderlich. Einer, den das Irrlicht der Phantasie unstet und gehetzt macht, empfindet es wie Arthritis oder Gichtfluß: hier ist es und dort, in jedem Gelenk, immer plagt es den einen oder anderen Körperteil; und wenn

93 *Ilias,* Buch 6.

der Körper unberührt bleibt, setzt es in tausenderlei Formen dem Geist zu.

Generell und abschließend läßt sich sagen: die Melancholie ist zu Beginn höchst wohltuend,[94] ja, *mentis gratissimus error* [eine sehr willkommene Ausschweifung des Geistes], eine ungemein lustvolle Stimmung: man ist allein, wohnt allein, wandelt allein, versenkt sich ins Nachsinnen, liegt tagelang zu Bett, träumt sozusagen im Wachen, und formt sich tausend phantastische Vorstellungen. Nichts gefällt einem besser als diese Beschäftigung, die ganze Zeit über ist man im Paradies, und fährt aus der Haut, wenn man dabei gestört wird. Der Genuß ist so groß, daß es kein Widerstreben gibt.[95]

Der Patient kann jahrelang so weitermachen, wenn er eine kräftige Konstitution hat oder etwas Geschäftigkeit beimischt, um sich vom Sinnieren abzulenken: doch endlich nimmt seine Einbildungskraft unheilbaren Schaden, *laesa imaginatio,* und da sie sich einmal an dererlei Kindereien gewöhnt hat, wirkt sie, wie ein Verhängnis, nur noch auf solche Weise. Jäh wechselt die Bühne, Furcht und Trauer ersetzen all die einschmeichelnden Vorstellungen, Argwohn, Mißmut und ewige Angst nehmen ihren Platz ein, mit Hilfe der Schuhlöffel Müßiggang und selbstgewählte Einsamkeit wird der wüste Teufel Melancholie angezogen, *et quantum vertice ad auras aethereas, tantum radice in Tartara tendit* [und so hoch sein Scheitel in den Äther ragt, so tief verwurzelt ist er in der Hölle]; nicht

94 *Blanda ab initio.*

95 *Facilis descensus Averni* [leicht fällt der Abstieg zur Hölle].

so köstlich zuerst, wie jetzt bitter und schroff; eine schwärende Seele, verzehrt vom Kummer und Mißvergnügen; *taedium vitae* [Lebensekel], Ungeduld, Seelenqual, Unbeständigkeit, Entschlußlosigkeit stürzen den Leidenden in unsägliches Elend.

All dies auszudrücken und zu berichten habe ich mich nach Kräften bemüht, nicht um solche Elenden mit Vorwürfen oder gar Spott zu bedenken (ich empfinde viel eher Mitleid mit ihnen), sondern damit die Krankheitsformen besser erkannt und behandelt werden und um zu zeigen, wie selbst der Beste und Gesündeste von uns allen in großer Gefahr schwebt, wie sehr wir um unseren unsteten Stand bangen sollten, und eingedenk unserer Erbärmlichkeit und Nichtigkeit uns prüfen und demütigen, Gott suchen und Seine Barmherzigkeit anrufen; daß wir nicht groß nach Ruten suchen müssen, um uns selbst zu kasteien, da wir sie in unseren Eingeweiden bei uns tragen, und daß unsere Seelen in einem elenden Kerker liegen, wenn Gnadenlicht und himmlische Wahrheit uns nicht beständig leuchten; damit wir aus eigener Besonnenheit uns mäßigen, umsichtiger und wachsamer zu sein inmitten all dieser Gefahren.

Merkmale von Jungfern-, Nonnen- und Witwenmelancholie

DIE URSACHE dieses schlimmen Leidens von ältlichen Jungfern, Witwen und unfruchtbaren Frauen erklären Hippokrates, Cleopatra, Moschion und die alten *gynaeciorum scriptores* [Handbücher über Frauenkrankheiten] *ob septum transversum violatum* (so Mercatus), also damit, daß Milz (oder *diaphragma*), Herz und Hirn von jenen bösartigen Dünsten angegriffen werden, die aus dem Menstruationsblut aufsteigen. Zwerchfell und innerer Herzbereich sind erhitzt und pulsieren angstvoll, und wenn dieser Dunst und Dampf aufgerührt wird und aufsteigt, schlägt das Herz heftig, gerät in bittere Bedrängnis und wird ohnmächtig. Die Leidenden klagen oftmals (sagt Mercatus) über starke Schmerzen in Kopf, Herz und Eingeweiden, und ebenfalls an ihren Brüsten, die nicht selten wund sind; manchmal wird es ihnen schwarz vor den Augen, ihre Gesichter laufen hektisch rot an, sie sind ausgedörrt und durstig, spüren plötzliche Hitze, sind schlimm von Winden und Schlaflosigkeit geplagt &c. Und daher kommen *ferina deliramena,* ein wüster Wahn, unruhiger Schlaf mit nächtlichen Alpträumen, *subrusticus pudor et verecundia ignava,* bei manchen bäurische Unbeholfenheit [und ängstliche Scham], verdrehte Einbildungen und Ansichten, Niedergeschlagenheit des Geistes, viel Mißlaunigkeit und widersinniges Urteil. Sie neigen dazu, alles und jedes abscheulich, ekelhaft, verächtlich und langweilig zu finden, da ist fast kein Ding, das sie nicht anödet, sie verhärmen sich immer mehr, guter Rat ist teuer, sie weinen und zittern bei jeder Gelegenheit, sind verschreckt, in Angst und Trübsal, ohne jede Aussicht auf Besserung.

Die verschiedenen Heilmethoden für dieses Leiden, im Hinblick auf Kost (die sehr karg sein sollte), Aderlaß, Medikamente, innere und äußerliche Behandlung, sind ausführlich und vielfältig bei Rodericus a Castro,[96] Sennert und Mercatus dargelegt, wo ein jeder sie nach Bedarf nachschlagen kann. Doch das allerbeste und sicherste Heilmittel besteht darin, solche Frauen rechtzeitig gut unterzubringen und mit geeigneten Ehegatten zu versehen: *hinc illae lacrime* [daher der ganze Jammer], hier liegt der Hauptgrund und die probate Kur, die ihr Begehren stillt. Ich schreibe das nicht zur Rechtfertigung all der liederlichen, faulen, koketten, lüsternen, leichtfertigen Fratzen, die ja meist nur allzu vorwitzig und ausgelassen sind, bereit, sich ohne Sinn und Verstand, Umsicht und Überlegung dem nächsten besten an den Hals zu werfen. Wenn Frömmigkeit, strenge Zucht, ehrbare Erziehung, heilsame Lehrer, schöne Versprechungen, der gute Ruf und die Gefahr, ihn zu verlieren, sie nicht mäßigen und abschrecken (die bei unschuldigen und sittsamen Jungfern doch eigentlich viel fruchten müssen), soll man ruhig harte Arbeit und Leibesübung, striktes Fasten, Strenge und Einschüchterung als geeignetere Mittel einsetzen, die von sich aus dazu wohlgeeignet sind, ein fehldisponiertes Temperament zu berichtigen und auszugleichen.

Denn selten erlebt man, daß ein Dienstbote, eine arme Magd, und sei sie noch so alt, die fest an schwere Arbeit und körperliche Mühe gewöhnt ist, oder eine derbe Bauerndirne von solchem Lei-

---

96 *Clysteres et helleborismum Matthioli summe laudat* [Warm empfielt er die Kur des Matthiolus mit Klystieren und Nieswurz].

den befallen wird; nein, es sind immer adelige Jungfern, verwöhnte Damen, die allein für sich, müßig und bequem leben, untätig und ohne Aufgaben, behaglich untergebracht in Herrenhäusern mit geselligem Wohlleben, die vielleicht von Natur eine ungünstige Veranlagung haben und zu willensschwach sind, ihr zu widerstehen, im übrigen mißvergnügt, von schwacher Urteilskraft, körperlich durchaus leistungsfähig, aber den Leidenschaften unterworfen. Ich habe nicht allzuviel Mitleid mit denen, die sich auf andere Weise behelfen könnten, sondern allein mit jenen, die aus der Übermacht ihres Temperaments und ihrer angeborenen Konstitution vom reißenden Strom ihrer inneren *humores* gewaltsam fortgerissen werden, ungeachtet ihrer bescheidenen, züchtigen, frommen, tugendhaften und gutgesinnten Art (wie es doch bei vielen notleidenden Jungfern der Fall ist), und die dennoch nichts ausrichten können: die Beschwerden überfallen sie, die Krankheit bricht aus, manifestiert sich unverkennbar, und kann auf anderem Weg nicht bekämpft werden.

Doch wo bin ich? In welches Thema habe ich mich verrannt? Was habe ich mit Nonnen, Mädchen, Jungfern und Witwen zu schaffen? Ich bin selbst Junggeselle, führe ein Klausnerleben in einem Kollegium, *ne ego sane ineptus qui haec dixerim?* [bin ich nicht von allen guten Geistern verlassen, so zu reden?]; ich bekenne, es ist unschicklich, und wie die jungfräuliche Pallas errötete, als Jupiter zufällig in ihrer Gegenwart von Liebeshändeln sprach, und ihr Gesicht abwandte, *me reprimam* [will ich mich zurückhalten] und, obgleich es mein Gegenstand erfordern würde, nichts mehr dazu sagen.

Aber nein, ich will und muß noch etwas hinzufügen, ein oder zwei Worte *in gratiam virginum et viduarum,* zugunsten all der Betroffenen [Jungfrauen und Witwen], aus Mitleid über ihre traurige Lage. Und wie ich gar nicht anders kann als das Mißgeschick derer zu beklagen, die an dieser Krankheit leiden und für ihren Fall keine Abhilfe finden, so muß ich notwendig gegen die Schuldigen, die mehr als offensichtlichen Verursacher zu Felde ziehen, und ebenso bitter mit jenen tyrannischen Pseudo-Alleswissern ins Gericht gehen, den abergläubischen Mönchsorden, übereilten Gelübden, hartherzigen Eltern, Vormündern, widernatürlichen Freunden und Bundesgenossen (nennt sie wie Ihr wollt), den pflichtvergessenen, tumben Oberen, die aus weltlicher Rücksicht, Geldgier, Eigeninteresse – *cum sibi sit interim bene* [wenn es ihnen dabei nur gut geht] – imstande sind, ohne Gewissensbisse und Erbarmen die Tränen, Seufzer, das schlimme Ach und Weh der ihnen anvertrauten armen Seelen so rüde von sich weisen, so hartherzig zu übergehen, so gottlos zu verschmähen. Wie abscheulich und ruchlos sind doch jene abergläubischen und unbesonnenen Gelübde der papistischen Klöster, die Männer und Frauen binden und zwingen, sich unter Eid auf Jungfräulichkeit und alleinstehende Lebensweise zu verpflichten, ganz gegen das Naturgesetz und im Widerspruch zur Religion, Staatserhaltung und Menschlichkeit, und so die Lebenskraft der Jugend auszuhungern, zu vergewaltigen und zu unterdrücken!

Durch rigide Verordnung, strenge Gesetze, leere Überredung die Menschen von dem auszuschließen, wohin es sie ihrer innersten Natur nach unwiderstehlich treibt, so rasend hindrängt, und manchmal auch hinreißt ohne Halten, und all dies zum Schaden ihres Seelenheils und ihrer leiblichen wie geistigen Gesundheit! alles nur aus niedrigen und eigennützigen Motiven, um ihren finsteren Aberglauben aufrecht zu erhalten, sich selbst und ihre Ländereien zu bereichern, und (wie sie fälschlich glauben), indem sie Heiraten unterbinden, zu verhindern, daß die Welt sich mit Bettlern füllt und ihre Gemeinden von Waisen überlaufen werden.

Dumme Schlaumeierei! *haeccine fieri flagitia?* Soll solche Schändlichkeit erlaubt sein? Besser zu heiraten als zu brennen, sagt der Apostel, doch sie sind anderer Überzeugung. Ja, wenn ihres Nachbarn Haus in Flammen steht, sind sie durchaus bereit, es zu löschen, aber das Feuer der Lust, das so grausame Flammen schlägt, übersehen sie lieber; oft tobt in ihrem eigenen Inneren, in ihrem Fleisch und Blut die Feuersbrunst, und sie wollen es nicht wahrhaben. *Miserum,* sagt Augustin, *seipsum non miserescere,* schlimm leiden jene, die mit sich selbst kein Mitleid fühlen, und auch nicht mit dem allgemeinen Wohl, das doch auch ihr eigenes ist. Sie mögen nur bedenken, wieviel furchtbares Leid, wütende Krankheit, schwere Belastung diese erzwungene Enthaltsamkeit beiden Geschlechtern beschert; es bedrückt mich die bloße Vorstellung, und erst recht die Erwähnung der vielen Abtreibungen und Kindsmorde in ihren Nonnenklöstern (lest dazu Kemnius[97] und andere), ihrer notorischen Unzucht, ihrer *spintriae, tribadae, ambubaiae* &c., Notzucht, Blutschande, Ehebruch, Masturbation, Sodomie, und widernatürlichen Umgangs von Mönchen und Klosterbrüdern. Ich weiß wohl, wie sie gewöhnlich diese Zustände beschönigen, *sed viderint politici, medici, theologi* [laßt Staatsmänner, Ärzte und Theologen ihnen wehren].

Prognostik der Melancholie

PROGNOSTICA oder Vorzeichen künftiger Dinge können gut oder schlecht ausfallen. Wenn die Krankheit nicht erblich ist und gleich im Anfangsstadium behandelt wird, besteht gute Aussicht auf Heilung, *recens curationem non habet difficilem,* wie Avicenna, *lib. 3, fen. 1, tract. 4, cap. 18,* erklärt. Was andrerseits die schlimmen Prognostica angeht, so lautet ein gängiger Lehrsatz: *inveterata melancholia incurabilis,* eingefleischte Schwermut ist unheilbar,[98] *aut difficulter curabilis,* oder wird (etwas positiver ausgedrückt) nur ziemlich selten kuriert. Was Lukian über die Gicht sagt, daß sie nämlich die Königin aller Krankheiten sei, und unerbittlich, dürfen wir auf die Melancholie übertragen. Paracelsus jedoch hält alle Krankheiten für heilbar

---

97 *Examen Conc. Trident. de caelibatu sacerd.* [Untersuchung des Konzils von Trient über das Zölibat der Priester.]

98 *Quia jam conversa in naturam* [da schon zur Natur geworden].

und verlacht alle, die darüber anders denken. Heilung ist für Männer schwierig, aber noch viel schwerer für Frauen. Wie an Merkurs wettergebleichter, einstmals völlig vergoldeter Statue die offenen Flächen ganz abgerieben waren, und doch steckte noch *in fimbriis aurum,* in den Ritzen ein Rest Gold: so werden immer in den einst davon befallenen und noch so gut gereinigten Leibern Rückstände von Melancholie verbleiben, die sich nicht so leicht austilgen lassen. Die Krankheit verschlimmert sich oftmals zu Epilepsie, Schlagfluß, Krämpfen und Blindheit. Diese Folgen stellen sich ein, wenn sie ihrer Entstehung nach zum kalten Typus gehört, und sich entsprechend weiterentwickelt oder intensiviert; oder aber die Patienten werden am Ende trübselig und blöde, und lächerlich in Taten, Worten und Gesten. Entstammt die Krankheit dem heißen Typus, so sind sie wilder und ungestümer und werden am Ende verrückt. Denn wie Sennert nach Crato behauptet, in diesem Körpersaft steckt *seminarius ignis,* eine wahre Feuersaat.

Selten nur führt die Krankheit zum Tode, es sei denn (dies ist die größte, schwerste Kalamität und Misere aller Miseren) sie legen selbst Hand an sich,[99] was nicht selten, ja gewohnheitsmäßig bei ihnen vorkommt. Den ganzen Tag über werden sie ständig von irgendeinem Popanz geängstigt, in Stücke gerissen vor Argwohn, Angst, Trauer, Unzufriedenheit, Sorge, Scham, Seelenqual &c., als wären es lauter wilde Pferde, so daß sie keine

99 Montalt. *cap. 15: Raro mors aut numquam, nisi sibi ipsis inferant.*

Doch seht nur, wie der Irre rast,
Mit wildem Blick, das ist kein Spaß!
Halbnackt, in Ketten, treibts ihn um,
Er brüllt und schäumt, weiß nicht, warum;
Schau gut hin: dieser Spiegel zeigt
Dein Bild, wenn Dich der Jähzorn treibt;
Halt dies Porträt nur wert und lieb:
Du oder er? Kein Unterschied.

Stunde, ja keine Minute lang Ruhe finden, sondern angespannt wider Willen müssen sie ewig daran denken, dürfen es nicht vergessen, es zermalmt ihre Seele Tag und Nacht, ununterbrochen werden sie gemartert, fallen sich selbst zur Last, wie Hiob, und können weder essen noch trinken noch Schlaf finden. Und inmitten dieser grauen, scheußlichen, verödeten Tage suchen sie schließlich, da sich kein anderer Trost und Ausweg zeigt, die Erlösung aller Leiden im Tod. Doch oftmals springen sie dabei nur, wie Aesops Fische, aus der Bratpfanne ins Feuer.

Es ist dies ein weitverbreitetes Unheil, fataler Abschluß unserer Krankheit; von der ärztlichen Geschworenenbank werden sie zu einem gewaltsamen Tod verurteilt, zu heftigem Verlauf vorherbestimmt, blindlings fortgerissen von tyrannischer Neigung, ihre Lage verschlimmert durch äußeres Elend; so bleibt den Unglücklichen nichts übrig (wenn anders der Himmlische Arzt ihnen nicht wirksam durch Gnade und Erbarmen beisteht, denn Menschenkunst und -glaube richtet hier nichts mehr aus) als ihre eigenen Schlächter und Scharfrichter zu werden. Sokrates' *cicuta* [Schierling], Lukretias Dolch, Timons Schlinge sind immer noch zu haben; Cato ließ sein Messer, Nero sein Schwert hinter sich zurück, Werkzeuge des Todes, die sie der Nachwelt vermachten, und die bis ans Ende der Welt solche bekümmerten Seelen benützen werden: so unerträglich, alles Maß übersteigend, erdrückend und überwältigend ist ihr Schmerz, so unsagbar und unendlich.

Ein Tag des Grams ist wie hundert Jahre, bemerkt Cardano: er ist *carnificina hominum* [die Marter der Menschen], *angor animi,* wie Aretaeus treffend sagt, Herzensplage, Krampf und Konvulsion der Seele, ein Auszug der Hölle; und wenn es eine Hölle auf Erden gibt, so ist sie im Herzen des Melancholikers zu finden. Alle Ängste, Kümmernisse, alles Mißtrauen, Mißvergnügen, alles Ungute und Unschöne der Welt wird, als wären es lauter kleine Bäche, verschlungen und ertränkt von diesem Euripus, dieser Irischen See, diesem Ozean des Elends. Unser Melancholiker, so sage ich, ist der Gipfel des menschlichen Unglücks, seine Quintessenz und sein Endpunkt; alle anderen Leiden sind ihrem Umfang nach, vergleicht man sie damit, nichts als Flohbisse: sie ist der Kern von allen.

Hospitium est calamitatis; quid verbis opus est?
Quamcumque malam rem quaeris, illic reperies.[100]
Unglücks-Herberge steht an dieser Tür.
Unheil suchst du? Tritt ein, und find es hier!

Ein Melancholiker ist der wahre Prometheus, an den Kaukasus geschmiedet, und der echte Tityus, dessen Eingeweide ewig von einem Geier zernagt werden (wie die Dichter phantasieren).

Manche Philosophen werfen die Frage auf, ob es für einen Menschen im Zustand äußerster Not und Pein gerechtfertigt sei, sich selbst umzubringen, und wie man jene beurteilen solle, die es tun. Die Platoniker sehen es in solchen Fällen und unter Zwang als rechtmäßig an (Plotinus, *lib. de beatitud., cap. 7*), und Sokrates selbst verteidigt es in

100 Plautus.

Platons *Phaidon:* ›Leidet einer an einer unheilbaren Krankheit, so mag er sich selbst töten, wenn es zu seinem Wohl geschieht.‹ Epikur und seine Anhänger, die Kyniker und Stoiker generell bekräftigen es, darunter auch Epiktet und Seneca: *quamcumque veram esse viam ad libertatem;* jeder Weg ist erlaubt, der zur Freiheit führt: ›Laßt uns Gott danken, daß keiner gezwungen ist, gegen seinen Willen zu leben.‹ Doch dies sind falsche und heidnische Ansichten, profane stoische Paradoxa, böse Beispiele; *reclamat Christus, reclamat Scriptura,* [Christus und die Schrift], Gott und alle guten Menschen sind dagegen. Wer einen anderen ersticht, tötet seinen Leib, doch wer sich selbst erdolcht, tötet die eigene Seele.

Seneca gibt guten Rat: *irascere interfectori, sed miserere interfecti,* zürne ihm zurecht als Mörder, doch als Opfer erbarme dich seiner. So können wir über ihren Besitz und Leichnam verfügen, doch was aus ihrer Seele wird, vermag Gott allein zu sagen; Seine Gnade mag hinzutreten, *inter pontem et fontem, inter gladium et jugulum,* zwischen Brücke und Bach, Dolch und Kehle. *Quod cuiquam contigit, cuivis potest,* [was einem zugestoßen ist, kann jedem geschehen]. Wer weiß, wie stark seine Versuchung war? Es ist sein Fall, und kann doch Deiner werden: *quae sua sors hodie est, cras fore vestra potest.* Wir sollten mit unserer Verdammung nicht so schnell und streng bei der Hand sein wie manche; Nächstenliebe denkt und hofft immer das Beste. Gott sei uns allen gnädig!

ZWEITER TEIL
Heilung der Melancholie

Arzt, Patient, Arznei

UNTER den verschiedenen Gaben, die nach dem Zeugnis unseres Apostels Paulus Gott den Menschen verliehen hat, ist die Heilkunst nicht die geringste, sondern höchst notwendig, und sie trägt in besonderer Weise zum Wohle der Menschheit bei. Nächst Gott in all unseren Nöten (›denn die Arznei kommt von dem Höchsten‹, Sirach 38,2) müssen wir nach dem Arzt suchen und auf ihn bauen, denn er ist *manus Dei* [die Hand Gottes], sagt Hierophilus, und Gott hat ihm Wissen anvertraut, auf daß Er erhöht werde in Seinen wunderbaren Werken.[1] Es unterliegt daher keinem Zweifel, daß unsere Leiden, wenn wir pflichtgemäß einen Arzt rufen, gelindert werden können: ich meine einen, der fachkundig ist und den Namen zurecht führt; denn es wimmelt von Scharlatanen, Quacksalbern und Wunderdoktoren beinahe in jeder Straße, jedem Dorf, die sich diesen Namen anmaßen, und durch ihre niederen und bäurischen Gaukeleien eine edle und einträgliche Kunst in den Schmutz ziehen. Doch der Arzt, von dem ich spreche, ist wohlerprobt, gelehrt, geschickt, ehrbar, &c.

Für diese besondere Krankheit sollte nach dem Willen des Paracelsus derjenige, der sie zu heilen

1 Jesus Sirach 38: ›Die Kunst des Arztes erhöht ihn und macht ihn groß bei Fürsten und Herren.‹

unternimmt, zugleich Magier, Alchemist, Philosoph und Astrologe sein.[2] Astrologie halten auch andere berühmte Ärzte für erforderlich, so Ficino, Crato, Fernelius; andere bezweifeln ihren Nutzen oder lehnen sie ganz ab. Paracelsus dagegen geht soweit, daß er seinen Arzt für die Heilung des jeweiligen Patienten prädestiniert haben will, und daher Krankheit, Zeit der Heilung, und beider Horoskop prüft, und das Sammeln und Verabreichen der Heilkräuter astrologisch inspiziert; aber darin erscheinen er und seinesgleichen mir allzu unbedingt und selbstherrlich.

Doch was tue ich, was mische ich mich ein in Angelegenheiten, die über meinen Horizont gehen? Ein Blinder kann ebensowenig die Farben beurteilen, wie ich vermutlich diese Dinge. Nur so viel will ich von jedem Arzt verlangen: daß er ehrlich sei, und nicht übermäßig nachlässig oder geldgierig, oder harpyengleich den Kranken als seine Beute betrachtet: *carnificis namque est* (wie Wecker anmerkt) *inter ipsos cruciatus ingens pretium exposcere* [denn es ist eher Henkersart, mitten unter Qualen ein gewaltiges Gehalt einzufordern]; wie auch ein hungriger Wundarzt häufig seine Kur ausdehnt und in die Länge zieht, solang es noch irgend Aussicht auf Bezahlung gibt: *non missura cutem nisi plena cruoris hirudo* [erst dann läßt der Blutegel die Haut fahren, wenn er sich vollgesaugt hat]. Viele von ihnen traktieren, um sich etwas zu verdienen, jeden, der da kommt, mit Arznei, auch

2 *Horum multi non nisi a magis curandi et astrologis, quoniam origo ejus a coelis petenda est*
[Viele Patienten sind nur durch Magier und Astrologen zu heilen, da der Ursprung des Leidens im Himmel zu suchen ist].

wenn dazu kein Anlaß besteht, und tun auf diese Weise nichts anderes, als *irritare silentem morbum* [latenten Leiden zum Ausbruch verhelfen], wie Heurnius klagt.

Aufseiten des Patienten müssen mehrere Grundsätze notwendig beachtet und ständig angewendet werden. Erstens, daß er nicht zu knauserig sparsam mit seiner Börse umgeht, und so, weil er für sich selbst nicht kräftig in die Tasche greifen will, die eigene Gesundheit unterhöhlt, um Kosten zu sparen. Zum anderen, daß er nicht aus Schüchternheit sein Leiden verhehlt; wenn er etwas auf dem Herzen hat, so soll er es frei heraus sagen. *Stultorum incurata pudor malus ulcera celat* [die falsche Scham der Toren verbirgt ihre schwärenden Wunden]. Zur Heilung gehört, daß man die eigene Gesundheit will, und dies nicht erst in ferner Zukunft. Ein Drittes, das vom Patienten gefordert wird, ist sein Zutrauen: er muß guten Mutes sein und die sichere Erwartung hegen, daß sein Arzt ihm helfen kann; Damaszen der Araber verlangt ein Gleiches vom Arzte selbst: er soll fest darauf vertrauen, daß er seinen Patienten zu kurieren vermag, sonst wird seine Kur nichts fruchten, ja, er soll ihm sogar sichere Hilfe versprechen, oder ihn wenigstens daran glauben lassen.

Zum Zutrauen des Patienten dürfen wir noch Ausdauer, Folgsamkeit und Beständigkeit hinzufügen: er soll nicht den Arzt wechseln oder sich wegen jeder Kleinigkeit mit ihm überwerfen. Zu guter Letzt erscheint es nötig, daß der Patient nicht einfach munter an sich herumdoktort, ohne

Zustimmung eines anerkannten Arztes, oder daß er gleich ein Rezept an sich selbst ausprobiert, dessen Beschreibung er gerade in einem Buch gelesen hat; denn auf diese Weise verrechnen viele sich bös und ernten so mehr Schaden als Nutzen. Dies also sind die üblichen Warnungen, die mir beachtenswert scheinen; und wer sich daran hält, wird (wie Montaltus sagt) gewiß erhebliche Besserung, wenn nicht sogar gänzliche Heilung finden.

Schließlich ist die Medizin selbst zu bedenken: ›Der Herr läßt die Arznei aus der Erde wachsen, und ein Vernünftiger verachtet sie nicht.‹ (Sirach 38,4); ›und der Apotheker macht Arznei daraus‹ (v.8). Von solcher Arznei gibt es diverse und unendlich viele Arten, pflanzlicher, mineralischer, animalischer Herkunft, &c., und diese wieder mit verschiedener Wirkung: manche gut für einen, schädlich für einen anderen, andere schädlich an sich, jedoch sehr heilsam und gut, sobald sie durch Kunst gebessert sind, dazu einfache und gemischte Substanzen, &c.; all dies muß folglich besonnenen und geschickten Ärzten zur Handhabung überlassen werden, damit es durch sie zum Nutzen des Menschen wirkt. Zu diesem Zweck hat man Methoden und verschiedene Kunstregeln gefunden, um die Heilmittel auf ihre jeweiligen Wirkungen hin zu ordnen. Medizin (wie Hippokrates sie definiert) ist nichts weiter als Addition oder Subtraktion; gewiß wird sie für alle Krankheiten benötigt, sollte aber im Fall der Melancholie besonders sorgfältig angewendet werden, da dies Leiden (wie Mercurialis zugesteht[3]) in unserer Zeit gar so weit verbreitet ist und um so mehr Verständnis fordert.

Verschiedene Vorschriften und Methoden finde ich bei verschiedenen Autoren: manche unternehmen es, alle Leiden mit einer Arznei zu kurieren, die sie unterschiedlich anwenden, wie jenes Allheilmittel *aurum potabile* [flüssiges Gold], das so heiß umstritten ist in unseren Tagen, *herba solis* [Sonnenkraut], &c. Paracelsus führt alle Krankheiten auf vier Haupttypen zurück; diese sind Aussatz, Gicht, Wassersucht, Epilepsie. ›Sobald eines dieser vier Hauptübel geheilt ist‹ (sagt Ravelascus), ›sind gleichzeitig auch all die untergeordneten kuriert; und sie sprechen gemeinhin auf dieselbe Medizin an‹. Doch das ist zu allgemein gehalten, und wird zudem von manchen bestritten. Für das besondere Leiden der Melancholie, von dem ich jetzt sprechen werde, finde ich verschiedene Kuren, Methoden und Verschreibungen. Die gewöhnliche Einteilung ist dreifach, und ihr will ich folgen: *Diaetetica, Pharmaceutica,* und *Chirurgica,* also Behandlung durch Einwirkung auf die Diät oder Lebensweise, durch Medikamente und schließlich durch ärztliche Eingriffe.

[Ein großer Teil des zweiten Buches ist der Berichtigung der ›Diät‹ oder Lebensweise des Melancholikers gewidmet: der Begriff reicht von unzuträglicher Nahrung über klimatische Einwirkungen bis zu fehlgeleiteten Emotionen. Die Therapie der Schwermut wird so zur Enzyklopädie.]

---

3 *Haec affectio nostris temporibus frequentissima, ergo maxime pertinet ad nos hujus curationem intellegere.*

Der Mensch allein, sagt Cardano, ißt und trinkt auch ohne Appetit, folgt all seinen Lüsten ohne Veranlassung, *animae vitio* [durch die Verderbnis seiner Seele], und dies trägt ihm viele Unannehmlichkeiten ein. Denn es gibt keine Kost, wie gut und heilsam auch immer, die nicht, zur Unzeit oder unmäßig genossen, in größerer Menge, als sie der Magen verträgt, Unverdaulichkeit erzeugt und viel Schaden anrichtet. Deshalb rät Crato seinem Patienten, nur zweimal am Tage zu essen, und immer zu den festen Mahlzeiten, auf keinen Fall aber ohne Appetit oder auf vollen Magen, und einen Abstand von sieben Stunden zwischen Mittag- und Abendessen zu legen. Wenn wir diese Regel in unseren Kollegien einhielten, so wäre es weit besser um unsere Gesundheit bestellt; aber die tyrannische Gewohnheit hat dort sosehr das Sagen, daß wir es, aller guten Lebensart und den Geboten der Gesundheit zum Trotz, mit knapper Not bei fünfen bewenden lassen.

Die Melancholiker haben in der Regel guten Appetit, aber schlechte Verdauung,[4] und daher sollten sie dafür sorgen, daß sie sich hungrig vom Lager erheben. Lessius der Jesuit hält 12, 13, 14 Unzen an Brot, Fleisch, &c., oder in unseren nördlichen Ländern allerhöchstens 16 (für alle Studenten, Schwächlinge und solche, die ein müßiges, seßhaftes Leben führen) für eine voll ausreichende

4 *Multa appetunt, pauca digerunt* [sie haben auf vieles Lust, und verdauen wenig].

Tagesration, und empfiehlt ebensoviel, oder nur wenig mehr, zu trinken. Nichts plagt Körper und Geist ärger als ewige Nahrungszufuhr, das ständige fressen und Hinunterschlingen, wie viele es betreiben. Sehr ungünstig wirkt sich die Vielzahl an Speisen aus, da sie zur bekannten Störung der Körpersäfte führt. Unsere nördlichen Regionen sündigen besonders in dieser Hinsicht, und wir auf dieser Insel – *ampliter viventes in prandiis et coenis* [allzeit üppig tafelnd], wie Polydor bemerkt – sind große Esser, und schaden uns damit selbst. Wir halten es für einen Ruhmestitel, wenn einer Tag für Tag seine Tafel mit den vielfältigsten Speisen beladen läßt – doch merk auf Deinen Arzt: während Du da sitzt, zieht er Dich am Ohr und sagt Dir, nichts gesundheitsschädlicheres könne es geben als solche Vielfalt und Fülle.

Es lohnt sich ebenfalls, eine bestimmte Speisenfolge einzuhalten: ›Zuerst soll man flüssige Nahrung wie Suppen essen, auch Fisch und solche Speisen, die sich rascher im Magen zersetzen; festere, schwerverdauliche Kost muß zuletzt kommen.‹ Ich habe zu diesem Thema mancherlei Abhandlungen gelesen, und obgleich ich nicht weiß, wie manche Kranke darauf reagieren, würde ich doch für meine Person, wie auch generell für alle anderen, die römische Sitte eines kargen Mittagsmahls und ausgiebigen Abendessens empfehlen; all ihre Zurichtungen und Einladungen galten stets für den Abend, das Mittagessen wird kaum erwähnt.

Viele Gesichtspunkte könnte ich noch anführen, doch nach allem pro und contra ist Cardanos

Richtschnur die beste, uns nämlich ans Gewohnte zu halten, auch wenn es nicht viel taugt; uns in manchen Dingen von unserer Neigung und unserem Appetit leiten zu lassen, ist nicht verfehlt; warum nicht gelegentlich von einer schädlichen Speise essen, wenn es uns danach gelüstet? Alexander Severus liebte vor aller Nahrung Hasen und Äpfel, wie Lampridius in seiner Biographie berichtet; der eine Papst mochte Schweinefleisch, ein anderer Pfauen, &c.; hat es ihnen etwa geschadet? Ich schließe also und sage: unsere Erfahrung ist der beste Arzt.

Die Bereinigung der Luft. Mit einer luftigen Abschweifung

Wie ein langflügeliger Falke, kaum hat ihn der Jagdpfiff von der Faust des Falkners aufgescheucht, in die Höhe steigt und voller Lust einen Kreis nach dem anderen zieht, sich dabei hoch und höher schwingt bis zum äußersten Punkt, um dann, wenn die Beute aufgespürt ist, jäh herabzustoßen und sich unversehens wieder erdwärts zu wenden: so will ich nun, da ich endlich in die geräumigen, zu ergötzlichem Spielen und Schweifen ladenden Gefilde der Luft gelangt bin, eine Weile umhertollen, die Welt rings umwandern und hoch hinauffliegen zu den Sternen des Äthers und himmlischen Sphären, um mich danach wieder in meine ursprünglichen Elemente hinabzusenken.

Zuallererst möchte ich bei dieser Luftreise nachsehen, ob der Bericht des Mönchs von Oxford[5] über die Nordregion unter dem Pol zutrifft – wenn ich dabei *obiter* [nebenher] auf den Ewigen Juden, den Flugkünstler Elias oder Lukians Ikaromenipp treffe, so mögen sie mir als Führer dienen –; ob sich dort wirklich vier Meerengen befinden, und ein riesiger Fels aus Magnetstein, der die Kompaßnadel unweigerlich nach dieser Richtung ausschlagen läßt. Ob die See um den arktischen Pol offen und schiffbar ist und welcher Weg am besten dorthin führt; der des Holländers Bartison (der mir aus mehreren Gründen am meisten zusagt), oder der über die Davis-Straße oder Nova Zembla; ob Hudsons Entdeckung eines neuen Ozeans[6] wirklich stimmt; ob es irgendeine Möglichkeit gibt, über die Meerenge von Annam nach China zu kommen. Wenn dem so ist, so erfahre ich endlich, ob der Bericht des Venezianers Marco Polo über die großen Städte Quinsay und Cambalu Wahrheit oder Fabel ist; ob es diese Orte gibt, oder, wie der Jesuit Mateo Ricci schreibt, China und Cataia ein und dasselbe sind, der große Khan der Tartarei nichts anderes ist als der Kaiser von China, Chungking nichts anderes als Quinsay, und die Stadt Cambalu das neue Peking; und ob wirklich eine 400 Meilen lange Mauer China von der Tartarei trennt. Ob Guinea eine Insel ist oder Teil des Festlands, und ob des gierigen Spaniers Entdeckung der *Terra Australis Incognita* [des unbekannten Südkontinents] sich als ebenso wahr-

5 Nicolas de Lynna, der in Mercators Weltatlas erwähnt wird.
6 Im Jahr 1612.

haftig erweist wie die des Mercurius Britannicus, oder die von Utopia und Lucinia. Schouten und Le Meir haben gut daran getan, die Magellanstraße zu erforschen und so eine günstigere Durchfahrt zum Pazifischen Ozean zu finden: ich wollte, einige unserer modernen Argonauten würden alles erledigen, was sonst noch zu tun ist. Auf der Höhe von Madagaskar könnte ich wohl den großen Vogel Rok zu Gesicht bekommen, der einen Reiter samt Pferd oder einen ganzen Elefanten zu tragen vermag, und dazu den arabischen Phönix, wie ihn Adricomius beschreibt; ich würde die ägyptischen Pelikane sehen, und den skythischen Greif in Asien, und hernach in Afrika die Quellen des Nils untersuchen.

Ich würde die inneren Teile Amerikas erblicken: ob es wirklich die großartigen Städte Manoa oder Eldorado in diesem goldenen Reich gibt, und ob die Straßen dort ebenso verkehrsreich sind wie zwischen Madrid und Valladolid in Spanien; ob dort Amazonen leben (wie behauptet wird), oder in Chica riesenhafte Patagonier; und dazu den wundersamen Berg Ybouyapab im nördlichen Brasilien, *cujus jugum sternitur in amoenissimam planitiem* [dessen Höhe ein überaus fruchtbares Tafelland bildet], &c., oder den Pariacacca-Berg, der himmelhoch in Peru aufragt.

Ich würde das Kaspische Meer untersuchen, um zu sehen, wie und wohin es sich entleert; welchen Abfluß der See von Mexiko hat, oder der Titicacasee in Peru; desgleichen das *Mare Mortuum* [Tote Meer] in Palästina, der Trasimenische See unweit

Perugia in Italien, ja das Mittelmeer selbst: denn an der Meerenge von Gibraltar spürt man eine Strömung aus dem Atlantik ostwärts, ebenso am thrakischen Bosporus aus dem Euxinus oder Schwarzen Meer; dazu die großen Ströme Nil, Po, Rhone &c. – wie wird all dies Wasser verbraucht? durch die Sonne oder auf andere Weise? Ich wollte mit Trajan die Quellen von Donau, Ganges und Amur finden, die ägyptischen Pyramiden betrachten, Trajans Brücke, die Grotte der Sibylle, Lukullus' Fischteiche, den Tempel von Nidrosa, &c.; und wenn ich könnte, würde ich gern herausfinden, was mit den Schwalben, Störchen, Kranichen, Kuckucks, Nachtigallen, Rotschwänzchen und vielen anderen Singvogelarten geschieht, mit Wasservögeln, Falken, &c.: manche zeigen sich nur im Sommer, andere nur winters. In ganz Rußland gibt es im Winter keinen einzigen Vogel, im Frühjahr aber (sagt Herbastein) sind Wälder und Hecken mit einem Male voll von ihnen; wie mag das zugehen? Halten sie, wie Gesners Alpenmäuse, einen Winterschlaf? oder liegen sie (wie Olaus behauptet) auf dem Grund von Seen und Flüssen, *spiritum continentes* [und halten den Atem an]? Oft werden sie so von Fischern in Polen und Skandinavien gefunden, immer zwei zusammen, Mund an Mund, Flügel an Flügel; wenn der Frühling kommt, kommen sie wieder auf die Füße, auch wenn man sie an einen Ofen oder ein Kaminfeuer bringt. Oder folgen sie der Sonne?

Ich würde Alexander Piccolominis Argument, die Oberfläche der Erde sei größer als die des Meeres, nachprüfen, oder die Aussage des Archimedes, alle Wasseroberfläche sei eben. Zu erforschen wäre die Tiefe des Ozeans, um zu sehen, welche Vielfalt von Seeungetümen und Fischen, Nixen und Wassermännern, Seepferden, &c. er aufweist. Oder ob es wirklich zutrifft (worüber Giordano Bruno spottet), daß die See wegen ihrer höheren Lage das Festland überfluten müßte, wenn Gott sie nicht zurückhielte? Ich würde den wahren Sitz jenes Irdischen Paradieses erkunden, und wo Ophir gelegen hat, der Ort, dem Salomon sein Gold verdankte. All die Schwindeleien von Plinius, Solinus, Strabo, Sir John Mandeville, Olaus Magnus, Marco Polo würde ich Lügen strafen, alle Navigationsirrtümer bereinigen, die kosmographischen Karten reformieren und nach Möglichkeit die Einteilung der Längengrade verbessern.

Ich wollte mir einen geeigneten Ort suchen, um mit Orpheus, Odysseus, Herkules und Lukians Menipp[7] in die Tiefe hinabzusteigen: Sankt Patricks Fegefeuer, die Höhle des Trophonius, Hekla in Island, Ätna in Sizilien; und zu sehen, was in den Eingeweiden der Erde vor sich geht: wachsen dort weiter Steine und Metalle nach? Wie kommt es, daß man Fischgräten, Muscheln, Balken, Eisenbeschläge viele Klafter unter der Erde ausgräbt, und Anker aus Bergen, die meilenweit von jeder See entfernt sind? Anno 1460, bei Bern in der Schweiz, wurde in einem Erzbergwerk aus 50 Klafter Tiefe ein Schiff ausgegraben, in dem man 48 Menschenleiber, sowie allerhand Waren fand. Kam so etwas

7 In seiner *Nekyomanteia* [Totenorakel].

durch Erdbeben, oder durch Noahs Sintflut, wie man auf christliche Art vermuten könnte? oder gibt es eine wechselseitige Verkehrung von See und Land, wie Anaximenes einst behauptete, daß nämlich die thessalischen Berge sich in Meere verwandelt hätten, und die Meere wieder zu Bergen? Vielleicht sollte die ganze Welt neugeformt werden auf Wunsch der allgebietenden Mächte, ganz und gar umgekrempelt, wie wir es mit den Heuschobern im Herbst machen, das Unterste zuoberst oder das Oberste nach unten; oder wie wir Bratäpfel zum Feuer drehen, wollte man den Mittelpunkt der Welt verrücken.

Doch weiter: wenn der Erdumfang 21500 Meilen mißt, ihr Durchmesser von uns zu unseren Antipoden 7000 Meilen, was mag dieser ganze Raum einschließen? Was ist das Zentrum der Erde? Ist es nichts als reines Element, wie Aristoteles lehrt, bewohnt (nach Paracelsus[8]) von Geschöpfen, denen die Erde als Chaos dient? oder von Feen, so wie Wälder und Gewässer (seiner Ansicht nach) von Nymphen, die Lüfte von Geistern bevölkert sind? Oder ist es der Ort der Hölle, wie sie Vergil in seiner *Aeneis,* Plato, Lukian, Dante anschaulich vorstellen, und wie viele unserer Gottesgelehrten glauben? ›Was auch immer die Philosophen schreiben‹ (sagt Surius), ›es gibt bestimmte Höllenschlünde und Orte, die zur Bestrafung menschlicher Seelen eingerichtet sind, wie auf dem isländischen Hekla, wo die Geister der Abgestorbenen gemeinhin erscheinen und manchmal mit den Lebenden spre-

---

8 *Liber de Zilphis et Pigmeis* [Über die Sylphen und Zwerge]. Sie durchdringen die Erde wie unsereiner die Luft.

chen; Gott wollte solche Orte, damit die Sterblichen unzweifelhaft von der Existenz solcher Strafen nach dem Tod erführen und so Ihn recht fürchten lernten.‹

Doch andere wiederum verwerfen diese und dergleichen Zeugnisse als Fabeln und Geisterphantasien und wollen keinen ortsbekannten Platz solcher Art annehmen, ebensowenig wie den Styx oder Phlegeton, Plutos Hofhaltung oder jenes poetische Inferno, wo man Homers Seele an einem Baum hängen sah &c., und zu dem man sich in Charons Nachen übersetzen ließ. Nun denn, ist es die Hölle, oder das Fegefeuer (wie Bellarmin annimmt), oder *Limbus patrum* [der Limbo der Alten], wie Gallucius und Rusca meinen (denn sie haben Landkarten davon angefertigt), oder die gute Stube des Ignatius?[9] Virgilius, vor Zeiten Bischof von Salzburg (wie Aventinus, *anno* 745, berichtet) wurde von Bonifaz, dem Bischof von Mainz, zur Rechenschaft gezogen, weil er an die Gegenfüßler glaubte (für die Christus, so meinten seine Gegner, doch nicht gestorben sein könne), und so den Sitz der Hölle wegnahm oder doch derart verkleinerte, daß er in ein Mißverhältnis zum Himmel geriet; dies widersprach der Meinung von Augustin, Basilius und Lactantius, die der Erde die Form eines Rundtellers gaben, nicht aber einer Kugel; und Jerusalem, wo Christus starb, für dessen Mittelpunkt hielten; oder Delos, wie in der Einbildung der phantasievollen Griechen, weil Jupiter einst von den Enden der Welt

9 *Conclave Ignatii.*

im Osten und Westen zwei Adler fliegen ließ, die in Delos zusammenkamen.

Doch jene bonifazischen Bedenken wurden neuerdings durch die Theologen unserer Tage gründlich ausgeräumt: So erklärt Francisco Ribera, im 14. Kap. seiner *Apocalypsis,* die Hölle als stoffliches und ortsgebundenes Feuer im Mittelpunkt der Erde und gibt ihren Durchmesser mit 200 italienischen Meilen an. Lessius jedoch, *lib. 13, cap. 24, De moribus divinis,* setzt dieselbe Hölle wesentlich enger an, nur eine deutsche Meile im Durchmesser, ganz aus Feuer und Schwefel; denn, wie er bei der Gelegenheit nachweist, diese Ausdehnung in ihrer kubischen Potenz bildet eine Sphäre, die 800 Milliarden Leiber von Verdammten fassen könnte (wenn man jedem einen Platz von sechs Quadratfuß zuweist), und das ist mehr als ausreichend: *cum certum sit, inquit, facta subductione, non futuros centies mille milliones damnandorum* [da man doch ganz offenbar, bei ordentlicher Berechnung, nicht einmal auf 100 Milliarden Verdammte kommt]. Ich will die Streitfrage mit den Worten Augustins bescheiden: ›Besser über verborgene Dinge im Zweifel zu bleiben, als über Ungewisses zu rechten‹: wo Abrahams Schoß sei, wo das Höllenfeuer, &c.; *vix a mansuetis, a contentiosis numquam invenitur:* die Sanftmütigen werden es kaum herausfinden, und die Streitsüchtigen ganz gewiß nie.

Wir wollen mittlerweile lieber die Dinge *sub dio* [unter freiem Himmel] betrachten, und nach Möglichkeit den wahren Grund der Zufälle, atmosphärischen Erscheinungen und Veränderungen über der Erde herausfinden. Wie kommt es, daß in derselben geographischen Lage, auf demselben Breitengrad unter den *perioeci* [Anwohnern] so große Unterschiede an Boden, Charakter, Gesichtsfarbe, Bodenschätzen, Beschaffenheit der Luft &c. herrschen? Die Spanier sind weiß, die Italiener ebenso, während um das Kap der Guten Hoffnung lauter schwarze Mohren hausen, und doch sind alle gleichweit vom Äquator entfernt.

Moskau, am 53. Breitengrad, kennt äußerste Kälte, wie in solchen Nordländern üblich, und hat den ganzen Winter ununterbrochen strengen Frost; und auf dem 52. Grad herrscht oft, etwa in der Button Bai, strenger Frost und Schnee den ganzen Sommer lang, oder doch mit Unterbrechungen; dagegen ist England, in etwa auf derselben Breite, oder Irland, sehr feucht, warm und im Winter milder als Spanien, Italien oder Frankreich.[10] Ist es die See, die diesen Unterschied bewirkt, und die Luft, die von dorther weht? Unsere Himmelsstriche sind fruchtbar an Läusen, Ungarn und Irland stehen in dieser Hinsicht in üblem Ruf, doch kommt man auf die Azoren, so sind sie durch geheime Wirkungskraft der dortigen Luft unverzüglich vertilgt, wie Ortelius feststellt, und fast unser gesamtes europäisches Ungeziefer ebenso. Ägypten, vom Nil bewässert, liegt ganz in Meeresnähe, und doch regnet es dort selten oder nie; Rhodos, eine Insel von ähnlicher Natur, liegt wolkenlos da, während unsere Inseln ewig verhangen und eingefeuchtet sind.

---

10 *Regio quocumque anni tempore temperatissima* [ein zu jeder Jahreszeit denkbar milder Landstrich] – Ortel.

Und wie kommt, woraus erklärt sich jene *temeraria siderum dispositio,* die unverständliche (oder wie Epikur will, *fortuita,* zufällige) Verteilung der Sterne? Warum sind manche groß, andere klein? Warum sind sie so wirr, so ungleichmäßig über die Himmel verstreut, und gar so ungeordnet? In allen anderen Dingen ist doch die Natur gleichmäßig, harmonisch und zuverlässig; da gibt es nur *justae dimensiones et prudens partium dispositio* [rechte Ausmaße und sinnreiche Anordnung der Teile]; wenn im Gefüge des Menschen Augen, Ohren, Nase, Gesicht und Gliedmaßen symmetrisch geordnet sind, *cur non idem coelo opere omnium pulcherrimo?* [warum nicht ebenso am Himmel, dem allerschönsten Schöpfungswerk?]

Wer kann einen Grund für die Vielfalt von Himmelserscheinungen angeben? etwa dafür daß es manchmal Steine, Frösche, Mäuse, &c., ja Ratten regnet, die man in Norwegen *lemmer* nennt, und die (nach dem Zeugnis Münsters) unter den Augen der Einheimischen in trüben Schauern vom Himmel stürzen und hageln, um wie eine Heuschreckenplage alles Grün zu vertilgen.

P. Nonius Saluciensis und Kepler wollen beweisen, daß atmosphärische Erscheinungen, Wolken, Nebel, Ausdünstungen, in keinem Fall höher als fünfzig bis achtzig Meilen hinaufreichen, und daß alles übrige pure Luft oder Feuerelement sei: wogegen Cardano, Tycho und Johannes Pena augenscheinlich mithilfe von Brechung und anderen Argumenten widerlegen, daß es ein solches elementares Feuer überhaupt gibt. Wenn nach Tychos

Demonstration der Mond von uns 50 bis 60 Erdradien entfernt ist, und die Luft (nach Vorstellung des Peter Nonius) ein dichter Stoff, welches Verhältnis herrscht dann zwischen ihr und den anderen drei Elementen? Welchem Zweck dient sie? Ist sie, wie die Paracelsianer und Platoniker behaupten, voller Geister, die sie bewohnen, je höher, desto edler, oder voller Vögel, oder eine bloße funktionslose Leere? Tycho nimmt zwei verschiedene Stoffe für Himmel und Luft an; aber letztlich haben sie doch, mit kleineren Abweichungen, ein und dieselbe Vorstellung über Wesen und Substanz der Himmel: daß sie (im Gegensatz zur Ansicht der Peripatetiker) nicht hart, undurchdringlich und durchscheinend sei, und aus einer Quintessenz bestehe, ›sondern durchlässig, geschmeidig wie die Luft selbst, und daß die Planeten durch sie hindurchgleiten, wie Vögel durch die Luft, Fische durch die See.‹

Wenn die Himmel demnach durchlässig sind, wie diese Männer erklären, und ohne Hemmnis, so wäre es nicht verfehlt, sich für diese Luftreise Flügel anzufertigen und hinaufzufliegen, ein Kunststück, das jenem Türken (bei Busbequius) seine Mitbürger zu Konstantinopel allen Ernstes zutrauten, und das, wie mir scheint, irgendein neumodischer Kopf früher oder später aushecken wird; und wenn das nicht geht, so kann einer doch mit Galileos Glas oder den Flügeln von Lukians Ikaromenipp sich hinauf in die himmlischen Sphären schwingen und zusehen, was sich dort oben tut.

Laßt uns untersuchen *an coelum sit coloratum* [ob der Himmel buntfarbig ist]; ob wirklich die Größe, Entfernung und Anzahl der Sterne mit den Angaben der Astronomen übereinstimmt – 1026 oder 1725, wie Bayer entdeckt haben will; oder 29 Millionen, wie einige Rabbiner sagen; oder, wie Galileo durch sein Glas herausfand, unzählige, und daß jene *via lactea* [Milchstraße] ein verschwimmender Glanz aus lauter kleinen Sternen sei, die nebeneinanderstehen wie Nägel in einer Tür, oder in einer Reihe, wie die 12 000 maledivischen Inseln im Indischen Ozean; ob der kleinste sichtbare Stern in der achten Sphäre wirklich achtzehnmal größer ist als die Erde, und, wie Tycho ausrechnet, 14 000 Radien von ihr entfernt? *An aqua super coelum* [ob es oberhalb des Himmels Wasser gibt], wie Patricius und die Scholastiker annehmen, einen kristallinen Wasserhimmel, was sich nur auf die mittlere Region beziehen kann; sonst müßte das Wasser von Noahs Sintflut, wenn es von dort heruntergekommen wäre, über hundert Jahre gebraucht haben (gewissen Berechnungen zufolge), bis uns sein Fall erreicht hätte.

Oder, um alle geringeren Streitigkeiten als relativ unbedeutende Angelegenheiten zu übergehen, laßt uns das Hauptparadox von der Bewegung der Erde ansehen, das heute so heiß umstritten ist: Aristarch von Samos und Pythagoras vertraten es im Altertum, ebenso Demokrit, und viele ihrer Schüler. Didacus Astunica, Antonius Fascarinus, ein Karmeliter, und einige andere Kommentatoren unterlegen *Hiob, cap. 9, ver. 6,* diese Bedeutung:

Qui commovet terram de loco suo, &c. [Er bewegt die Erde aus ihrem Ort]; diese eine Bibelstelle soll mehr für die Erdbewegung beweisen als was alle anderen dagegen aussagen; aber Pineda widerspricht ihnen scharf und verwirft ihre Lesart. Doch ist diese Vorstellung seither von Kopernikus neubelebt worden, nicht als Wahrheit, sondern als Hypothese, wie er in seiner Vorrede an Papst Nikolaus eingesteht; und wird nun steif und fest vertreten von Calcagnino, Telesius, Kepler, Rotmann, Gilbert, Digges, Galileo, Campanella, und ganz besonders von Lansberg, *naturae, rationi et veritati consentaneum* [als natur-, vernunft- und wahrheitsgemäß], von Origanus und anderen ihrer Gefolgsleute. Denn wenn die Erde der Mittelpunkt der Welt ist und stillsteht, und die Himmel kreisen: *Quis ille furor?* &c. Was ist das für eine Raserei, sagt Dr. Gilbert, *satis animose* [einigermaßen gereizt], wie Cabeus vermerkt –, die die Himmel mit so unfaßbarer Geschwindigkeit in 24 Stunden herumwirbeln sollte? Ein vom Bogen geschnellter Pfeil müßte, wenn er dieselbe Schnelligkeit hätte, im Zeitraum eines Ave Maria siebenmal die Erde umrunden, oder sie 1884 mal in einer Stunde umkreisen, was *supra humanam cogitationem,* über menschliche Vorstellungskraft hinausgeht.

Um demnach diesen Unmöglichkeiten zu begegnen, schreiben sie der Erde eine dreifache Bewegung zu, setzen die Sonne regungslos in den Mittelpunkt der ganzen Welt, und lassen die Erde allein des Mondes Zentrum sein. Nun sagen sie zwar, nach den Grundsätzen der Optik entspräche tatsächlich die sichtbare Erscheinung der Planeten ihrer Größe und Bahn, und komme den mathematischen Beobachtungen und vorhergegangenen Berechnungen am nächsten; doch zwischen der Sphäre des Saturn und dem Firmament tut sich ein unglaublicher und unermeßlicher Raum[11] oder Abstand auf (7 000 000 Erdradien weit, wie Tycho ausrechnet), der sternenleer ist; und dazu müssen sie den Umfang der Sterne so gewaltig vergrößern und ihre Bahn derart ausweiten, um die üblichen Einwände im Hinblick auf Rückläufigkeit und Parallaxen der Fixsterne zu entkräften, daß ihre Vorstellung genauso der Vernunft und Naturphilosophie widerstreitet, und insgesamt ebenso absurd, unangemessen und (wie manche meinen) ungeheuerlich ist, wie der Glaube an den schnellen Himmelsumlauf der Sonne.

Doch *hoc posito,* gesetzt den Fall, sie haben recht mit ihrem Lehrsatz von der Erdbewegung: wenn die Erde umläuft, so ist sie ein Planet, und leuchtet ebenso für die Mondbewohner und alle anderen planetarischen Wesen, wie es der Mond und seinesgleichen für uns hier auf der Erde tun; und sie leuchtet in der Tat, wie Galileo, Kepler und andere nachweisen, und folglich müssen auch die übrigen Planeten, ebenso wie der Mond, bewohnt sein, was Kepler in seiner Auseinandersetzung mit Galileos *nuntius sidereus* [Sternenboten] ausführt; daß es nämlich Jupiter- und Saturnbewohner gibt, &c., daß all diese Planeten ihre eigenen Monde

11 Der voll von Planeten sein mag, die – wie jene um den Jupiter &c. – für uns unsichtbar sind.

um sich haben, wie die Erde den ihren, was ja Galileo auch schon durch seine Linsen ermittelt hat: vier um den Jupiter,[12] zwei um den Saturn, und mehrere um Mars und Venus; und den Rest hoffen sie noch zu entdecken, vielleicht sogar unter den Fixsternen, die Bruno und Brutius bereits nachgewiesen haben. Dann (so sage ich) zählt die Erde ebenso wie sie unter die Trabanten, ist bewohnt wie sie, wird gleich ihnen um die Sonne als das gemeinsame Weltzentrum gewirbelt; und vielleicht kamen jene beiden grünen Kinder, die Newburgh erwähnt,[13] und die zu seiner Zeit aus dem Himmel fielen, von dorther, ebenso der berühmte Stein, der in der Zeit des Aristoteles, in der 84. Olympiade, *anno tertio, ad Capua fluenta* [im 3. Jahr, an den Wassern von Capua] vom Himmel stürzte, wie Laertius und andere berichten; oder jenes *ancile* genannte Schild in der Zeit Numas, das Festus bezeugt.

Wir können gleichfalls mit Campanella und Bruno anfügen, was Pythagoras, Aristarchus Samius, Heraklit, Epikur, Melissus, Demokrit und Leukipp zu ihrer Zeit lehrten: daß es unendlich viele Welten gibt, und unendlich viele Erden und Weltsysteme *in infinito aethere* [in der Unendlichkeit des Himmels]. Denn wenn das Firmament von so unvergleichlicher Größe ist, wie diese kopernikanischen Giganten behaupten, *infinitum aut infinito proximum* [unendlich oder doch der Unendlichkeit ganz nahe], so gewaltig und mit unzäh-

12 Eine Reihe davon habe ich selbst mithilfe eines 8 Fuß langen Fernglases gesichtet.

13 *Rerum Angl., lib. 1, cap. 27: De viridibus pueris* [Über die grünen Knaben].

ligen Sternen angefüllt, daß sie unendlich sind in ihrer Ausdehnung, immer einer über dem anderen, einige höher, andere tiefer, einige näher, andere in größerer Entfernung, und so weit auseinander, und dabei so unermeßlich und riesenhaft, daß, angenommen, man entführte die ganze Saturnsphäre mit all ihrem Zubehör in den Fixsternhimmel: *totum aggregatum evehatur inter stellas* (wie Fromund von Löwen in seinem Traktat *De immobilitate terrae* argumentiert), *videri a nobis non poterat, tam immanis est distantia inter tellurem et fixas, sed instar puncti,* &c. [so wäre sie uns nur als ein Punkt sichtbar, so ungeheuer ist der Abstand zwischen der Erde und den Fixsternen, &c.]; wenn nun aber unsere Welt winzig ist im Vergleich dazu, warum sollten wir da nicht eine Vielfalt von Welten annehmen, wobei die unendliche Zahl am Firmament sichtbarer Sterne ebensoviele Sonnen wären, mit jeweils unbeweglichem Mittelpunkt; und diese ließen sich wiederum von ihren untergebenen Planeten, so wie die Sonne von den ihren, umtanzen.

Was spricht dagegen? Warum sollte eine unendliche Ursache (wie Gott) nicht unendliche Wirkungen hervorbringen? wie Nic. Hill, *Democrit. philos.* argumentiert. Kepler freilich will auf keinen Fall Brunos unendliche Welten einräumen, oder daß die Fixsterne lauter von Planeten umkreiste Sonnen sind, und doch scheint eben dieser Kepler, halb scherzhaft, halb im Ernst, in seinen *Fernrohren,* seiner *Mondgeographie, et Somnio suo,*[14]

14 *Lege Somnium Kepleri,* edit. 1635 [Lies Keplers *Traum,* hsg. 1635].

Dissertat. cum nun. sider. [und in seinem *Traum: oder Unterhaltung mit dem Sternenboten*] zum Teil dieser Einstellung zuzustimmen und ihr teilweise zu widersprechen: denn dort gesteht er zu, daß die Planeten bewohnt seien und bezweifelt dies nur für die Fixsterne; und desgleichen verfällt Tycho in seinen *Astronomischen Episteln,* in Ansehung ihrer Größe und Weite, in Reden von der Art, daß er nie und nimmer glauben könne, jene riesigen und gewaltigen Körper seien zu keinem anderen Zweck geschaffen, als den wir vor Augen haben: nämlich der Erde als Festbeleuchtung zu dienen – ein Punkt, der im Hinblick auf das Ganze ganz unerheblich sei.

Andere sprechen dreist, murren und wollen der Welt einreden (worüber Marinus Marcennus sich beklagt), unsere modernen Theologen seien zu streng und strikt gegen Mathematiker, dazu recht unwissend und dickköpfig, da sie die Wahrheit ihrer Demonstrationen und die Gewißheit ihrer Beobachtungen nicht zugeben wollten; sie gebärdeten sich tyrannisch gegen Kunst, Wissenschaft und alle Philosophie, indem sie die Frucht ihrer Mühen unterdrückten (sagt Pomponatius), ihnen Schreib- und Wahrheitsverbot erteilten, und all dies nur, um ihren eigenen Aberglauben zu erhalten, und aus Profitgier. Doch, um fortzufahren, diese und dergleichen unerhörte und verwegene Versuche, atemberaubende Schlußfolgerungen und Paradoxien müssen notwendig folgen, sobald man einräumt, was Rotman, Kepler, Gilbert, Digges, Origanus, Galileo verfechten: daß sich die Erde bewegt, daß sie ein mondartig leuchtender Planet ist, der in sich ›Land und Meer enthält, wie der Mond auch‹; denn sie entdecken mithilfe ihrer Ferngläser, daß von den *maculae in facie lunae* [Flecken auf dem Antlitz des Mondes] ›die helleren Teile das Land darstellen, die düsteren das Meer‹, was Thales, Plutarch und Pythagoras vor alters schon lehrten; und deutlich erkennen sie Berge, Täler und ähnliche Mulden, wenn wir Galileos Beobachtungen glauben und nachvollziehen wollen.

Doch um den Paradoxien der Erdbewegung aus dem Weg zu gehen (die die römische Kirche erst jüngst[15] als ketzerisch verdammt hat, wie aus den Schriften von Blancanus und Fromund hervorgeht), haben unsere modernen Mathematiker alle Steine gewälzt, die sich nur irgend rollen ließen; und um allen Augenschein und alle Einwände zu entkräften, haben sie frische Hypothesen ausgeheckt und aus ihren eigenen daedalischen Hirnen neue Weltsysteme fabriziert. *Dum vitant stulti vitia, in contraria currunt* [um einen Fehler zu vermeiden, verrennen sich die Toren in den entgegengesetzten].

Über alldem wird die Welt von ihnen in einer Decke geprellt, sie werfen die Erdkugel hoch und nieder wie einen Ball, und lassen sie nach Belieben stehen und gehen: einer sagt, die Sonne steht still; sie bewegt sich! ruft ein anderer; ein dritter tritt hinzu, nützt ihre Geistesabwesenheit aus, und beginnt, damit ja kein Paradox zuwenig im Umlauf ist, gewisse Flecken und Trübungen in der Sonne

15 Anno 1616.

zu entdecken. Fabrizius ortet nur drei, und allesamt mitten auf der Sonne; Apelles fünfzehn, und zwar außerhalb der Sonne schwimmend, wie die Cyanaeischen Inseln im Schwarzen Meer. So gehen Aristarch, so Hipparch, so Ptolemaeus, so Albateginus, so Tycho, so Ramerus, so Roeslin, so Francastorius, so Kopernikus und seine Anhänger, so Clavius und Maginus &c., samt ihren Gefolgsleuten streitsüchtig und gebieterisch mit diesen Himmelskörpern und -bahnen um, und während sich all diese Männer um Sonne und Mond in den Haaren liegen wie die Philosophen bei Lukian, ist zu fürchten, daß uns Sonne und Mond ganz den Rücken kehren, ebenso verärgert wie damals der Mond über jene, und daß sie irgendeinen neumodischen Ikaromenipp erneut mit der Botschaft zu Jupiter schicken, er solle all diesen spitzfindigen Streitereien ein Ende machen, und sie in alle Winde zerstreuen.

Doch weshalb sollten Sonne und Mond sich kränken oder an Mathematikern und Philosophen Anstoß nehmen, wenn die gleiche Behandlung Gott Selbst widerfährt, und zwar durch eine Bande von Aftertheologen? Ihnen genügt es nicht, Sonne und Mond anzuschauen, ihre Größe und größte Entfernung durchs Fernglas zu messen, ihre Bahnen zu kalkulieren oder den Mond nur im Traum, auf dem Weg einer poetischen Phantasie zu besuchen: nicht scherzhalber, sondern allen Ernstes müssen diese zyklopischen Riesenkerle Sphären, Himmel, Sterne, das Empyräum selbst überschreiten; sich immer höher hinaufschwingen, und zuschauen, was Gott Selbst treibt. Die jüdischen Talmudisten sehen es als ihre Aufgabe an, zu bestimmen, wie Gott Seine gesamte Zeit verbringt, indem er nämlich bald mit dem Leviathan spielt, bald die Welt überblickt &c., ganz wie Lukians Jupiter, der sich einen Großteil des Jahres damit vertrieb, Schmetterlingsflügel zu bemalen, nachzusehen, wer ihm gerade Opfer darbrachte, die nächsten Regenperioden festzulegen, und wieviel Schnee an dem oder jenem Ort fallen, oder wie der Wind in Griechenland, wie in Afrika stehen sollte.

Im türkischen Koran wird Mohammed auf einem eigens dazu entsandten Pegasus aus dem Bett und von der Seite seiner Frau in den Himmel entführt, und erst nach einer längeren Beratung mit Gott wieder auf dem Erdboden abgesetzt. Die Heiden zeichnen und verzerren Ihn auf tausend Arten; unsere Ketzer, Schismatiker, auch einige Scholastiker stehen darin freilich nicht weit zurück: manche malen Ihn in Gestalt eines alten Mannes, andere kartographieren den Himmel, zählen die Engel, und listen ihre jeweiligen Namen und Ämter auf; manche leugnen Gott und Seine Vorsehung ganz, andere nehmen Ihm Sein Amt aus den Händen und bestehen darauf, im Himmel zu binden und zu lösen,[16] freizusprechen, zu vergeben, zu begnadigen und Seine Quartiermeister zu spielen; manche stellen Seine Gottheit selbst in Frage, Seine Macht und Seine Attribute, Seine Gnade, Gerechtigkeit, Vorsehung: sie wollen mit Caelicius wissen,

16 Sie haben Trajans Seele aus der Hölle heraufgeholt, und sprechen heilig, wen immer sie wollen.

warum Gute und Böse in einem geschlagen werden, warum Krieg, Feuer, Pest alle ohne Unterschied heimsuchen, warum die Bösen florieren, während die Guten in Armut, Gefangenschaft, Krankheit und engen Verhältnissen dahindarben. Warum duldet Er soviel Unbill und Bosheit, wenn Er doch Abhilfe schaffen kann?[17]

Manche unterfangen sich, durch Gesichte und Offenbarungen mit Gott auf vertrautem Fuß zu verkehren, und Ihm in Seinem Geheimen Rat beizusitzen: sie kennen Zahl und Namen der Erwählten, wissen, wann das Weltende heranbricht, und zwar auf Jahr und Monat genau und was Gott sonst noch Sich Selbst und Seinen Engeln vorbehalten hat. Andere wieder, besonders spitzfindige Phantasten, wollen sogar noch mehr wissen und fragen mit Epikur, womit sich Gott vor Erschaffung der Welt beschäftigt hat: war Er müßig, wo hielt Er sich auf? Woraus hat Er die Welt erschaffen? Warum zu jenem Zeitpunkt und nicht schon früher? Wie verträgt sich, daß Er sie neu und endlich geschaffen hat, mit Seiner unwandelbaren, unendlichen Natur &c.? Wenn Gott unendlich gut und nichts als gut ist, warum sollte Er dann die Welt ändern oder vernichten? wenn Er zugrunderichtet, was gut war, wie kann Er dann gut bleiben? Reißt Er sie aber nieder, weil sie schlecht war, wie kann Er dann als Schöpfer des Bösen vom Bösen frei sein? &c., mit vielen anderen abgeschmackten und hirnverbrannten Fragen und Faseleien,

---

17 *Vel malus vel impotens, qui peccatum permittit, &c.; unde haec superstitio?* [Böse oder machtlos sei, wer das Übel zuläßt; woher dieser Wahn?]

Abschaum von Menschenwitz und Auswurf der Wißbegierde, &c., – lauter Dinge, von denen unser Heiland Seinen vorwitzigen Jüngern sagte, es sei ihnen abträglich, sie zu wissen.

Doch holla! da bin ich schon über alle Berge, und ganz schwindlig vor lauter Umherschweifen! Ich hätte mich ja noch weiter hinauswagen können, doch ich bin nichts als ein Anfänger, und unbegabt, in solche Abgründe hinabzutauchen und solche Tiefen auszuloten;[18] nicht fähig, zu verstehen, noch weniger, zu debattieren. Ich überlasse die Betrachtung dieser Dinge robusteren Köpfen, die mehr Talent und glücklichere Muße haben, sich auf derartige philosophische Mysterien einzulassen; denn selbst angenommen, ich wäre ebenso fähig wie willens, was kann schon ein einzelner ausrichten? Ich schließe also mit Scaliger: *Nequaquam nos homines sumus, sed partes hominis; ex omnibus aliquid fieri potest, idque non magnum; ex singulis fere nihil* [Keineswegs sind wir ganze Menschen, nur Teile eines Menschen: aus allen zusammen kann etwas werden, wenn auch nicht viel; aus einem allein, nichts].

Doch mein melancholischer Jagdhund hat wieder Beute gesichtet und aufgescheucht, und ich muß rasch aus der Höhe hinabsteigen, um ihr nachzusetzen. Folgende Worte Galens zitiert Jason Pratensis im Melancholie-Kapitel seines Buches *De morbis capitis:* ›Sie sollen mich aufsuchen, um ihre Diät in Essen und Trinken zu erfahren, und außer-

18 *Ut me pluma levat, sic grave mergit onus* [während mich meine Feder in die Höhe trägt, drückt mich die Schwere der Aufgabe zu Boden].

dem will ich sie lehren, welche Art von Luft ihnen als Umgebung zuträglich ist, welchen Wind, welchen Landstrich sie wählen, und welchen sie meiden müssen‹. Aus diesen Zeilen dürfen wir folgern, daß zur Heilung der Schwermut unter anderem die Bereinigung der Luft eine unabdingbare Voraussetzung ist. Das Klima verändert nicht so sehr Sitten, Gebräuche und Geist, wie körperliche Konstitution, ja das Temperament selbst. Dies sehen wir durch Erfahrung an allen besonderen Landesteilen erwiesen: wie die Luft, so die Bewohner – stumpf, schwerfällig, oder witzig, scharfsinnig; fein und elegant, oder verbauert; kränklich oder gesund.

Der beste Boden beschert uns meist die schlechteste Luft: ein trockener, sandiger Platz ist für den Hausbau am günstigsten, besonders wenn er mehr am Hang als in der Ebene liegt, hügelreiches Land wie in den Cotswolds, das nun einmal zur Jagd und Falknerei, sowie den Freuden von Wald, Wasser und sonstiger Lustbarkeit am meisten taugt. Perigord in Frankreich ist unfruchtbar, doch aufgrund seiner vorzüglichen Luft und der Annehmlichkeiten, die es bietet, wird es mit Vorliebe vom Adel bewohnt; das gleiche gilt für Nürnberg in Deutschland und Toledo in Spanien. Unser Landsmann Tusser geht so weit, zu sagen, das Ackerland diene dem Nutzen, das bewaldete Land dem Vergnügen und der Gesundheit; das erste besteht meist aus schwerem Lehm, und ist daher abscheulich im Winter und macht schlechte Landstraßen; das andere aus trockenem Sand. Vorräte lassen sich unschwer von anderswo herbeischaffen, und unsere Städte können sich in bewaldeter Gegend meist leichter ausbreiten als auf Ackerboden, sind belebter, volkreicher, und als Wohnsitze für Standespersonen eher anziehend. Sutton Coldfield in Warwickshire (wo ich einst auf die Lateinschule ging) kann dafür als hinreichendes Beispiel dienen, denn es liegt, wie Camden bemerkt, *loco ingrato et sterili* [an einem wenig anmutigen und unfruchtbaren Ort], doch in ausgezeichnetem Klima, und ist reich an Annehmlichkeiten aller Art.

Ebenso befindet sich Seagrave in Leicestershire (eine Stadt, die mir jetzt mit Grund ans Herz gewachsen ist[19]) im offenen Land am Rand der Hügel, in weniger fruchtbarer Lage als die Dörfer ringsum, und doch besitzt kein Ort bessere Luft. Im Hinblick auf die Gesundheit ist die beste Wohnlage an einem hochgelegenen Platz mit reizvoller Aussicht, wie Cuddesdon in Oxfordshire (ein Ort, den ich *honoris causa* erwähnen muß); vor kurzem erst schön erbaut[20] mit guter Luft, guter Aussicht, gutem Boden, findet es nach Nutzen und Annehmlichkeit nicht leicht seinesgleichen.

Wenn es nicht möglich ist, den Wohnsitz zu wechseln, so hilft doch die gute Wahl eines Schlafraums oder Zimmers, das Öffnen und Verschließen von Fenstern im passenden Augenblick, um unzuträglichen Zug und Wind fernzuhalten, und

---

19 Denn ich bin derzeit Inhaber der dortigen Pfarrstelle, die mir von meinem sehr Ehrenwerten Gönner, Lord Berkley, anvertraut wurde.

20 Von John Bancroft, Doktor der Theologie, meinem einstigen Lehrer in Christ Church, Oxford, jetzt Hochwürdigem Lord Bischof von Oxford, der dieses Haus für sich und seine Nachkommen errichtet hat.

zur rechten Zeit ein Spaziergang an der frischen Luft. ›Klare Luft erquickt die Lebensgeister, und stimmt den Sinn heiter; ist sie dick, dunkel, neblig, stürmisch, so verkrampft sie, wirft nieder‹. Deshalb ist sehr darauf zu achten, wann wir ausgehen, wie wir unsere Fenster, Lichtquellen und Behausungen plazieren, wie wir die umgebende Luft einlassen oder ausschließen. Viele ausgezeichnete Mittel sind erfunden worden, um die Natur mithilfe der Kunst zu verbessern. Wenn keines dieser Mittel hilft, ist es am besten, auf künstlichem Weg gute Luft zu erzeugen:[21] mit Rosen, Veilchen und süß duftenden Blumen auf dem Fenstersims, und Blumensträußen in der Hand. Laurentius empfiehlt Seerosen, dazu ein Gefäß mit warmem Wasser, das im Raum verdunstet: es duftet um so köstlicher, wenn man Orangenblüten, Zitronenschalen, Rosmarin, Nelken, Lorbeer, Rosenwasser, Rosenblüten, Benzoe, Ladanum, Styrax und dergleichen Harze hineingibt, die einen angenehmen und einschmeichelnden Duft verbreiten. Bessardus Bisantinus rät melancholischen Personen eher zum Rauch von Wacholder, woran wir hier in Oxford großen Bedarf haben, um unsere Studierstuben aufzufrischen. Guianerius empfiehlt, die Luft mit Wasser, in dem süße Kräuter verkocht werden, Wein- und Weidenblättern, &c. zu befeuchten, und den Boden sowie die Bettpfosten mit Rosenwasser und Rosenessig zu besprengen,[22] was Avicenna ausdrücklich gutheißt. An Farben sollte man Grün,

---

21 *Aer sit lucidus, bene olens, humidus* [die Luft sei hell, wohlriechend und feucht].

22 *Pavimentum aceto et aqua rosacea irrorare.* – Laurent., *cap. 8.*

Rot, Gelb und Weiß vor Augen haben, und unbedingt genug Licht, Fenster bei Tag, Wachskerzen in der Nacht, saubere Schlafräume, ein gutes Feuer im Winter, dazu fröhliche Gesellschaft; denn obgleich melancholische Personen gern allein und im Dunklen sind, wirkt doch die Dunkelheit als schlimmer Verstärker der Stimmung.

Obgleich unsere gewöhnliche Luft von Natur oder durch kunstreiche Zubereitung gut genug ist, schadet es (wie gesagt) gar nichts, sie immer wieder einmal zu wechseln: keine bessere Medizin für einen Melancholiker als Klimaveränderung und Abwechslung des Ortes, wenn man durch die Welt reist und andere Sitten sieht. Paulus Aemilius, der berühmte römische Feldherr, nachdem er Perseus, den letzten König von Mazedonien, besiegt und endlich seinen lästigen Feldzug abgeschlossen hatte, begab sich (wie Livius beschreibt), obgleich er lang von Rom ferngeblieben war und dort sehr vermißt wurde, um den Herbstanfang auf eine kurzweilige Wanderschaft durch ganz Griechenland. Über Thessalien zog er nach Delphi, von dort nach Megaris, Aulis, Athen, Argos, Sparta, Megalopolis, &c. Er schöpfte große Befriedigung, ja Freude im Übermaß aus dieser Reise: und wem, der etwas dergleichen unternimmt, ginge es nicht ebenso? auch wenn er sich *ad jactionem magis quam ad usum reipublicae* (wie es ein Autor treffend ausdrückt) bewegt, also eher, um zu prahlen, zu staunen, reizvolle Anblicke und Gebräuche zu beobachten, seine Zeit mehr zum eigenen als zum öffentlichen Wohl einzusetzen (wie es so vielen unserer Kavaliere geht, die ihre besten Tage, samt Besitz, guten Sitten, Ehrbarkeit und Frömmigkeit verreisen), so ist das Ganze doch nicht ohne Nutzen. Denn Wanderschaft entzückt unsere Sinne mit so unaussprechlich erquickender Abwechslung, daß einige jeden für unglücklich erklären, der sich nie auf Reisen begab, und den als Trauerfall beklagen, der von der Wiege bis zur Bahre immer nur dasselbe sieht: immer und ewig dasselbe, ein und dasselbe.

Schon eine gute Aussicht wird die Schwermut lindern, wie Gomesius, *lib. 2, cap. 7, De sale,* feststellt. Die Bürger von Barcino, schreibt er, die im übrigen zusammengepfercht, melancholisch und ohne viel Bewegung dahinvegetieren, erquicken sich sehr an der gefälligen Aussicht ihrer Stadt auf das Meer, die – ähnlich der Lage des alten Athen mit Aegina, Salamis und vielen anderen reizvollen Inseln – alle Abwechslung unterhaltsamer Anschauung bietet; ähnlich geht es den Bewohnern von Neapel und Genua, wenn sie vom Fenster aus all die Schiffe, Boote, und Fahrgäste vorüberziehen sehen, da ihre ganze Stadt auf einem Abhang liegt, wie auch Pera bei Konstantinopel, so daß beinahe jedes Haus freie Schau auf das Meer hat, so wie manche Teile Londons auf die Themse; oder denen, die mit einem Blick volle Aussicht über ihre ganze Stadt genießen, wie im spanischen Granada und im afrikanischen Fez, wo der Fluß zwischen Abhängen hindurch fließt, und die Steile des Ortes es fast jedem Haus erlaubt, alle anderen zu übersehen und von allen gesehen zu werden.

Jede beliebige Gegend ist reich an solch herrlichen Aussichten,[23] sowohl im Binnenland wie an der Küste, wie Hermon und Ramah in Palestina, Collalto in Italien, die Höhe des Taygetos, oder Akrokorinth, die alte verfallene Feste oberhalb Korinth, von der aus man *semel et simul,* auf einen Blick den Peloponnes, Griechenland, die Jonische und Aegaeische See erfassen kann. In Ägypten hat man von der abgeflachten Spitze der großen Pyramide in 900 Fuß Höhe, oder vom Sultanspalast in Kairo aus, da das Land eben ist, einen wunderschönen Ausblick auf den Nil und die große Stadt, die sich über fünfmal zwei italienische Meilen am Fluß entlang erstreckt; vom Zionsberg in Jerusalem aus wird das Heilige Land in allen Richtungen sichtbar. Solche erhöhten Ausgucke gibt es unzählige: bei uns sind die bekanntesten der Turm von Glastonbury, Box Hill in Surrey, das Schloß von Bever, Rodway Grange, und Walsby in Lincolnshire, wo ich jüngst eine große Wohltat erfuhr, durch die Freigebigkeit meiner Sehr Ehrenwerten und Edlen Gönnerin, der Lady Frances, Verwitweten Gräfin von Exeter;[24] und ganz besonders zwei unter den übrigen, die ich aus Gründen der Nachbarschaft nicht übergehen darf: Oldbury an der Grenze von Warwickshire, wo ich oft entzückt um mich geschaut habe, denn am Fuß seiner Höhe bin ich geboren;[25] und Hanbury in Staffordshire, an das ein hübsches Dorf mit Namen Falde angrenzt:

---

23 *Laudaturque domus longos quae prospicit agros* [Glücklich das Haus, das weit über die Felder hinwegblickt].

24 Vor kurzem aus besonderen Gründen zurückgegeben.

25 In Lindley, Leicestershire, dem Wohnort und Besitz meines verstorbenen Vaters, Ralph Burton, Esquire.

ein altes Erbe unserer Familie, und heute im Besitz meines älteren Bruders, William Burton, Esquire.

Der Schotte Barclay empfiehlt den Ausblick vom Turm von Greenwich als einen der besten in Europa, denn auf der einen Seite sieht man London, und die Themse, Schiffe und liebliche Auen auf der anderen. Andere wieder preisen ebenso, und noch mehr den Kirchturm von Sankt Markus zu Venedig. Freilich geht solche Aussicht allzusehr in die Ferne; manche Menschen werden eher und besonders stark durch die Anschauung naher Gegenstände berührt: es freut sie, Passanten auf einer großen Straße oder Boote auf einem Fluß vorüberziehen zu sehen, *in subjectum forum despicere,* auf einen Markt oder Jahrmarkt herabzublicken, oder aus einem angenehm gelegenen Fenster auf eine verkehrsreiche Straße, um einen ständigen Auflauf zu beobachten, eine buntgemischte Masse, ein andauerndes Kommen und Gehen, oder eine Zuschauermenge im Theater, bei einem Maskenspiel oder sonstiger Schaustellung.

Doch ich schweife allzusehr aus; der langen Rede kurzer Sinn: Vielfältige Betätigung, Gegenstände, Klimata und Orte sind vorzügliche Mittel gegen diese Krankheit und alle sonstigen, gut für den Menschen, nicht minder gut für das Vieh; Kaiser Konstantin, *lib 18, cap. 13, Ex Leontio,* hält sie für die einzige Kur gegen Schafsräude und alle anderen Tierseuchen.

Die rechte Übung für Leib und Geist

Die himmel selbst ziehen beständig ihre Kreisbahn, die Sonne geht auf und versinkt, der Mond rundet sich und nimmt ab, Fixsterne und Planeten halten ihre nie unterbrochene Bewegung ein, immerzu wird die Luft von Winden gerüttelt, es ebben und fluten die Wasser, gewiß um sich selbst zu erhalten, doch auch, um uns zu lehren, daß stete Bewegung nottut. Daher weist Hieronymus den Mönch Rusticus an, sich ständig dem einen oder anderen Geschäft zu widmen, ›damit der Teufel ihn nicht müßig finde‹. Xenophon rät jedem, sich lieber mit Brett- und Würfelspiel oder Hanswurstpossen abzugeben (obgleich er eine viel bessere Beschäftigung finden könnte) als gar nichts zu tun. Die Türken verpflichten alle Menschen, welchen Standes auch immer, irgendeine Tätigkeit auszuüben, und nehmen selbst ihren Sultan davon nicht aus. Doch bei uns ist das Wappen des Adligen der Müßiggang: ohne Arbeit und ohne Beruf, denn das wäre eine Beleidigung seiner hohen Geburt, als bloßem Zuschauer, als Drohne, *fruges consumere natus* [zum Verzehr fremder Früchte geboren], fehlt ihm die Erfüllung durch eine notwendige Aufgabe in Kirche und Staat (einige wenige Regierende immer ausgenommen); ›sich nur zum Essen zu erheben‹, &c., seinen Tag mit Jagd, Falknerei &c. und dergleichen Zeitvertreib und Lustbarkeit hinzubringen (was unsere Moralisten tadeln), das ist fast die einzige Beschäftigung und gewöhnliche Tätigkeit unseres Adels; darin allerdings ist er ganz unermüdlich.

Und daher kommt es, daß in Stadt und Land neben anderen schlimmen Beschwerden von Leib und Geist diese verheerende Schwermutsseuche so häufig wütet und heute fast in ganz Europa unter unseren Großen grassiert. Sie verstehen nicht, ihre Zeit zu nutzen (außer zu Vergnügungen, die ihr einziges Geschäft sind), wissen nicht, was tun, was mit sich anfangen: ganz wie unsere modernen Franzosen, die lieber einen Liter Blut im Duell vergießen als einen Tropfen Schweiß in ehrbarer Arbeit. Weder läßt sich Reichtum leichthin, ohne Anstrengung und Fleiß, erwerben, noch Gelehrsamkeit ohne Lernen, und ebensowenig können wir unsere Gesundheit ohne Übung des Leibes bewahren. Der für solche Bewegung am besten geeignete Zeitpunkt liegt kurz vor dem Mittag oder Abendessen, oder wann immer der Magen leer ist.[26] Über die Art dieser Übung gibt uns Galen, *lib. 2 & 3, De sanit. tuend.*, Auskunft, und über das Ausmaß ebenfalls: ›bis der Körper sich anschickt, zu schwitzen‹ und ganz munter geworden ist; andere raten *ad ruborem, non ad sudorem* [bis zur Rötung, nicht bis zum Schwitzen], damit es den Leib nicht zusehr ausdörrt; wieder andere empfehlen für eine bestimmte Zeit so nützliche Tätigkeiten wie Garten-Umgraben, Pflügen und dergleichen.

Unter den Leibesübungen empfiehlt Galen *ludum parvae pilae,* das Ballspiel, sei es mit der Hand

26 *Alimentis in ventriculo probe concoctis* [wenn die Speisen im Bäuchlein ordentlich verdaut sind].

oder mit einem Schläger, auf Tennisplätzen oder anderswo; es bringt alle Körperteile in Bewegung, und ist sehr gesund, solange man nicht allzu sehr in Schweiß gerät. Es war vor alters bei Griechen, Römern und Barbaren recht beliebt, und wird bei Homer, Herodot und Plinius erwähnt. Manche schreiben, Aganella, ein schönes Mädchen aus Kerkyra, habe das Spiel erfunden, denn sie überreichte den ersten Ball, der je verfertigt wurde, Nausikaa, der Tochter des Königs Alkinous, und zeigte ihr, wie er zu gebrauchen sei.

Die gewöhnlichen Vergnügungen außer Haus sind Falknerei und Jagd; *hilares venandi labores* [die fröhlichen Mühen des Jagens], wie sie ein Autor nennt, weil sie Körper und Geist erquicken. Xenophon schmückt sie in seiner Kyropädie mit einem hohen Namen: *deorum munus,* Geschenk der Götter, eine fürstliche Unterhaltung, wie sie die Fürsten von jeher gepflegt haben.

Es gibt noch viele andere Arten von Sport und Erholung, die gang und gäbe sind, wie Glocken läuten, Kugelschieben, Bogenschießen (zu dessen Lob Ascham ein wohlbegründetes Buch verfaßt hat, und das in früherer Zeit als Übung zur Verteidigung und Ehre unseres Landes gesetzlich vorgeschrieben war, eine Bedeutung, die unsere Siege in Frankreich stolz bezeugen);[27] Kegeln, Krocket, Ringewerfen, Ballschleudern, Barrenturnen, Hockey, Ringen, Springen, Rennen, Fechten, Paradieren, Schwimmen, Prügelspiel, Degen, Fußball,

---

27 *Praecipua hinc Anglis gloria, crebrae victoriae partae* [ein besonderer Ruhmestitel für die Engländer, und Ursache zahlreicher Siege].

Ballonspiel, Quintanenrennen, und noch vieles andere dieser Art, womit sich die Menschen auf dem Land gemeinhin die Zeit vertreiben; und dann das Reiten edler Pferde, Ringelstechen und Lanzenbrechen, Turnieren, Pferderennen, Wildgänsejagen, die Lustbarkeiten größerer Herren, und an sich durchaus zuträglich, obgleich manche Herrschaften auf diesem Weg ihr ganzes Vermögen vergaloppieren.

Doch der allerbeste Frischluft-Zeitvertreib ist der des Aretaeus: *deambulatio per amoena loca* [in gefälliger Gegend zu lustwandeln], ein kleiner Spaziergang, von Zeit zu Zeit eine unterhaltsame Reise mit guten Gefährten, um Freunde zu besuchen, Städte, Burgen und Märkte zu beschauen,

Visere saepe amnes nitidos, peramoenaque Tempe,
Et placidas summis sectari in montibus auras;
Kristallene Bäche, grüne Täler sehn,
Und reine Luft atmen auf Bergeshöhn;

in Obstpflanzungen und Gärten zu spazieren, in schattigen Gängen und Lauben, auf Hügeln, in künstlicher Wildnis, grünem Dickicht, unter Bögen und Bäumen, über Rasen, an Bächlein, Brunnen und köstlichen Orten dieser Art (wie in Daphne bei Antiochia), an Flüssen, Teichen, Fischweihern, zwischen Wald und Gewässer, auf einer schönen Wiese, am Uferrand, *ubi variae avium cantationes, florum colores, pratorum frutices* [unter einer Vielfalt von Vogelgezwitscher, bunten Blumen und Buschwerk], &c.; sich auf einer gefälligen Ebene oder in einem Park zu ergehen, bisweilen einen steilen Berg zu besteigen oder auf einer schattigen Bank zu sitzen, all dies ist ohne Frage eine köstliche Erholung.

Wäre einem unvermittelt der Anblick eines Palastes von der Art des spanischen Escorial vergönnt, oder jenes Schlosses, das die Mauren in Granada errichtet haben, von Fontainebleau in Frankreich oder dem Serailgarten des Großtürken (worin die verschiedensten Vögel und Tiere zum Vergnügen gehalten werden, Wölfe, Bären, Luchse, Tiger, Löwen, Elephanten, &c.) – der Betrachter, und wäre er von noch so grämlicher Natur, könnte für den Augenblick nicht anders als sich wunderbar erquickt fühlen; und ein gleiches gilt für viele unserer herrschaftlichen Gärten im eigenen Land.

Sich an einem schönen Abend ein Boot nehmen und mit Musikbegleitung über das Wasser zu rudern, was Plutarch warm empfiehlt und wovon sich Aelian so begeistert zeigt – auf dem Peneusfluß durch die lorbeerbestandenen thessalischen Felder, wo die Vögel so süß singen, daß die Reisenden, von ihrer gleichsam himmlischen Musik hingerissen, *omnium laborum et curarum obliviscantur,* sogleich alle Drangsal, Mühe und Sorgen vergessen; oder in einer Gondel durch den Canale Grande zu Venedig zu gleiten, vorbei an so vielen herrlichen Palästen – so etwas muß jeden dumpfen Melancholikergeist ermuntern und mit Freude erfüllen.

So wie jede Stadt ihre Sportarten und erhosamen Beschäftigungen hat, bietet auch das Land seine eigenen Unterhaltungen: Maifeiern, Feste, Kirchweihen, und frohe Zusammenkünfte zur allgemeinen Belustigung; ja, das Landleben selbst ist für manche Erholung genug und Gelegenheit, ein wahres Patriarchenglück zu erleben. Der Kaiser Diokletian war davon so angetan, daß er sein Szepter aus der Hand gab und Gärtner wurde. Konstantin schrieb zwanzig Bücher über die Landwirtschaft. Lysander war, als ihn die Gesandten besuchten, auf nichts so stolz wie auf seinen Obstgarten: *Hi sunt ordines mei* [hier stehen meine Schlachtreihen]. Was soll ich erst von Cincinnatus, Cato, Cicero und vielen anderen sagen? Wieviel Gefallen fanden sie an dieser Lebensweise, daran, zu stutzen, pflanzen, okulieren und pfropfen und so viele verschiedene Arten von Birnen, Äpfeln, Pflaumen, Pfirsichen, &c. zu ernten. Und wenn mein eigenes Zeugnis etwas gelten dürfte, müßte ich ähnliches von mir selber sagen: ich bin *vere Saturnius* [ein wahrer Liebhaber des Landes]; nie hat sich einer mehr an Quellen, Wäldern, Hainen, Gärten, Spazierwegen, Fischteichen, Flüssen &c. erfreut. Jedoch

Tantalus a labris sitiens fugientia captat flumina;

[Dürstend greift Tantalus nach Wassern, die den Lippen entgleiten], und mir geht es ebenso; *velle licet, potiri non licet* [ich kann wollen, aber nicht erlangen].

Die gewöhnlichen Unterhaltungen, die uns im Winter und in unseren einsameren Zeiten zur Verfügung stehen, um unseren Geist zu beschäftigen, sind Karten, Tricktrack und Würfel, Beilke, Schach, Philosophenspiel, Federball, Billiard, Musik, Maskeraden, Gesang, Tanz, Weihnachtsspiele, Possen, Scherze, Rätsel, Rundgesänge, Frage und Antwort, unterhaltsame Geschichten[28] von fahrenden Rittern, Königinnen, Liebenden, hohen Herren und Damen, Riesen und Zwergen, Räubern, Hexen, Feen, Kobolden, Klausnern, &c., wie die Geschichte von Psyche, die die Alte bei Apuleius erzählt, Boccaccio-Novellen und dergleichen, *quarum auditione pueri delectantur, senes narratione,* wie sie die Jungen gern hören, die Alten gern erzählen, zur allgemeinen Belustigung.

Tanzen, Singen, Maskenspiel, Mummenschanz, Schaustellerei sind, mögen einige strenge Catos sie auch noch so heftig verdammen, durchaus achtenswert, wenn sie zur rechten Zeit und mit Maßen betrieben werden. *Melius est fodere quam saltare* [besser graben als springen] meint Augustin; aber was hilft das, wenn sie nun einmal Lust darauf haben? *Nemo saltat sobrius* [in nüchternem Zustand tanzt keiner], aber um welche Art von Tanz geht es? Ich weiß, daß diese Belustigungen viele Feinde haben, daß schon ganze Bände gegen sie geschrieben worden sind, doch was immer sie sagen, ist (recht betrachtet) nur *ignoratio elenchi* [Unkenntnis des Gegenbeweises]; und manche wiederum, weil sie selbst schon erkaltet, verbissen, und über das Alter hinaus sind, benörgeln alle Jugend-Lustbarkeit an den anderen, wie der Sauertopf in der Komödie; sie meinen *illico nasci senes* [gleich als Grauköpfe geboren zu sein], &c. Andere in ihrem kreuzverkehrten Glaubenseifer bringen immerzu kindische Argumente an und möchten wegen eini-

28 *Brumales laete ut possint producere noctes*
[auf daß sie uns die Winternächte heiter vertreiben].

ger Mißbräuche den guten Gebrauch ganz verbieten, so als wollte man den Wein abschaffen, weil er trunken macht. Nein, meiner Ansicht nach sind sie allzu starrköpfig. ›Ein jegliches hat seine Zeit: klagen und tanzen‹ (Prediger 3,4), ›Herzen und ferne sein vom Herzen‹ (v. 5), ›und nichts besseres ist, als daß ein Mensch fröhlich sei in seiner Arbeit‹ (v. 22).

Was mich angeht, ich will gerne die Deklaration des Königs unterschreiben, und bin immer schon dieser Meinung gewesen: all die Maitänze, Kirchweihen, Pfingstumtrünke können, solange sie nicht zu unpassenden Stunden stattfinden, ohne weiteres zugelassen werden. Laßt sie doch ruhig feiern, singen, tanzen, mit Puppenspiel, Steckenpferden, Tamburinen, Volksmengen, Dudelsäcken, &c.; laßt sie Ball und Bockhüpfen spielen, und was immer ihnen an Sport und Spaß am meisten gefällt. In Franken, einer Provinz Deutschlands (sagt Aubanus Bohemus), gingen die Alten nach dem Abendgottesdienst immer ins Wirtshaus, und die Jüngeren zum Tanz; und um die Wahrheit mit Johann von Salisbury zu sagen, *satius fuerat sic otiari quam turpius occupari,* besser so müßiggehen als schlimmer beschäftigt sein, was sonst ohne jede Frage (so verderbt ist nun einmal die Menschennatur) viele von ihnen wären.

Sir Thomas More will in seinem utopischen Staatswesen keine Müßiggänger dulden, doch ebensowenig erlauben, daß einer übermäßig schuftet und sich aufarbeitet wie ein Pferd: schlimmer als Sklavendrangsal ist doch das Leben, das die meisten unserer Lohndiener und Handwerker überall führen müssen; ganz anders in seiner Utopia: dort ist nur der halbe Tag zur Arbeit vorgesehen, die andere Hälfte für ehrbaren Zeitvertreib oder jede Beschäftigung, die sie selbst für zuträglich halten. Wenn unseren Hausbediensteten von ihren harten Herren nur einen halben Tag pro Woche für frohe Zusammenkünfte freibekämen, oder jedes Jahr einige Festtage, wie die Saturnalien im alten Rom, so glaube ich, würden sie die übrige Zeit um so besser arbeiten, und beide Teile wären zufriedener: aber das braucht es nicht (so werdet Ihr sagen), denn viele von ihnen tun ohnehin nichts als die liebe lange Woche herumzulungern. Doch mein Ziel ist nur, denjenigen, die *fracti animis,* niedergeschlagenen Geistes sind, aufzuhelfen: damit auf der einen Seite die übermäßig Angestrengten sich zu erholen, und andrerseits die übertriebenen Müßigen sich zu beschäftigen lernen.

Unter den häuslichen Übungen oder Erquickungen des Geistes jedoch ist keine so allumfassend, so wohlgeeignet, auf Menschen jeglicher Art zu wirken, so dazu geschickt und geschaffen, Müßiggang und Melancholie zu vertreiben, wie die des Studierens. *Studia senectutem oblectant, adolescentiam alunt, secundas res ornant, adversis perfugium et solatium praebent, domi delectant* [Studium erheitert das Alter, nährt die Jugend, eine Zierde im Glück, Zuflucht und Trost im Unglück, Freude des Hauses], &c., schlagt das übrige nach bei Cicero, *Pro Archia Poeta.* Kann es etwas Erfreulicheres geben, als zu lesen, umherzuwandern und dabei Landkarten, Gemälde, Statuen, Geschmeide und Marmorbüsten zu betrachten, die manche in den Himmel heben, wie die des Phidias in alter Zeit? Ebensosehr sind manche von den Stücken des Michelangelo, des Raffael von Urbino, des Francesco Francia angetan, und von vielen jener italienischen und niederländischen Maler, die in ihrer Epoche herausragten. Ein gutes Gemälde ist *falsa veritas et muta poesis* [falsche Wahrheit, stumme Dichtung]; und mag es auch stimmen (was Vives sagt), *artificialia delectant, sed mox fastidimus,* daß künstliche Spielereien nur eine Zeitlang gefallen, wo wäre der, der sich für den Augenblick ihrer Wirkung entziehen könnte? Als Achill trauerte und sich um den Tod seines lieben Freundes Patroklus grämte, brachte ihm seine Mutter Thetis einen höchst raren und kunstreich von Vulkan geschmiedeten Schild, auf dem Sonne, Mond und Sterne eingraviert waren, Land und Meer, kämpfende, rennende, reitende Männer, scheltende Weiber, Berge, Täler, Städte, Burgen, Bäche, Flüsse, Bäume, &c., mit vielen hübschen Landschaftsszenen und Aussichten; über diesen Anblick war er unendlich entzückt, und in seinem Kummer sehr getröstet:

Continuo eo spectaculo captus, delenito moerore,
Oblectabatur in manibus tenens dei splendida dona.[29]

[Sogleich nahm ihn der Anblick gefangen und linderte seine Trauer; freudig hielt er in Händen die herrlichen Gaben des Gottes.] Wer wäre nicht in solchem Fall ebenso hingerissen? Oder beim Anblick der wohlausgestatteten Säulengänge und

29 *Ilias 19.*

Galerien römischer Kardinäle, so reich bestückt mit allen möglichen modernen Gemälden, alten Statuen und Antiquitäten? oder bei Betrachtung eines fürstlichen Kabinetts, wie es der Großherzog von Florenz besitzt, oder Felix Platter in Basel; beim Besuch adeliger Häuser, angesichts so vielfältiger Gewänder, Gesichter, so vieler, so seltener, so ausgesuchter Bilder von Menschen, Vögeln, Tieren, &c., so vorzüglicher Landschaften, holländischer Arbeiten, und rarer Stiche von Sattler aus Prag, Albrecht Dürer, Goltzius, Vrintes, &c., so gefälliger Perspektivansichten, indianischer Federbilder, chinesischen Porzellans, von Maschinen, wunderbaren Mechanismen, fremdländischen Spielereien, &c.?

Und wer, der nicht völlig von Trägheit übermannt ist, oder aber sich im Labyrinth weltlicher Sorgen, Beschwerden und Ärgernisse verrannt hat, wird nicht in seinem Geiste merklich erheitert werden durch die Lektüre einer reizenden Geschichte, sie sei wahr oder erdichtet, worin er wie in einem Spiegel betrachten kann, was unsere Vorväter taten, die Anfänge, Umstürze, Katastrophen und Endpunkte der Staatswesen, die Handlungen von Privatmännern, wie sie naturgetreu dargeboten werden, &c.? Daher nennt sie Plutarch *secundas mensas et bellaria,* den zweiten Gang und Nachtisch, weil sie üblicherweise zu den Gastmählern der Adeligen vorgelesen wurden. Wer ließe sich nicht tief anrühren von einer eindrucksvollen, leidenschaftlichen Rede, einem anmutigen Gedicht, von einem gefälligen, gewinnenden Vortrag? Für die meisten Menschen bedeutet solche Geistesbildung einen außerordentlichen Genuß. Denn welch eine Welt von Büchern bietet sich hier, in allen Gegenständen, Künsten und Wissenschaften, dem reinen Glück und der Auffassungsgabe des Lesers dar!

In der Arithmetik, Geometrie, Perspektivik und Optik, in Astronomie, Architektur, Skulptur und Malerei, über die jüngst so viele und kunstreiche Schriften erschienen sind; in der Mechanik und ihren geheimen Gesetzen, in militärischer Materie, Navigation, Reitkunst, Fechten, Schwimmen, Gartenbau, Pflanzenzucht, dicke Bände über Ackerbau, Kochkunst, Falknerei, Jagd, Fisch- und Vogelfang, &c., mit kunstreichen Abbildungen aller Spiel- und Sportarten, und wer weiß wieviel andrer Dinge! in Musik, Metaphysik, Natur- und Moralphilosophie, Philologie, Politik, Wappenkunde, Genealogie, Geschichtsschreibung &c., wie viele große Folianten! oder die Altertumsstudien,[30] &c. Wieviel dicke Wälzer gibt es in der Juristerei, Medizin und Theologie, zur Belehrung, Vergnügung, Übung und Spekulation, in Prosa und Vers, &c.! Ihre Namen allein füllen ganze Bände, wir haben Tausende von Autoren aller Art, viele große und wohlausgestattete Bibliotheken, gleichsam lauter verschiedene Gerichte, die für die verschiedensten Gaumen aufgetragen werden; und ein wahrer Klotz muß der sein, dem keines davon mundet.

---

30 Während alle anderen Reisenden vorwärtsschreiten und nach vorn sehen, sieht allein der Altertumsforscher rings um sich, erkennt die Überbleibsel der Vergangenheit, &c., hat einen vollständigen Horizont: *Janus bifrons* [wie ein doppelgesichtiger Janus].

Manche schöpfen unendliche Wonne aus dem Studium der Sprachen, worin diese Bücher abgefaßt sind: Hebräisch, Griechisch, Syrisch, Chaldäisch, Arabisch, &c. Mich dünkt, es müßte jedem das Herz erfreuen, eine Landkarte zu betrachten, *suavi animum delectatione allicere, ob incredibilem rerum varietatem et jucunditatem, et ad pleniorem sui cognitionem excitare* [den Sinn vom lockenden Reiz, der unglaublichen Vielfalt und Annehmlichkeit des Gebotenen fesseln und zu seinem gründlicheren Studium anregen zu lassen]; chorographische und topographische Zeichnungen durchzugehen, und dabei gleichsam all die entlegenen Provinzen, Marktflecken und Städte der Welt mit eigenen Augen zu sehen, ohne daß man dazu die Grenzen der Studierstube überschreiten muß, mit Maßstab und Zirkel ihre Ausdehnung und Entfernung zu vermessen und ihre Lage zu erkunden.

Welch größeres Vergnügen kann es denn geben, als die sorgfältig gearbeiteten Landkarten von Ortelius, Mercator, Hondius, &c. zu betrachten? jene Städtebeschreibungen durchzublättern, die Braun und Hogenberg herausgebracht haben? Die berühmten Expeditionen von Christoph Columbus, Amerigo Vespucci, des Venezianers Marco Polo, von Lod. Vertomannus, Aloysius Cadamustus, &c. nachzulesen? Welches Studium könnte anregender sein als das der Mathematik, in ihren theoretischen oder praktischen Teilen? wie das Landvermessen, die Herstellung von Landkarten, Modellen, Zifferblättern, &c., lauter Dinge, die ich selbst begeistert betrieben habe. *Talis est mathema-*

tum pulchritudo (sagt Plutarch), *ut his indignum sit divitiarum phaleras istas et bullas et puellaria spectacula comparari:* so herrlich ist die Mathematik, daß die ganze Seifenblasenpracht und das kindische Schauspiel des Reichtums, damit verglichen, nichts ist.

Ein ähnlicher Genuß steckt in allen Studien, für diejenigen, die ihnen wahrhaft ergeben sind. *Ea suavitas* (sagt Cardano) *ut cum quis ea degustaverit, quasi poculis circeis captus, non possit unquam ab illis divelli:* so groß ist der Reiz, der wie Circes Becher den Lernenden verhext, daß er sich nicht mehr davon loszureißen vermag; wie die vielen arbeitsamen Stunden, Tage und Nächte wohl bezeugen, die auf die Abfassung von so vielen umfangreichen Abhandlungen verwendet worden sind. Justus Scaliger war von der Dichtkunst so begeistert, daß er leidenschaftlich versicherte, er wollte lieber der Verfasser von zwölf Lucanversen oder einer bestimmten horazischen Ode sein, als Kaiser von Deutschland. Orontius der Mathematiker bewundert Archimedes so sehr, daß er ihn *divinum et homine majorem* nennt, einen Halbgott und Übermenschen; und dies meiner Meinung nach mit gutem Grund, wenn man Ruhm und Leistung in Ehren hält. Pindar der Thebaner ist für seine Gedichte nicht weniger berühmt geworden als seine Mitbürger Epaminondas, Pelopidas, Herkules und Bacchus für ihre Kriegstaten.

Doch ich will nicht weiter auf diesem Punkt herumreiten: um das Vergnügen allein geht es mir, so großen Genuß, so liebliche Befriedigung bereitet das Studium. Als König Jakob anno 1605 unsere Universität Oxford besuchte und unter anderen Gebäuden auch die berühmte, von Sir Thomas Bodley erneuerte Bibliothek besichtigte, brach er beim Abschied, wie einst Alexander, in die noblen Worte aus: ›Wenn ich nicht ein König wäre, so wollte ich ein Mann der Universität sein; und sollte es sich je ergeben, daß ich in Gefangenschaft gerate, so wollte ich (wenn ich den Wunsch frei hätte) mir keinen anderen Kerker wählen als diese Bibliothek, und mich gern mit so vielen guten Autoren und *mortuis magistris* [verstorbenen Meistern] zusammenketten lassen.‹[31]

So herrlich sind die Wonnen des Studiums: je gelehrter einer ist, desto mehr begehrt er zu lernen (wie ein Wassersüchtiger, der nur um so mehr dürstet, je mehr er trinkt), und der neueste Tag ist immer *prioris discipulus* [Schüler des vorangegangenen]; wohl fällt das Lernen am Anfang schwer, *radices amarae,* aber *fructus dulces* [bittere Wurzeln: süße Früchte], wie Isokrates sagt, am Ende gefällt es; je länger sie leben, desto inniger verlieben sie sich in die Musen. Heinsius, Wärter der Bibliothek von Leiden in Holland, fand sich das ganze Jahr lang darin eingesperrt; doch was nach allgemeiner Ansicht Überdruß hätte erzeugen müssen, bescherte ihm nur um so größere Lust. ›Kaum betrete ich die Bibliothek‹ (so sagt er), ›da verriegle ich die Tür hinter mir, und schließe Begierde, Ehrgeiz, Habsucht und alle Laster dieser Art aus, die sich

31 *Si unquam mihi in fatis sit, ut captivus ducar, si mihi daretur optio, hoc cuperem carcere concludi, his catenis illigari, cum hisce captivis concatenatis aetatem agere.*

vom Müßiggang als Vater aller Unwissenheit herleiten, ja sogar die Melancholie selbst; und mitten im Schoß der Ewigkeit lasse ich mich nieder, unter so vielen himmlischen Seelen, in so erhabener Geistesverfassung und vollkommener Glückseligkeit, daß ich Mitleid mit all unseren großen und reichen Männern fühle, weil sie solches Glück nicht kennen.‹

Mir ist (nach allem bisher Gesagten) freilich sehr wohl bekannt, wie barbarisch gering der gröbere Teil unseres Landadels größtenteils Bibliotheken und Bücher einschätzt, wie nachlässig und verächtlich sie mit einem solchen Schatz, einer so unschätzbaren Wohltat umgehen: nicht anders als Aesops Hahn mit dem Edelstein, den er auf seinem Misthaufen fand – und all dies nur aus Irrtum, Unkenntnis und mangelnder Bildung. Wenn ein den Musen Wohlgesonnener solche Leute um eine Zuwendung für Unterhalt oder Erweiterung einer derartigen Einrichtung angeht, sei es von Kollegium, Vortragssaal oder Bibliothek, oder was immer zur Förderung der Wissenschaft beitragen mag, wird er sie ganz barsch und abweisend finden: lieber wollten sie alles, was bereits mit so viel Aufwand und Sorgfalt errichtet wurde, bis auf den Grund ruiniert, demoliert und zweckentfremdet sehen; denn sie murren und sind mißvergnügt über solchen Gebrauch von Spenden und öffentlichen Einkünften. Und daher ist es sinnlos, wie Erasmus zurecht feststellt, *vel ab his, vel a negotiatoribus qui se Mammonae dediderunt, improbum fortasse tale officium exigere,* in dieser Hinsicht irgendetwas von Menschen zu verlangen oder zu erbitten, die höchstwahrscheinlich ihre Krämerseelen dem Mammon verkauft haben.

Was mich betrifft, so können sie mir leidtun, *stultos jubeo esse libenter,* mögen sie eben, so wie sie sind, im Inventar der Ignoranten geführt werden. Wie sehr aber sind wir auf der anderen Seite jenen Scholaren, freigebigen Ptolemei, wohltätigen Maecenaten, heldenhaften Schutzherren, göttlichen Geistern verbunden, *qui nobis haec otia fecerunt* [die uns diese geistige Beschäftigung ermöglicht haben]! Wie soll ich Sir Thomas Bodleys[32] Gedächtnis unter den übrigen feiern, wie Otho Nicholson[33] und den Hochwürdigen John Williams, Lordbischof von Lincoln, der neben vielen anderen verdienstvollen Taten nicht nur die Bibliotheken am St. John's College in Cambridge und in Westminster eingerichtet hat, sondern auch eben dabei ist, ein gleiches in Lincoln zu tun (ein nobles Exempel, das allen körperschaftlich verwalteten Märkten und Städten zur Nachahmung empfohlen sei). *O quam te memorem (vir illustrissime), quibus elogiis?* [wie soll ich deiner gedenken, vorzüglichster Mann, wie dich preisen?] Doch zurück zu meinem Thema.

Wer immer demnach von Einsamkeit überwältigt, oder von lockender Melancholie und eitlen Einbildungen besessen, aus Mangel an Tätigkeit nicht weiß, wie er seine Zeit hinbringen soll, oder aber von weltlichen Sorgen gepeinigt wird, dem kann ich kein besseres Heilmittel verschreiben als

32 Begründer unserer öffentlichen Bibliothek in Oxford.
33 Mitglied unseres Kollegiums von Christ Church, Oxford.

eben das Studium: er bequeme sich dazu, eine Kunst oder Wissenschaft zu erlernen. Voraussetzung ist freilich, daß sein Leiden nicht ausgerechnet vom übermäßigen Studium herrührt, denn in solchem Fall gießt er Öl ins Feuer, und nichts könnte verderblicher sein; laßt ihn achtgeben, daß er seinen Witz nicht überspannt und sich zum Skelett entleibt. Dasselbe gilt für jene Innamorati, die nichts als Schauspiele lesen, wertlose Reimereien, Banalitäten, *Amadis von Gallien,* den *Sonnenritter,* die *Sieben Helden, Palmerin de Oliva, Huon von Bordeaux,* &c. Solche verlieren am Ende oft ebenso den Verstand wie Don Quixote. Das Studieren wird nur denen verschrieben, die im übrigen müßig oder von geistiger Unruhe getrieben, oder Hals über Kopf von eitlen Gedanken und Vorstellungen hingerissen sind, zu dem Zweck, ihre Phantasien abzulenken.

Ich möchte also, daß der Melancholiker sowohl weltliche wie geistliche Autoren liest, am besten, um sich selbst eine Aufgabe zu verordnen, damit seine schwermütigen Gedanken zerstreut werden: das Studium der Gedächtniskunst, von Cosmus Rosselius, Pet. Ravennas, *Schenkelius detectus,* oder die Praxis der Brachygraphie, &c., eben etwas, das ihm viel Aufmerksamkeit abverlangt; oder laßt ihn einen Lehrsatz des Euklid, aus dessen fünft letzten Büchern, demonstrieren, eine Quadratwurzel ziehen, oder Algebra studieren. Auf diese Weise kann man *ex ungue leonem* [nach der Klaue den Löwen] bestimmen, wie das Sprichwort sagt, allein aus seinem Daumen die Größe des Herkules kalkulieren, oder das wahre Ausmaß des Kolosses von Rhodos, von Salomos Tempel oder vom Amphitheater des Domitian aus einem kleinen Überrest errechnen. Durch diese Kunst läßt sich die Variation der 23 Buchstaben beobachten, die so unendlich vielfältig eingesetzt werden können, daß die daraus auf dem Weg der Addition und Subtraktion gebildeten Worte nicht im Umkreis des ganzen Firmamentes Platz fänden: bloße zehn Worte lassen sich auf 40320 verschiedene Arten variieren; diese Kunst verrät uns, wie viele Menschen nebeneinander auf der gesamten Erdoberfläche stehen könnten: manche sagen 148 456 800 000 000, *assignando singulis passum quadratum* [wenn man jedem einen Quadratfuß zuweist]; wie viele Menschen in 60 000 Jahren geboren werden, wenn man davon ausgeht, daß die ganze Welt dieselbe Bewohnbarkeit, Fruchtbarkeit und Lebenserwartung besitzt wie Frankreich; oder man könnte mit Archimedes ausrechnen, aus wieviel Sandkörnern die Erdmasse bestünde, wenn sie ganz aus Sand wäre, ausgehend von der Zahl, die ein senfkorngroßer Würfel enthält; zusammen mit einer Unmenge ähnlicher Probleme.

Doch in der ganzen Natur ist nichts so erstaunlich wie die Beobachtung und Berechnung der Planetenbahnen, ihrer Ausmaße, Scheitel- und Umkehrpunkte, Exzentrik, Erdentfernung, dazu Größe, Dichte, Umfang des Firmaments, jedes einzelnen Sterns mit Umfang und Radius, Erscheinungsort und Oberfläche, alles mit künstlicher Hilfe jener Ferngläser, Astrolabien, Sextanten und

Quadranten (von denen Tycho Brahe in seiner *Mechanik* handelt), von Optik (göttliche Optik!), Arithmetik, Geometrie und dergleichen Künsten und Instrumenten. Was ist so knifflig und ergötzlich zu studieren und anzuwenden wie die Werke des Hero Alexandrinus *De spiritalibus, De machinis bellicis, De machina se movente* [Über pneumatische Maschinen, Über Kriegsmaschinen, Über die selbstbewegte Maschine]? dazu die vielen Experimente, die vor langer Zeit schon Roger Bacon in seiner Schrift *De secretis artis et naturae* [Über die Geheimnisse von Kunst und Natur] angedeutet hat: die Herstellung eines ohne Tierzug bewegten Wagens, oder von Tauchbooten, die Kunst, auf dem Wasser zu gehen und in der Luft zu fliegen, der Bau von bestimmten Kränen und Flaschenzügen, *quibus homo trahat ad se mille homines* [durch die einer gleich tausend Menschen auf einmal zu sich hinziehen] und Riesengewichte heben und bewegen könnte, Mühlen, die sich alleine drehen, die Taube des Archytas, das eherne Haupt des Albertus und dergleichen Wunderwerke.

Doch mir scheint, unsere Alchemisten und Rosenkreuzler haben die meisten Raritäten und größten Experimente zu bieten: sie verstehen sich aufs Goldmachen und darauf, Metalle zu trennen und zu verwandeln, Öle, Salze und Sedimente zu destillieren, und seltsamere Werke zu verrichten als jemals Geber, Lullus, Bacon und andere ihrer Vorgänger. Crollius hat, nach Anweisung seines Meisters Paracelsus, *aurum fulminans* oder *aurum volatile* [explosives oder ätherisches Gold] hergestellt, das

Blitz und Donner nachahmt und lauter dröhnt als Schießpulver; Cornelius Drible ein Perpetuum Mobile, unauslöschliche Lichter, *linum non ardens* [unbrennbaren Flachs], mit vielen anderen Meisterstückchen dieser Art.

Was kann denn unterhaltsamer sein, als über solche Dinge zu spekulieren, über solche Experimente zu lesen und sie nachzuprüfen? Oder laßt den Melancholiker sphärische Dreiecke berechnen, die Quadratur des Zirkels ausprobieren, oder ein Horoskop stellen: mögen manche noch so sehr dagegen wettern, ich sage mit Garcaeus *dabimus hoc petulantibus ingeniis* [dies wollen wir launischen Geistern zugestehen], in bestimmten Fällen darf man es dulden. Wenn ihn das alles kalt läßt und seine Mittel groß genug sind, die Börse zu leeren, um den Kopf zu füllen, so mag er sich aufmachen und den Stein der Weisen suchen; oder er mag sich der Heraldik verschreiben, den Altertümern, Motti und Embleme erfinden; Epithalamien drechseln, Epitaphien, Elegien, Epigramme, Palindrome, Anagramme, Chronogramme, Acrostica auf die Namen seiner Freunde. Wenn diese freiwilligen Aufgaben, die Unterhaltsamkeit und Freude, oder aber die Vertracktheit dieser Studien ihre müßigen Gedanken noch immer nicht ablenken und ihre Einbildungen vertreiben, so muß ihnen irgendein Zwang auferlegt werden, sagt Christophorus a Vega, *cogi debent.* Denn wer ohne Einsatz spielt, wird nicht auf sein Spiel achten.

Was nun die Frauen betrifft, so haben sie statt mühseliger Studien ihre komplizierten Stickereien und Schneidereien, ihr Spinnen, Klöppeln und viele hübsche Kunststücke eigener Erfindung, um ihre Häuser, Kissen, Bettdecken, Stühle, Hocker zu schmücken – ›denn sie ißt nicht das Brot der Faulheit‹, *Prediger 31,27, quaesivit lanam et linum* [sie geht mit Wolle und Flachs um] – dazu Süßigkeiten, Eingemachtes, Essenzen, die sie ihren Besuchern vorführen:

Ipsa comes praesesque operis venientibus ultro
Hospitibus monstrare solet, non segniter horas
Contestata suas, sed nec sibi deperiisse.
Stolz zeigt sie ihren Tand der ganzen Welt:
Soweit die Magd – doch dies hier tat ich selbst!

All diese Dinge haben sie, sich zu beschäftigen, dazu Haushaltspflichten, &c., hübsche Gärten voll seltener, vielfarbiger, vielfältiger, süßduftender Blumen, und Pflanzen aller Art, die sie eifrig erwerben, sorgfältig pflegen und erhalten, voller Stolz besitzen und mit denen sie oftmals ordentlich prahlen. Von ihren munteren Zusammenkünften und häufigen gegenseitigen Besuchen und Einladungen in schmucken Städten, die so allgemein beliebt sind, will ich gar nicht erst sprechen, ebensowenig vom Klatschen unter den niederen Ständen, &c. Die Alten haben ihren Rosenkranz: es ist eine ausgezeichnete Einrichtung, um die vom Müßiggang abzuhalten, die von Natur trübsinnig und über die tätigen Jahre hinaus sind, soundsoviele Vaterunser, Ave Maria, Glaubensbekenntnisse herzusagen, wenn es nicht auf gottlose oder abergläubische Weise geschieht. Mit einem Wort, Leib und Geist müssen geübt werden, nicht einer von beiden, sondern alle zwei, und zwar maßvoll; andernfalls entstehen nur große Ungelegenheiten daraus.

Heilung von Schlaflosigkeit und Alpträumen

EBENSO wie die schädliche Schlaflosigkeit mit allen Mitteln bekämpft werden muß, gilt es, den so wohltuenden Schlaf ›auf natürlichem oder künstlichem Weg, durch innere oder äußere Medizin, herbeizuführen, und ihn möglichst länger als gewöhnlich auszudehnen, da er besonders heilsam ist.‹ Er feuchtet und fettet den Körper ein, mischt die Säfte und unterstützt die Verdauung, wie wir an Siebenschläfern sehen, oder jenen winterschlafenden Alpenmäusen, von denen Gesner sagt, wenn man sie im tiefsten Winter unter dem Schnee liegend findet, seien sie so fett wie Butter.

Die beste Schlafenszeit ist ›zwei bis drei Stunden nach dem Nachtmahl, wenn sich die Speisen auf dem Grund des Magens abgelagert haben; es empfiehlt sich dabei, zunächst auf der rechten Seite zu ruhen, weil in dieser Stellung die Leber unter dem Magen zu liegen kommt, und ihn nicht behindert, sondern erwärmt wie das Feuer einen Kessel, den man darüber setzt. Nach dem ersten Schlaf ist es angebracht, sich auf die linke Seite zu legen, damit das Essen besser absinkt‹; und manchmal dazu auf den Bauch, doch nie auf den Rücken. Sieben bis acht Stunden Schlaf reichen aus für einen Melancholiker, wie Crato meint; aber im Bett zu bleiben wie manche, ohne zu schlafen, einen ganzen oder halben Tag lang, und nur angenehmen Vorstellungen und leeren Hirngespinsten nachzuhängen, ist in vieler Hinsicht verderblich.

Um diesen köstlich feuchtenden Schlaf zu erreichen, ist es am besten, möglichst alle störenden Einflüsse zu entfernen, aber auch innere wie äußere Heilmittel einzusetzen, die ihn hervorrufen. Die Hauptgründe für schlechten Schlaf sind Hitze und Trockenheit: ein hitziger, ausgedörrter Kopf schläft nie; erst müssen Gram, Furcht, Sorge, Erwartung, Angst, dringliche Geschäfte, und alle heftigen Gemütsregungen, *in aurem utramque otiose ut dormias* [damit du auf beiden Ohren friedlich schläfst], irgendwie gemildert werden, ehe wir auf gute Nachtruhe hoffen dürfen. Wer tagsüber schläft, angespannt, angstvoll, oder irgendwie beunruhigt ist, oder mit vollem Magen zu Bett geht, kann niemals mit einer erholsamen Nacht rechnen. *Nec enim meritoria somnos admittunt,* wie der Dichter sagt:[34] Wirtshäuser und dergleichen unruhige Orte sind zum Schlafen wenig geeignet; der eine ruft ›Pferdeknecht!‹, ein anderer ›Kellner!‹, der schreit und brüllt, jener singt, lärmt, hallot:

absentem cantat amicam
Multa prolutus vappa nauta atque viator.[35]

[Im Fusel schwimmend, besingen Seemann und Wanderer die ferne Geliebte.] Wer, der solchen Krach ungewohnt ist, vermag dabei zu schlafen?

34 Juvenal, *Sat. 3*.
35 Horaz, *Satiren 1, 5*.

Wer wirklich Ruhe finden will, muß sich *animo securo, quieto et libero* niederlegen, ruhigen und gelassenen Sinnes,[36] und an einem stillen Plätzchen: *omnia noctis erunt placida composta quiete* [dort kommt nachts alles friedlich zur Ruhe]. Doch wo das nichts hilft oder unerreichbar bleibt, heißt es nach angemessenen Mitteln suchen: in reinlichem, duftenden Linnen zu liegen; vor dem Zubettgehen oder im Bett ›süße Musik‹ zu hören (was Ficino, *lib. 1, cap. 24,* empfiehlt), oder aber (nach Jobertus, *Med. pract. lib. 3, cap. 10*), ›einen unterhaltsamen Autor zu lesen, bis man einschläft, oder eine ständig tropfende Schale mit Wasser neben dem Bett zu haben‹; nahe dem einschmeichelnden Ton *lene sonantis aquae* [eines sanft plätscherndes Baches] zu liegen, bei einem Wehr, einem Aquädukt, am rauschenden Wasser (wie auf der Londoner Brücke), oder in der Begleitung eines anderen steten Geräusches, das einem die Sinne einlullt.

Piso rät zu Abreibungen, Andrew Borde zu einem kräftigen Schluck von starkem Gebräu vor dem Zubettgehen; mein Rezept ist Bier mit Muskat, oder ein guter Schluck Muskatellerwein mit Röstbrot und Muskat, oder ein Molkentrunk, gleichfalls mit Muskat, wie ihn viele am Morgen zu sich nehmen, wie er aber, meine ich, für trockene Hirne besser zur Nacht taugt.

Gegen schreckliche und peinigende Träume, *incubus* [Alpdrücken] und dergleichen Ungelegenheiten, von denen Melancholiker heimgesucht werden,

36 *Sepositis curis omnibus quantum fieri potest, una cum vestibus, &c.* [wobei die Sorgen möglichst zugleich mit den Kleidern abgelegt werden sollten].

ist das beste Mittel ein nur leichtes Nachtmahl, bestehend aus leichtverdaulicher Kost, keinerlei Hasenbraten, Wild, Rindfleisch, &c., nicht auf dem Rücken liegen, tagsüber nicht von schrecklichen Dingen sinnieren und meditieren, und ja nicht vor dem Schlafengehen darüber reden. Denn, wie einer bei Lukian nach solcher Unterhaltung sagt: *Hecates somniare mihi videor,* ich habe lauter Kobolde im Kopf. Lod. Vives ›wundert sich, wie die Schulmänner ruhig schlafen konnten und sich nicht vor der Finsternis oder Gängen im Dunklen ängstigten, wo sie doch den ganzen Tag lang über so monströsen Fragen und schrecklichen Themen brüteten.‹ Sie hätten es wohl, wie viele andere auch, nötig gehabt, dem Gott Morpheus zu opfern, den Philostratus in einem schwarzweißen Mantel malt, mit einem Horn und Elfenbeinschrein voller Träume, beide in den gleichen Farben, die gut und böse bedeuten.

Musik als Heilmittel

Viele und vielfältige Mittel haben Philosophen und Doktoren verschrieben, um ein betrübtes Gemüt aufzuhellen, um die eingefressenen und hartnäckigen Kümmernisse und Grübeleien abzulenken, die den Opfern dieses Leidens so schlimm zusetzen; doch nach meinem Urteil ist keines so wirksam, so unwiderstehlich, wie ein Becher mit kräftigem Trunk, Lustigkeit, Musik und muntere Gesellschaft. Jes. Sirach 40,20: ›Wein und Saitenspiel erfreuen das Herz‹.

Musik heilt alle Unlust und Beschwernis der Seele. Taglöhner, die über ihrer Arbeit singen, können es bezeugen, und Soldaten, wenn sie in die Schlacht ziehen: der Schrecken des Todes kann sie nicht so entsetzen, wie sie der Klang von Trompete, Querpfeife, Trommel und ähnlichen Instrumenten beherzt macht; *metus enim mortis* (verrät uns Censorinus) *musica depellitur* [Musik vertreibt Todesfurcht]. ›Sie macht das Kind still‹, durch das Lied der Amme; und nicht selten ermuntert ein plötzlicher Fanfarenstoß, Glockengeläut oder ein pfeifender Fuhrmann einen ruhelosen Patienten, der nachts keinen Schlaf fand, belebt und erfrischt ihn. Mit einem Wort, Musik ist eine so mächtige Kraft, daß sie die Seele, *regina sensuum,* die Königin der Sinne, durch wohligen Genuß (eine denkbar beglückende Kur) in Verzückung versetzt, und körperliche Klänge bringen unserer körperlosen Seele Frieden; *sine ore loquens, dominatum in animam exercet* [mundlos sprechend, bemächtigt sie sich der Seele] und trägt sie über sich selbst hinaus, bereichert, erhebt und weitet sie. Scaliger, *exercit. 302,* gibt als Grund für diese Wirkung an, ›daß die Lebensgeister in der Umgebung des Herzens dabei das Erzittern und Tanzen der Luft in den Körper übertragen, und dadurch gemeinsam bewegt und freudig erregt werden‹; oder aber unser Geist selbst, der, wie manche vermuten, harmonisch angelegt ist, wird durch die Klänge der Musik angerührt. Und nicht nur die Menschen sind dafür empfänglich, sondern auch fast alle übrige Kreatur.[37]

---

37 Mr. Carew of Anthony berichtet in seiner *Beschreibung Cornwalls* von Walfischen, die auf den Klang einer Trompete hin herbeischwimmen und Tänze vollführen.

Doch, um alle deklamatorischen Reden zum Preis der göttlichen Musik[38] beiseitezulassen, will ich mich auf meinen eigentlichen Gegenstand beschränken: neben der hervorragenden Kraft, die sie besitzt, viele andere Leiden zu verscheuchen, ist sie auch ein unübertreffliches Heilmittel gegen Schwermut und Verzweiflung, und vermag selbst den Teufel zu vertreiben. Canus, ein Flötenspieler aus Rhodos, den Philostratus erwähnt, erwiderte dem Apollonius auf die Frage, was er mit seiner Pfeife ausrichten könne: ›er könne damit einen Melancholiker munter machen, einen Munteren noch viel munterer als zuvor, einen Verliebten noch verliebter, einen Priester noch frömmer.‹

Wer hat nicht vernommen, wie Davids Harmonie den bösen Geist von König Saul verjagte (1. Samuel 16)? und Elisa rief, als die Könige ihn schlimm bedrängten, nach einem Spielmann: ›und da der Spielmann auf den Saiten spielte, kam die Hand des Herrn auf ihn‹ (2. Könige 3). Sir Thomas More erlaubt in seinem streng geregelten utopischen Staat die Musik als Nachtisch zu jedem Mahl, und zwar ausnahmslos und für alle Stände. Epiktet nennt *mensam mutam praesepe,* einen Tisch ohne Musik eine Futterkrippe. Als Ludwig XI. Edward den Vierten nach Paris einlud, sagte er ihm, daß er als wesentlichen Teil seiner Lustbarkeiten holde Kinderstimmen mit jonischen und lydischen Weisen hören sollte, köstliche Musik, und dazu solle eine — zu seiner Verfügung stehen, und der

38 *Numen inest numeris*
[Eine Gottheit steckt in den Noten].

Kardinal von Bourbon selbst werde ihm als Beichtvater dienen, was ihm ein höchst überzeugendes Argument schien, und für einen Sinnenmenschen sicherlich auch ist. Und Scaliger bekennt offenherzig, *exercit. 274:* ›Ich werde über die Maßen stark von Musik angerührt, ich schaue mit größtem Genuß Tänzerinnen zu, ich fühle mich mächtig von der Anmut und dem Reiz schöner Frauen angezogen und bewegt und bin es gern zufrieden, in ihrer Gesellschaft müßig zu sein.‹ Und welchem jungen Manne ginge es anders?

Da so etwas den meisten angenehm und zuträglich ist, um wieviel mehr dem Melancholiker? immer vorausgesetzt, daß sein Leiden nicht ursprünglich selbst aus dieser Richtung kommt, daß er nicht ein leichtfertiger Inamorato ist, ein müßiger Phantast, der den ganzen Tag in seiner Einbildung Kapriolen tanzt, und an nichts anderes denkt als an Liedchen, Sonette, Madrigale zum Preis seiner Geliebten. In solchen Fällen ist Musik durchaus vom Übel, wie wenn man einem durchgehenden Pferd noch die Sporen gibt, bis es sich ganz verrennt oder völlig außer Atem kommt. Viele werden beim Anhören von Musik melancholisch, aber es ist eine lustvolle Melancholie, die so entsteht; und deshalb ist sie für Menschen im Zustand von Unzufriedenheit, Schmerz, Angst, Sorge oder Niedergeschlagenheit ein sehr probates Heilmittel: es vertreibt den Kummer, wandelt den betrübten Geist und hilft im Augenblick.

Frohsinn, fröhliche Gesellschaft und schöne Gegenstände als Heilmittel

Frohsinn und fröhliche Gesellschaft sind untrennbar mit der Musik verbunden, denn beides gehört zur Sache und ist dafür dringend vonnöten. ›Freude‹ (sagt Vives) ›reinigt das Blut, stärkt das Wohlbefinden, bewirkt eine frische, gefällige und reine Hautfarbe‹, verlängert das Leben, wetzt den Witz, macht den Leib jung, munter und geschickt zu allen möglichen Tätigkeiten. Je fröhlicher das Herz, umso länger das Leben. ›Ein fröhliches Herz ist des Leibes Leben‹ (Sprüche 14,30) und ›Des Menschen Freude ist sein langes Leben‹ (Sirach 30,23); Dr. Frohsinn gehört, zusammen mit Dr. Kost und Dr. Rast, zu den drei Weisen der Schule von Salerno.

Ein fröhlicher Geselle ist noch besser als Musik, und wie das Sprichwort *comes jucundus in via pro vehiculo* sagt, für den Wegmüden so gut wie ein Reisewagen. Mit einem Wort,

> ***Amor, voluptas, Venus, gaudium,***
> ***Jocus, ludus, sermo suavis, suaviatio***

[Liebe, Vergnügen, Venus, Freude, Scherz, Spiel, angenehme Unterhaltung, Küsse] sind die wahren Allheilmittel. Aus diesem Grund verschreiben sie unsere Ärzte gemeinhin als Hauptinstrumente, um die Mauern der Melancholie einzureißen, als wichtiges Gegengift, das für sich schon hinreicht zur Heilung.

Schönheit allein ist ja bereits die allerbeste Kur für Angst, Kummer und alle Anfälle von Melancholie; ein Zauber, wie Peter de la Seine und viele andere Autoren bestätigen, ein Festmahl eigener Güte; und als Beispiel nennt er den verbitterten Menelaus, der immer wieder durch Helenas schönes Gesicht aufgeheitert wurde. Und Cicero zitiert in *Tusc. 3* Epikur als Hauptvertreter dieser Lehre: Um Kummer zu vertreiben und Wohlgefühl zu verbreiten seien süße Düfte, gute Speisen, Berührung, Schleckerei, Umarmung, Singen, Tanzen, Sport, Spiel und Theater starke Anreize, doch mehr als alles andere erlesene Schönheiten, *quibus oculi jucunde moventur et animi* [die das Auge einnehmen und den Geist bezaubern], *obvia forma,* die Begegnung mit einem schönen Mädchen, ihr Anblick im Vorübergehen, die Gemeinschaft mit ihr.

All das fand er durch Erfahrung heraus und machte selbst guten Gebrauch davon, wenn Plutarch ihn nicht angeschwärzt hat; denn dieser führt die Namen von einigen der feineren Dämchen an wie Leontium, Boedina, Hedeia, Nicidium, die häufig in Epikurs Garten gesehen wurden und sehr vertraut mit seinem Hause waren. Und er hat diese Kur nicht nur an sich selbst ausprobiert, sondern, falls wir dem Athenaeus Glauben schenken, auch an anderen praktiziert. Denn wenn immer ihm ein an Schwermut Erkrankter zur Heilung gebracht wurde, ›legte er ihn auf ein Daunenbett in einem hübschen, wohlriechenden, schönen, elegant möblierten Kabinett und bekränzte ihn mit einem Kranz süßduftender Blüten, und nach ein oder zwei Bechern eines guten Getränks, das er selbst verabreichte, führte er eine hübsche Dirne herein, die sich auf das Lautenspielen, Singen und Tanzen verstand‹, &c.

Und so wie Marsilio Ficino seine Epistel an Bernard Canisianus und andere Freunde beschließt, will ich es auch mit dieser Abhandlung an die Adresse aller guten Studiosi tun: ›Lebt fröhlich, meine Freunde, und frei von Sorgen, Wirrsal, Angst und Kümmernis des Geistes, lebt fröhlich, *laetitiae caelum vos creavit* [zur Freude hat euch der Himmel erschaffen]. Immer und immer wieder erbitte ich mir dies von euch: Seid frohen Mutes, und wenn etwas euer Herz bedrückt und eure Seele quält, achtet nicht drauf, straft es mit Verachtung, redet nicht mehr davon. Und dies lege ich euch nicht allein als Geistlicher ans Herz, sondern auch als Arzt; denn ohne solchen Frohsinn als Inbegriff und Quintessenz der Heilkunst bleibt alle Arznei und was immer man hernimmt und einsetzt, um ein Menschenleben zu verlängern, stumpf, tot und kraftlos. *Dum fata sinunt, vivite laeti* [Solang das Schicksal es erlaubt, lebt fröhlich]. Nichts ist besser als Frohsinn und fröhliche Gesellschaft in dieser Krankheit.

Doch seht auch das Unheil. Viele Menschen, da sie wissen, daß fröhliche Gesellschaft die einzige Medizin gegen Melancholie ist, vernachlässigen dafür ihre Geschäfte, verfallen ins andere Extrem, sodaß sie all ihre Tage mit Zechgenossen in einer Taverne oder Bierkneipe verbringen, und wissen nichts anderes mit ihrer Zeit anzufangen, außer sie zu vertrinken: lauter Malzwürmer, Menschenfische oder Wasserschlangen, *qui bibunt solum rana-*

rum more, nihil comedentes, [die immer nur trinken, ohne etwas dazu zu essen], wie Frösche in einer Pfütze.

Da kann man doch gradesogut trübsinnig bleiben als sich zu besaufen wie das Vieh und das Bettelvolk. Geselligkeit, einmalig als Trost und Gegenmittel für Mißmut jeglicher Art, ist für sie ein einziges Elend und Ursache ihres Verderbens. Denn *malus malum vult ut sit sui similis* [der Schlechte sucht den Schlechten als Seinesgleichen]. Wenn du in ihre Runde kommst, mußt du es machen wie sie, und sei es der Ruin deiner Gesundheit, du mußt *venenum pro vino* [Gift, als wäre es Wein] trinken. Und so geht es ihnen wie den Grashüpfern: während sie den Sommer lang über ihren Bechern singen, müssen sie im Winter Hunger leiden, wenn man ihnen für eine kleine eitle Lustbarkeit die bittere Rechnung präsentiert.

[Auf die Belehrung des Patienten, wie seine Lebensweise zu bessern sei, folgt eine lange ›Trostreiche Abschweifung mit Abhilfe für Kümmernisse aller Art‹, wie Armut, Krankheit, Verlust der Freunde oder der Freiheit, Verleumdung, Ungnade, &c. Diese therapeutische ›consolatio‹ behandelt als letzten Schicksalsschlag die Melancholie selbst:]

JEDER MENSCH, sagt Seneca, ›hält seine Bürde für die schwerste‹; und ein Melancholiker jammert mehr als alle anderen. Lebensüberdruß, Abneigung gegen Geselligkeit und Licht, Angst, Sorge, Mißtrauen, Seelenqual, Schamhaftigkeit, und all die anderen furchtbaren Symptome an Leib und Geist müssen notwendig sein Elend verschärfen; doch verglichen mit anderen Krankheiten sind sie weniger grausam als sie erscheinen. Zunächst ist das Leiden entweder angenommen oder erblich, heilbar oder unheilbar. Ist es neu, und durch Anlage erworben, so tritt es gemeinhin milde auf und kann gebessert werden; wenn eingefleischt aus alter Gewohnheit, so gibt es doch wenigstens *lucida intervalla* [lichte Augenblicke], manchmal geht es gut, dann wieder schlecht. Und neben vielen Unannehmlichkeiten sind doch auch ein paar tröstliche Umstände damit verbunden. Einmal ist es nicht ansteckend, und hier gilt, was Erasmus sich zum Trost bei einem schlimmen, höchst lästigen, unerträglich schmerzhaften Nierenleiden sagte: daß es für andere in keiner Weise anstößig sei, nicht widerlich für den Betrachter, abscheulich, eklig, greulich, wie Pest, Schlagfluß, Aussatz, Wunden, Entzündungen, Ausschlag, Pocken, oder Seuchenfieber, die alle entweder keinerlei Gesellschaft vertragen oder doch bei Hinzukommenden Schrecken und Anstoß erregen.

Die Kranken sind in der Regel verschüchtert, argwöhnisch, einsam, und drängen sich folglich nicht so ehrgeizig und dreist nach vorn wie viele andere: also sind sie wenigstens keine Schmarotzer, Übervorteiler, Schleicher, Festschmausschnüffler, Betrüger, Zuhälter, Parasiten, Kuppler, Säufer, Hurentreiber. Not und ihre Unzulänglichkeit nötigen sie zu einem ehrlichen Leben; wie Mincio im Lustspiel zu Demea sagt:

Haec si neque ego neque tu fecimus,
Non sinit egestas facere nos;

wenn wir ehrbar sind, so hat uns die Armut dazu gemacht: wenn wir Melancholiker es nicht so schlimm treiben, wie die Schlimmsten, so deshalb, weil uns unsere Herrin Melancholia zurückhielt. *Non deerat voluntas, sed facultas* [nicht der Wille fehlte, sondern das Vermögen].

Außerdem befreit sie ihr Zustand von vielen anderen Schwächen; ihre Einsamkeit macht sie zu um so aufmerksameren Beobachtern, ihr Mißtrauen vorsichtig, was heutzutage eine nur allzu nötige Haltung ist. Furcht und Sorge zwingen sie zu Mäßigung und Nüchternheit, und bewahren sie vor vielen liederlichen Taten, für die ein übermütiges und dreistes Wesen die Menschen anfällig macht; sie sind daher keine *sicarii,* Raufbolde, Räuber und Totschläger. So wie sie rasch niedergeschlagen werden, lassen sie sich auch rasch, durch sanfte Worte und gutes Zureden, wieder aufrichten. Ihre Lebensverdrossenheit führt dazu, daß sie sich nicht so umnebeln lassen von den eitelvergänglichen Freuden der Welt. Wenn sie in einer Hinsicht närrisch sind, so sind sie in den meisten anderen weise und wohlverständig.

Schließlich ist Narrheit selbst ein Zustand, den viele preisen und empfehlen. Manche glauben, daß Narren und Wirrköpfe am glücklichsten leben, so wie Ajax bei Sophokles: *nihil scire vita jucundissima,* Nichtwissen ist die angenehmste Lebensweise; *iners malorum remedium ignorantia,* Unwissenheit ist ein ordentliches Allheilmittel. Die komplizierten Künste und mühseligen Wissenschaften eines Galen, Cicero, Aristoteles, Justianian, versetzen doch nur (so meinen manche) die Welt in Unfrieden; besser leben könnten wir in ungehobelter Virginier-Schlichtheit und purer Ignoranz; vollkommene Idioten haben es am besten, sie zerfleischen sich nicht vor lauter Sorgen, quälen sich nicht ab mit Furcht und Schrecken, wie die Weisen; denn (wie einer sagte), wenn Torheit wehtäte, könntet ihr sie im Vorübergehen auf der Straße aus jedem Haus heulen, brüllen, und jammern hören, aber so sind sie denkbar ungezwungen, lebhaft und lustig, und in manchen Ländern, etwa in der Türkei, werden sie wie Heilige verehrt und großzügig auf öffentliche Kosten unterhalten. Sie sind keine Simulanten, Lügner und Heuchler, denn Toren und Verrückte sagen meist die Wahrheit. Mit einem Wort, da sie Not leiden, sind sie zu bedauern, was vielleicht besser ist, als beneidet zu werden; besser ernst als übermütig, besser närrisch und still, *quam sapere et ringi,* als weise die Zähne fletschen; besser elend als glücklich: von den beiden Extremen ist dieses vorzuziehen.

[Das letzte Thema des zweiten Teiles sind die medizinischen Heilmethoden im engeren Sinn, von Arzneien über Aderlaß bis zur Blutreinigung.]

Über Heilkunde, die mithilfe von Arzneien kuriert

NACH EINER langen und weitschweifigen Abhandlung über die sechs Non-naturalia und ihre diversen Besserungen, die alle der rechten Lebensweise zuzuordnen sind, komme ich jetzt endlich zur Pharmazeutik als der Heilkunde, die durch Arzneien kuriert wie sie die Apotheker großenteils in ihren Läden herstellen, vermischen oder verkaufen. Viele kritteln an dieser Art von Medizin herum und betrachten sie als unvorteilhaft, ja zwecklos für dieses oder irgendein anderes Leiden, weil man in den Ländern, die sie am wenigsten benützen, am längsten und gesündesten lebt; wie Hector Boethius von den Orkney Inseln berichtet, wo die Leute sich, ohne irgendwelche Medizin, an Leib und Geist gesund erhalten und in der Regel 120 Jahre alt werden.

Vielen gibt die unmäßige Einnahme von Medikamenten den Rest und reißt sie ins Verderben, wo sie doch heil hätten davonkommen können; manche meinen, daß Ärzte ebensoviele umbringen wie retten. Wieviele Morde begehen diejenigen in einem einzigen Jahr, *quibus impune licet hominem occidere*, die eine Lizenz zum Töten haben, und dafür auch noch bezahlt werden? Und für jeden neuen Arzt, so sagt es ein deutsches Sprichwort, muß ein neuer Friedhof her. *Juridicis, medicis, fisco, fas vivere rapto* [Anwälte, Ärzte und der Fiskus haben das Recht, von Räuberei zu leben]; ein verderbtes Gewerbe, das weder Wissenschaft ist noch Kunst, noch eine ordentliche Profession.

Viel Eifersucht, Schwindel und Bosheit herrscht unter ihnen: und wenn sie auch selbst ehrbar und guter Absicht sind, so kann doch ein nichtsnutziger Apotheker, der die Arznei verabreicht und die Medizin herstellt, gewaltigen Schaden anrichten durch alte und überholte Dosierung, verfälschte Mittelchen, schlechte Mixturen, *quid pro quo* [Vertauschung der Substanzen], &c. Aber es ist ihre Unwissenheit, die noch mehr Unheil anrichtet als die Unbesonnenheit. Ihre Kunst, wenn es denn eine ist, beruht einzig und allein auf Mutmaßungen; sie ist ungewiß, unvollkommen, und wird zu Lasten ihrer Todesopfer erworben – sie sind eine besondere Art von Metzgern, Blutsaugern und Totschlägern; dies gilt besonders für Chirurgen und Apotheker, die in der Tat *carnefices*, Henker und Vollstrecker der ärztlichen Urteile sind.

Doch ich will diese nörgelnden und schmähsüchtigen Argumente nicht weiter verfolgen, damit mich ja kein Arzt mißversteht und mir seine Medizin verweigert, wenn ich einmal krank bin. Denn was mich betrifft, so fehlt es mir durchaus nicht am Vertrauen in die Ärztekunst; ich kann sehr wohl bei dieser und vielen anderen Künsten und Wissenschaften den Mißbrauch vom rechten Gebrauch unterscheiden: *Aliud vinum, aliud ebrietas*, Wein und

Trunkenheit sind zwei verschiedene Dinge. Ich will sie gern als höchst edle und göttliche Wissenschaft anerkennen, zumal Apoll, Äskulap und ihre ersten Begründer *merito pro diis habiti,* von den späteren Zeiten zum Dank für diese ausgezeichnete Erfindung mit gutem Grund wie Götter verehrt wurden. Zusammen mit allen tugendhaften und weisen Menschen ehre ich also den Begriff ebenso wie den Beruf, wie es mir aufgetragen ist: ›Ehre den Arzt, daß du ihn habest zur Not. Die Kunst des Arztes erhöht ihn und macht ihn groß bei Fürsten und Herren. Der Herr läßt die Arznei aus der Erde wachsen, und ein Vernünftiger verachtet sie nicht‹ (Sirach 38,1ff.).

Der Melancholie gemäße Heilmittel; gegen exotische Heilkräuter

HEILMITTEL zur fachgemäßen Anwendung gegen die Melancholie sind entweder von einfacher oder gemischter Art. Die einfachen sind alterativ oder purgierend. Die alterativen berichtigen und stärken die Natur, bessern und verhindern oder hemmen doch irgendwie das Übel, ob es sich nun um Kräuter, Steine oder mineralische Stoffe handelt, worauf dieses Temperament anspricht. Ich weiß, viele meinen, daß unsre nördlichen Heilkräuter schwach seien, unvollkommen, nicht so gut nach Zusammensetzung und Stärke wie in den südlichen Ländern, und weniger für medizinische Zwecke geeignet, weshalb sie ihre Medizin von weither holen. Oft sind sie allzu wählerisch in diesen Dingen, sodaß Fuchsius, *Inst., Buch 1, Teil 1, Kap. 1* ihnen vorwirft, ›sie geben keine Ruhe, bis sie ganz Indien, Arabien, Äthiopien nach Heilmitteln abgegrast und ihre Arzneien aus den restlichen drei Vierteln der Welt herbeigeschafft haben, und sei es von jenseits der Garamanten. So manche alte Vettel oder Bauersfrau tut oft mehr Gutes mit ein paar bekannten und gewöhnlichen Gartenkräutlein als unsre aufgeblasenen Mediziner mit all ihren großspurigen, kostspieligen, weit hergeholten, raren und eingebildeten Arzneien.‹

Wenn wir auch ohne Frage nicht diese seltenen exotischen Kräuter besitzen, so haben wir doch hier bei uns solche, die ebenso wirksam sind; unsere werden den gleichen Zweck erfüllen wie die ihren, wenn man sie in der gebotenen Menge zu sich nimmt, richtig zubereitet und abschmeckt – wenn nicht noch viel besser, da sie unsrer Körperbeschaffenheit mehr entsprechen. Opium hat in der Türkei kaum abträgliche Wirkung, bei uns wirkt es schon in kleinen Mengen betäubend; Cicuta oder Schierling ist in Griechenland ein starkes Gift, doch bei uns zeigt er diese heftigen Eigenschaften nicht. Ich schließe mit J. Voschius, der ordentlich gegen die exotischen Arzneimittel wettert und uns gleichzeitig mithilfe der europäischen die volle und absolute Heilung von allen Krankheiten verheißt: *a capite ad calcem* [von Kopf bis Fuß] sind unsre eigenen Heilkräuter uns am ehesten zuträglich, *nostrae regionis herbae nostris corporibus magis conducunt*.

Alterative Mittel:
Kräuter, andere Pflanzen, &c.

WAS FÜR außerordentliche Kräfte schreibt man den Pflanzen zu! Manche stacheln zur Lust an, andere wieder, wie Agnus castus oder die Wasserlilie, unterdrücken den Samenfluß ganz und gar. Was die Melancholie betrifft, so läßt sich ein ganzer Katalog von Kräutern dazu finden, und dies für jeden Teilbereich. Ich will nur kurz über einige sprechen.

Auf dieser Liste können Borretsch und Ochsenzunge den ersten Platz beanspruchen, ob als Substanz oder in Form von Saft, Wurzeln, Samen, Blüten, Blättern, Absud, Destillat, Auszug, Öl &c., denn solche Pflanzenarten können höchst unterschiedlich angewandt werden. Ochsenzunge ist warm und feucht, und wird daher mit Recht zu den Gewächsen gerechnet, die Melancholie austreiben und das Herz erheitern. Es kann auf verschiedene Art verabreicht werden, etwa in Brühe, Wein, in Eingemachtem, als Sirup, &c. Es ist ein hervorragendes Stärkungsmittel, und wird am häufigsten gegen diese Krankheit verschrieben.

Melisse als Balsam besitzt eine wunderbare Fähigkeit, Melancholie zu bessern, ob wir sie nun in unser tägliches Getränk eintauchen, ob als Extrakt oder in anderer Form einnehmen. Cardano, *Buch 8,* preist dieses Kraut in höchsten Tönen. Es wärmt und trocknet im 2. Grad, sagt Heurnius, stärkt das Herz mit Wunderkraft, und purgiert die Lebensgeister von allen melancholischen Dünsten. Außerdem schreiben sie ihm noch andere Heilkräfte zu: ›es fördert die Mischung der Körpersäfte, läutert das Hirn, vertreibt alle trüben Gedanken und Angstphantasien.‹

Die Ringelblume gilt als sehr gutes Mittel gegen Melancholie, und wird demnach häufig mit gewöhnlicher Brühe als heilsam für dieses und manche andere Leiden verabreicht. *Lupulus* oder Hopfen ist eine unübertreffliche Medizin. Matthiolus, *Kap. 140* in *Dioscor., Buch 4,* wundert sich darüber, daß ihn die Ärzte seiner Zeit nicht öfter verwenden, weil er die Körpersäfte verfeinert und reinigt. Wir geben ihn zu diesem Zweck unserem gewöhnlichen Bier bei, das früher dickflüssig und allzu füllig war. Wermut, Flockenblume, Pfennigminze werden auch empfohlen und zum täglichen Gebrauch, eingeweicht in Molke, besonders für hypochondrische Melancholie verschrieben. Und weil die Melancholie häufig die Milz und das Blut schädigt, darf ich auch Endivien, Zichorie, Löwenzahn, Erdrauch &c. nicht vergessen, die das Blut reinigen. Lemnius, *Inst., Kap. 58,* preist die Raute für ihre ausgezeichnete Eigenschaft, ›eitle Phantastereien und Teufel auszutreiben und betrübte Seelen zu erleichtern.‹ Noch andere Dinge gibt es, die manche Autoren warm empfehlen, wie einen alten Hahn, einen Widderkopf, ein Wolfsherz, um es auf dem Leib zu tragen oder zu verzehren, was Mercurialis gutheißt; Prosper Alpinus das Nilwasser; Gomesius alles Meerwasser, und bei passender Gelegenheit auch die Seekrankheit; außerdem Ziegenmilch, Molke, &c.

Heilkräuter, die nach oben purgieren

MELANAGOGA oder Schwermut-purgierende Medikamente sind entweder einfach oder zusammengesetzt, sanft oder heftig, wirken aufwärts oder abwärts. Die folgenden purgieren nach oben: Lorbeer wird von Heurnius *Method. ad prax. 2, cap. 24,* unter die starken Reinigungskräuter der Melancholie gerechnet; es ist heiß und trocken im 4. Grad. Plinius setzt 15 Beeren, in Flüssigkeit aufgelöst, als ausreichenden Heiltrank an; es wird meist mit seinem Gegenteil, Kälte und Feuchte, ausgeglichen, wie mit Endiviensaft oder Portulak; diese Arznei, und Asabaracca, weiß jede Hausfrau im ganzen Land zu bereiten: es sind zwei der gebräuchlichsten Brechmittel. Weißer Nieswurz, den manche Niespulver nennen, ist ein kräftig aufwärts wirkendes Purgiermittel, von vielen verworfen, weil es zu heftig sei. Es war in der Tat, wie Plinius anmerkt, ›ein Schrecken in früherer Zeit‹, doch ist es uns inzwischen wohlvertraut, weil es vordem viele Studenten genommen haben, ›um ihren Witz anzuregen.‹ Dr. Turner, der von dieser Pflanze in seinem Kräuterbuch spricht, berichtet, zu seiner Zeit sei es bei den Gevatterinnen ein verbreitetes Rezept gewesen, Nieswurz in Pulverform zu verabreichen, und er hat nicht allzuviel dagegen. Doch sie verwenden es meist im Übermaß, denn wer ist so tollkühn wie der blinde Bayard? und verabreichen es in ganzen Pennyportionen; ich selbst hörte in einem Apothekerladen Marktleute danach verlangen – Gott weiß, mit welchem Ergebnis: sie müssen oft für ihre blinde Übereilung und Narrheit bitter büßen, bringen eine Ader zum Platzen, lassen die Augen aus ihren Höhlen treten, und morden sich selber, so daß der Fehler nicht am Medikament liegt, sondern am groben und unbedachten Umgang mit ihm.

Antimon oder Stibium, das unsere Alchemisten so in den Himmel heben, wird entweder in fester Form oder aufgelöst eingenommen, und häufig für unsere Krankheit verschrieben. Schenkius berichtet von einem böhmischen Priester in Prag, ›der so schlimm von Schwermut befallen war, daß er ganz närrisch wurde und unverständliches Zeug faselte; doch nachdem er 12 Gran Stibium genommen hatte (was ich mit eigenen Augen sah, und bezeugen kann, denn ich wurde herbeigerufen, um diesen wunderbaren Vorfall zu sehen), spie er eine Masse schwarzer Galle, die aussah wie lauter Fleischbröckchen, und seine Exkremente waren wie schwarzes Blut‹ (eine Kur, die eher für ein Roß als für einen Menschen taugt!), ›aber es tat ihm so wohl, daß er am Tag darauf vollkommen geheilt war.‹

Tabak, der himmlische, rare, übervortreffliche Tabak, der alle anderen Allheilmittel, goldenen Tränke und Steine der Weisen weit übertrifft, ist eine unersetzliche Medizin für alle Leiden. Ein gutes Brechmittel, das will ich gerne zugeben, ein wirkungskräftiges Kräutchen, wenn es im richtigen Maß und zur rechten Zeit genommen und medizinisch verabreicht wird. Doch so wie es gemeinhin die Leute mißbrauchen, die es nehmen wie die Kesselflicker ihr Bier, ist es eine Pest und Landplage, ein wüstes Purgiermittel für Geld, Ländereien und Gesundheit; höllischer, teuflischer, verfluchter Tabak, der Umsturz und Ruin von Leib und Seele!

Besondere Kuren für die verschiedenen Arten von Schwermut: Melancholie des Kopfes

Ich will zuerst die Melancholie des Kopfes behandeln, und dabei müssen wir, wie bei allen guten Kuren, mit der Kost beginnen, die das Wichtigste ist und oft von sich aus zu einer Heilung führt. Diese Kost betrifft, wie gesagt, nicht nur die Wahl von Speise und Trank, sondern auch alle anderen Non-naturalia. Die Luft soll klar und ordentlich feucht sein; das Essen richtig saftig, leicht verdaulich, und nicht blähend; das Getränk hell, gut zubereitet, weder zu stark noch zu schwach. ›Mach nur einen Melancholiker schön feist‹, wie Rhasis sagt, ›und schon ist deine Kur am Ziel.‹ In der Leibesübung nicht zu lässig, noch zu heftig. Schlaf: etwas mehr als üblich. Stuhlgang: täglich, ob auf medizinischem oder natürlichem Weg; und wie Fernelius seinem Patienten einschärft: unbedingt zu vermeiden sind alle Leidenschaften und Aufregungen des Geistes. Laßt ihn (bei Melancholie jeder Art) weder einsam noch müßig sein, sondern stets von den Freunden und Angehörigen umgeben, an denen er am meisten hängt, ordentlich gekleidet, gewaschen und gekämmt, soweit er dazu imstande ist, in reinlicher wohlriechender Wäsche, adrett, ansehnlich, anständig und in gutem Aufzug. Denn nichts drückt einen Menschen eher nieder als Mangel, Verwahrlosung, Unsauberkeit, und abstoßende oder alte, aus der Mode gekommene Kleidung.

Aderlaß

ADERLASS wird unterschiedslos vor und nach der Einnahme von Arznei verabreicht. In der Regel setzt man Schröpfköpfe auf die Schultern des Patienten, nachdem man zuvor die Haut angeritzt hat; man bringt Blutegel am Kopf an, und bei allen melancholischen Erkrankungen, ob essentieller oder akzidentieller Art, läßt man die Hämorrhoiden ausbluten. Valescus verschreibt Aderlaß bei allen drei Arten von Melancholie, und Sallustus Savianus stimmt ihm zu: ›Wenn Blutfülle herrscht, was sich an der Dicke der Adern, der bisherigen Lebensweise des Patienten, seiner Art des Lachens, seinem Alter, &c. erkennen läßt, soll man mit der mittleren Ader des Arms beginnen; ist das Blut kräftig rot und hell, stille man es wieder; doch wenn es im Frühling oder bei gutem Wetter schwärzlich ist, laßt es laufen, soweit es der Patient verträgt, und acht bis zwölf Tage später öffne die Hauptader und die Stirnadern, oder hole es aus den Nasenlöchern, oder mithilfe von Schröpfköpfen‹, &c. Auch Trallianus läßt dies gelten: ›Wenn in der Nase, in den Hämorrhoiden oder im

Monatsfluß der Frauen ein Blutstau aufgetreten ist, soll man eine Ader am Kopf oder an den Knöcheln öffnen.‹ Doch er rät eher ab von diesem Verfahren, wenn die Melancholie nur im Kopf oder als Folge von Senilität auftritt, ›denn Aderlaß kühlt ab und trocknet aus‹. Deshalb schließe ich mit Aretaeus: ›Ehe du Blut abzapfst, überlege es wohl‹, und bedenke die Umstände des vorliegenden Falles.

Vorbereitende Maßnahmen und Abführmittel

NACH DEM Aderlaß müssen wir zu anderen Heilmethoden übergehen: zunächst die nötigen Vorbereitungen treffen, dann purgieren: *Augeae stabulum purgare* [den Augiasstall ausmisten], ehe wir hoffen dürfen, etwas Gutes auszurichten. Gualter Bruel will den praktischen Arzt gleich mit einem Klistier seiner Machart beginnen lassen, das er lieber verordnet als Aderlaß; doch die Mehrheit so wie Mercurialis oder Montaltus, *Kap. 30,* &c. schreiten fort von Lenitiven über Präparative zu den Purgiermitteln. Die kommen zuletzt, ›und sollten gar nicht eingesetzt werden, wenn das Leiden auf anderem Wege Abhilfe finden kann‹, weil sie die Natur so sehr schwächen und austrocknen lassen; und wenn wir sie doch verabreichen, ›müssen wir zunächst mit den mildesten anfangen.‹ Manche verbieten erhitzende Medizin in jeder Form, wie Alexander und Salvianus, *ne insaniores inde fiant* [damit sie davon nicht noch verrückter werden].

Purgiert lieber nach unten als nach oben, verwendet lieber Tränke als Pillen, und wenn ihr einmal mit einer Kur angefangen habt, haltet daran fest und bleibt bei eurer Methode. Man muß den eingeschlagenen Weg fortsetzen, doch nicht so, daß die Natur dabei erschöpft und unterdrückt wird: *danda quies naturae* – sie müssen immer wieder nachlassen und der Natur etwas Ruhe gönnen.

Ich finde, daß die Autoren ein wahres Chaos von Arzneien, ein Durcheinander von Rezepten und magistralen Verschreibungen dieser Krankheit widmen; einige der wichtigsten will ich aufzählen. *Helleborismus Matthioli*, mit dem der Erfinder, wie er sich rühmt und brüstet, eine Unmenge von verschiedenen Heilungen vollbracht hat: ›Ich habe das Mittel nie verabreicht‹ (so sagt er), ›ohne daß sie, nach ein oder zwei Schlucken, mit Gottes Hilfe allesamt glücklich kuriert waren.‹ Quercetan will dem in seinen *Spagirica Pharm.* einen Sirup aus Nieswurz vorziehen, eben so wie, in *Kap.* 5, einen Nieswurz-Extrakt eigener Herstellung (›eine absolut sichere Medizin, durchaus geeignet auch für Kinder‹), weit besser als alle anderen Heilmittel. Paracelsus, in seinem Buch über den schwarzen Nieswurz, billigt diese Medizin, aber nur so, wie er sie selbst zubereitet. ›Ganz unbestreitbar‹ (sagt er) ›besitzt dieses Kraut große Heilkraft und wunderbare Wirkung, es ist der reine Balsam; und wer es gut zu gebrauchen versteht, weiß mehr von der Kunst, als in allen Büchern steht oder alle Doktoren Deutschlands im Kopf haben.‹

Diesen Rezepten hinzufügen kann ich *Arnoldi*

vinum buglossatum oder Borretsch-Wein; das Mischwasser des Rubeus nach Savonarola; den Balsam des Pinetus; Cardanos *pulvis hyacinthi*, mit dem er viele Melancholiker binnen acht Tagen geheilt zu haben behauptet, und das Schenkius zu seinen beachtlichsten Medizinen zählt; den Sirup des Altomarus, mit dem dieser, wofür er Gott feierlich zum Zeugen anruft, auf seine Art viele ausgezeichnete Kuren vollbracht hat; Rulandus' Wunderwasser gegen die Melancholie, das er in *Cent. 2, Kap. 96 spiritum vitae aureum, panaceam* [goldenen Lebensgeist, Allheilmittel] und was sonst noch alles nennt; dazu seine unfehlbare Medizin aus 50 Eiern, *Curat. Empir. cent. 1, cur. 5,* davon drei jeden Morgen, zusammen mit einem Pulver seiner Fabrikation; Faventius, in *Prac. Empir.,* verdoppelt die Zahl der Eier auf 101, die auf die gleiche Weise, immer je drei und wieder drei, einzunehmen sind, zusammen mit einer Dosis des gleichen Pulvers, bis alles aufgebraucht ist: ein höchst probates Heilmittel für alle Melancholiker und Verrückten.

Aber all diese Rezepte sind nichts gegen die chemischen Zurichtungen aus *aqua chelidonia*, Nieswurz-Essenzen, Salze, Extrakte, Destillate, Öle, *aurum potabile* [Goldwasser], &c. Dr. Anthony, in seinem Buch *de auro potab.,* edit 1600, ist ganz davon eingenommen: ›Und obgleich die ganze Schule der Galenisten es in ihrer Praxis aus sündhaftem und undankbarem Stolz und Hohn verwirft, müssen sie bei schwereren Leiden, wenn ihre Pflanzen nichts mehr nützen, doch Zuflucht zu den Mineralien nehmen, die sie freilich unbesonnen, unnütz, nachlässig und nicht zweckdienlich anwenden.‹

Aber was muß ich mich in diese große Kontroverse einmischen, die in sovielen Büchern behandelt wird? Sollen doch Paracelsus, Quercetan, Crollius und die Brüder vom Rosenkreuz sich nach Herzenslust rechtfertigen. Crato, Erastus und die Galenisten ziehen gegen Paracelsus zu Feld; er wiederum brüstet sich, er hätte mit diesen Mitteln mehr ruhmreiche Heilungen durchgeführt als alle Galenisten Europas, und nennt sich selbst einen Monarchen, Galen und Hippokrates dagegen lauter Kindsköpfe und Nichtskönner, &c. Auf der andren Seite beschimpfen Erastus und die anderen Galenisten seine Anhänger als medizinische Ketzer: ›Paracelsus hat in der Medizin das gleiche angerichtet wie Luther in der Theologie.‹ ›Ein Trunkenbold war er, ein gemeiner Geselle, hatte den Teufel zum Lehrmeister und lauter Teufel als Hausgeister, und was er tat war nichts als Teufelswerk.‹ So streiten und keifen sie um die Wette, schreiben ihre Bücher pro und contra für jeden Markt, *et adhuc sub judice lis est* [und der Fall ist immer noch nicht entschieden]: Mögen sie einig werden, wie sie wollen, ich fahre fort.

Kur der Melancholie am ganzen Leib

Wenn das schwarzgallige Blut den ganzen Körper, einschließlich des Gehirns, in seiner Gewalt hat, beginnt man am besten mit dem Aderlaß. Die Araber empfehlen, das Blut von dem Arm derjenigen Seite, die im Kopf mehr von Schmerz und Dumpfheit betroffen ist, abzuzapfen: wenn schwarzes Blut herausströmt, laßt es strömen; wenn es aber hell und gut aussieht, soll man es sofort unterbinden, ›denn die Bösartigkeit der Melancholie wird durch gutes Blut sehr gebessert.‹ Falls der Zustand des Patienten es nicht erlaubt, allzuviel Blut auf einmal abzulassen, so muß man es immer wieder versuchen; und läßt es sich nicht ohne Schwierigkeiten aus dem Arm zapfen, so ist es aus Knie oder Knöchel zu entnehmen, besonders bei Männern und Frauen, deren Hämorrhoiden und Monatsfluß zum Stocken gekommen ist. Bessert sich die Krankheit nicht, so ist es angebracht, an einer Stelle der Schläfe Blut zu entnehmen, und bei Jungfern, die aus Liebeskummer schwermütig sind, im Fußknöchel, ebenso bei Witwen, die niedergeschlagen und von schlimmen Sorgen und Beschwerden heimgesucht sind; denn das schlechte Blut fließt zum Herzen und peinigt den Geist.

Hämorrhoiden sind mit einer Lanzette oder mithilfe von Blutegeln zu öffnen, &c. Diät, reduktive und alterative Mittel, Stärkungs- und Ausgleichstränke wie zuvor angegeben; wenn es angebracht ist, auch vermischt; ›alle Bemühung muß dahin gehen, daß der Melancholiker ordentlich zunimmt: dann ist die Kur erfolgreich beendet.‹ *Diuretica* oder harntreibende Medikamente werden dazu von manchen verordnet, je nachdem heiß oder kalt; heiß, soweit es die Hitze der Leber nicht verbietet, kalt dann, wenn die Leber stark erhitzt ist. Zu den heißen zählen Petersilienwurzel, Liebstöckel, Fenchel, &c.; zu den kalten Melonenkerne &c., mit einer Molke aus Ziegenmilch, als dem üblichen Lösungsmittel.

Um das Blut zu purgieren und zu reinigen, verwende man Saudistel, Zichorie, Sennesblätter, Endivien, *carduus benedictus,* Löwenzahn, Hopfen, Frauenhaar, Erdrauch, Ochsenzunge, Borretsch, &c., mit ihrem Saft, Sud, Destillat, Sirup, &c.[39]

Dies also in aller Kürze sind die gewöhnlichen Medikamente, die zur Heilung der Melancholie gehören und, recht angewendet, ohne Zweifel viel Gutes bewirken. *Si non levando, saltem leniendo valent peculiaria bene selecta,* sagt Bessardus: eine gute Auswahl einzelner Rezepte muß notwendig, und zwar nicht nur in einem, sondern, je nachdem, in den meisten oder gar allen Fällen, die Krankheit lindern, wenn nicht sogar heilen. *Et quae non prosunt singula, multa iuvant* [und wenn sie einzeln nicht helfen, dann vielleicht mehrere auf einmal].

---

39 *Hoc unum praemoneo, domine, ut sis diligens circa victum, sine quo caetera remedia frustra adhibentur*
[Nur dies eine, Herr, rate ich Dir ernstlich, daß Du Deine Lebensweise sorgsam überwachst: wenn es daran fehlt, werden alle Arzneien vergeblich verabreicht].

Inamorato tritt zuletzt
Noch auf, die Arme hübsch gekreuzt,
Den Hut tief in die Stirn gezogen,
Will wohl ein Liebesliedchen proben;
Laute, und Noten, rings verstreut,
Als Zeichen seiner Eitelkeit.
Erscheint dies Bild Dir ungenau,
Dann zieh Dich an der Nase – Au!

DRITTER TEIL
Schwermut der Liebe
(Übertragen von Peter Gan)

Vorwort

Es wird vermutlich nicht an Leuten fehlen, die manche Teile dieses Traktats über die Schwermut der Liebe entschieden mißbilligen und, wie Erasmus in seinem an Thomas Morus gerichteten Vorwort zum *Lob der Torheit,* behaupten werden, ›es sei für einen geistlichen Mann ein gar zu leichtsinniges und scherzhaftes Unterfangen‹, von den Symptomen der Liebe zu sprechen: gar zu phantastisch und allenfalls Sache eines übermütigen Dichters, eines empfindsamen, liebeskranken, jungen Galans, eines weichlichen Hofmanns oder ähnlicher müßiggehender Personen. Und sie haben recht; denn durch die menschliche Verderbnis ist es so weit gekommen, wie Caussinus bemerkt, *ut castis auribus vox amoris suspecta sit, et invisa:* das bloße Wort ›Liebe‹ ist keuschen Ohren verdächtig; weswegen andere wiederum aus angemaßter Würde um jenes bloßen Wortes willen, und ehe sie eine Zeile gelesen haben, alles ablehnen und sich beschweren werden, daß man ihren Ohren so unzüchtige Reden zumutet: denn so hält man sie für ernste Philosophen und bewundert ihr gesetztes Betragen.

Erubuit, posuitque meum Lucretia librum,
Sed coram Bruto; Bruto recede, legit.[1]

1 Martial.

[Als Brutus kam, verbarg errötend sie mein Lied.
Sie holt es wieder vor, wenn Brutus es nicht sieht.]

Doch mögen diese Kritiker und falschen Catos sichs gesagt sein lassen, daß ein alter, ernster und besonnener Mann vor allen andern über Dinge der Liebe zu reden berufen ist, da er denn vermutlich mehr erfahren und gesehen hat, ein gesetzteres Urteil sein eigen nennt und besser diskutieren so wie entscheiden und unterscheiden kann, auch bessere Ratschläge bereithält, seine Hörer besser in solchen Dingen unterweist und, eben wegen seiner reiferen Jahre, auch eher belustigen darf. Überdies, *nihil in hac amoris voce subtimendum,* es darf hier nichts übergangen werden; Liebe ist eine *species* der Schwermut, mithin ein nötiger Teil meines Traktats, den ich nicht auslassen darf: *operi suscepto inserviendum fuit,* ich muß und werde meine Aufgabe erfüllen.

Einige strenge Leser nehmen dem würdigen Vergil den Zweiten Gesang seiner *Aeneis* übel, weil er solchen Liebesleidenschaften in seinem heroischen Gedicht einen Platz gibt; aber sein Kommentator Servius verteidigt mit Recht den Dichter, der in alledem würdig, weise und recht gehandelt habe. Castalio wollte nicht, daß junge Leute das *Hohelied Salomonis* läsen, weil es nach seiner Ansicht ein allzu leichtfertiger und verliebter Traktat sei, eine *ballad of ballads,* wie es in unserer alten englischen Übersetzung heißt. Er könnte ebensogut das Lesen der *Genesis* verbieten wegen Jakobs und Rahels Liebe; oder das *Buch der Richter,* wegen Samsons und Dalilas Umarmungen; oder das *Buch der Könige* wegen Davids Ehebruch mit Bathseba, der Blutschande Amnons und Thamars, Salomons Kebsen &c., wegen der Geschichten von Esther, Judith, Susanna und vieler anderer, ähnlicher. Dicaearchus und einige andere wollen Platons Majestät am Zeuge flicken, weil er solche Liebesspielereien zu schreiben sich herabgelassen habe, unter anderem das Getändel mit Agathon:

Suavia dans Agathoni, animam ipse in labra tenebam;
Aegra etenim properans tamquam abitura fuit.

[Ich küßte Agathon, und meine Seele schien auf meinen Lippen mir, als wollte sie mich fliehn.]

Können ernste Philosophen etwas Ungereimteres tun, als über solche Narreteien zu schreiben, Autolycus und Alkibiades um ihrer Schönheit willen zu bewundern, wie sie es taten; hinter dem blonden Phaedros, dem zarten Agathon, dem jungen Lysis und dem anmutigen Charmides herzulaufen, sie anzustarren und sich in sie zu vernarren; *haeccine philosophum decent?* steht solch Verhalten ernsten Philosophen an? Gesetzt aber, sie hätten sich ein wenig vergessen – soll der göttliche Platon deswegen verunglimpft werden? Nein, sondern eher sollte man sich an jenem Manne ein Beispiel nehmen, der zu Catos Trunkenheit bemerkte: wenn Cato trunken ist, so sollte Trunkenheit nicht länger als ein Laster betrachtet werden. So tadeln sie Platon zwar, aber (wie Ficino plädiert) ohne Grund; ›denn jede Liebe ist ehrbar und gut; und wer gut von der Liebe spricht, ist wert, geliebt zu werden‹.[2] Nach einem herben, ungefälligen Vortrag über die

2 *Omnis amor honestus et bonus,*
et amore digni qui bene dicunt de amore.

Schwermut, der bisher des Lesers Geduld auf die Probe gestellt und den Verfasser ermüdet hat, erlaubt dem letzteren nun, sich nach anstrengenden Studien auf solche Weise zu erholen, ›zumal so mancher gottesgelehrte und würdige Mann, um sich und anderen zu dienen, freiwillig und ohne Verstoß gegen die Sitten hierüber geschrieben hat‹.

Indessen will ich Dir nicht meine Pamphlete aufdrängen oder um Deine Aufmerksamkeit betteln; gefallen sie Dir aber, so habe ich nichts dawider. Plinius hält es für ratsam und angebracht, *severitatem jucunditate etiam in scriptis condire,* unsere Arbeit mit einigen gefälligen Betrachtungen zu unterbrechen; und ohne Frage fehlt es nicht an solchen, die noch mehr Vergnügen haben, dergleichen Spielereien zu lesen, als ich, sie zu schreiben.[3]

Indessen ist es mein ernstes Unterfangen, nicht nur zu gefallen, sondern auch zu nützen, *non tam ut populo placerem, quam ut populum juvarem;* und so hoffe ich, daß meine Schriften wie vergoldete Pillen wirken werden, die einerseits den Appetit anregen und den Gaumen täuschen. und andrerseits den ganzen Leib fördern und medizinisch beeinflussen. Meine Zeilen sollen nicht allein den Geist ermuntern, sondern auch bessern. Und so habe ichs für recht gehalten, dies alles in meinem Vorwort zu sagen, auf daß nicht (wie Godefridus für sein Buch befürchtete) jemand mir Leichtsinn, Üppigkeit, Voreiligkeit vorwerfe, wenn ich von den Ursachen der Liebe, ihren Verlockungen, Symptomen, Heilmitteln, von erlaubten und uner-

---

3 *Legendi cupidiores, quam ego scribendi,* sagt Lukian.

laubten Neigungen und von der Lust selber rede. ›Ich sage dies alles nur, um andere zu mahnen und abzuschrecken; nicht, um sie derlei zu lehren, sondern um die Eitelkeit und Narretei dieser heroischen oder herkulischen Liebe aufzuzeigen und Heilmittel gegen dieselbe anzuraten.‹[4] Und hiervon will ich mit der gleichen Freiheit reden wie von den übrigen Dingen.

Verdamme mich also nicht, guter Leser, und urteile nicht hart über mich, wenn Du dennoch einiges in diesem Traktat als zu leichtfertig befindest, sondern denk besser über mich. *Omnia munda mundis,* [dem Reinen ist alles rein]. Ein nackter Mann ist einer züchtigen Frau nicht mehr als ein Bild; *mala mens, malus animus*[5] [ein böser Kopf, ein schlechter Tropf]. Die Dinge sind, wie man sie sieht. Findet Dein Tadel mich zu leichtfertig, so rate ich Dir, *istos quasi Sirenum scopulos praetervehere* [an diesen Sirenenklippen vorbeizufahren]; gefallen sie Dir nicht, so laß sie liegen. Halt Dich ans Gute und nicht ans Schlechte und verwirf nicht unbesehn das Ganze. Mein Büchlein lädt ein zum Lachen; und so bitte ich nüchtern und reumütig für etwaige Fehler um Vergebung und wünschte, Du möchtest Dein Urteil aufschieben, bei kleinen Irrtümern ein Auge zudrücken oder doch wenigstens schweigen. Wenn Du aber magst, so sprich gut von ihm und wünsch mir Erfolg. *Extremum hunc, Arethusa, mihi concede laborem* [Gestatte mir, Arethusa, dies letzte Werk zu vollenden].

---

4 Aeneas Sylvius.
5 *Honni soit qui mal y pense* [Ein Schelm, wer Arges dabei denkt!].

Wie dem auch sei, ich bin entschlossen, *velis, nolis, audacter stadium intrare* [ob Du willst oder nicht, diese Arena mutig zu betreten], auf dieser öffentlichen Bühne mich zu zeigen und in dieser Tragikomödie der Liebe verschiedene Rollen zu spielen: teils im satirischen, teils im komischen und teils auch in einem gemischten Ton, je nachdem mein Gegenstand mirs gestattet oder abverlangt.

Menschliche Liebe, mit ihrem Gegenstand wechselnd, und, je nachdem, bekömmlich, erfreulich, ehrbar

VALESIUS, *lib. 3, contr. 13,* beschreibt die Liebe der Menschen als ›eine Neigung sowohl des Begehrungsvermögens als der Vernunft‹.[6] Die letztere wohnt im Gehirn, die erstere in der Leber, wie bereits Platon und andere gelehrt haben. Das Herz wird abwechselnd von beiden beeinflußt und durch seine Zustimmung auf tausend Wegen so geleitet wie verleitet. Das Empfindungsvermögen übermeistert meistens die Vernunft, die Seele läßt sich mit verbundenen Augen führen, und der Verstand geht in Ketten wie ein Tier. Diese menschliche Liebe nun ist wechselnd wie der Gegenstand, der sie verlockt: zum Beispiel Tugend, Weisheit, Beredsamkeit, Wohlfahrt, Reichtum, Geld, Ruhm, Ehre oder Anmut der Person &c. Leon Hebraeus, in seinem *Ersten Dialog,* führt sie allesamt auf diese drei zurück: *utile, jucundum, honestum;* bekömmlich, erfreulich, ehrbar.

---

6 *Affectus nunc appetitivae potentiae, nunc rationalis; alter cerebro residet, alter hepate, corde, &c.*

Erfreuliche Gegenstände sind unzählbar, sie seien nun belebt oder leblos. Ohne Seele sind Länder, Provinzen, Türme, Städte; und eine schöne Insel sehen wir, *etiam cum non videmus,* auch wenn wir sie nicht sehen, d. i. durch Beschreibung, so, daß die Sonne nie eine schönere beschien: *Thessala Tempe* [ein neues Thessalisches Tempetal], Gärten, Lauben, anmutige Wege, Springbrunnen und dergleichen mehr. Schöne Häuser, schöne Bilder, alle kunstvollen, sorgsam ausgearbeiteten Werke, Gewänder, &c. geben einen herrlichen Glanz, daß wir sie anstaunen, *ut pueri Junonis avem,* wie Kinder einen Pfauen. Das gleiche gilt von einem schönen Jagdhund, einem schönen Pferd oder Falken. *Thessalus amat equum pullinum, buculum Aegyptius, Lacedaemonius catulum* [der Thessalier liebt ein Füllen, der Ägypter einen jungen Stier, der Spartaner einen Welpen]. Solche Dinge sind erfreulich und gut, nötig, anmutig und willkommen; betrachten wir sie aber im Unmaß und vernarren uns in dieselben, so schlägt die Freude um in Schmerz, bringt Sorgen und Verdruß, wird schließlich unser Herr und endet zuletzt in Schwermut. Manchem tuts das verwünschte Jagen mit Falken und Hunden und andere eitle Vergnügungen an; andere lüstets über alles Maß nach Ruhm, nach Olympischen Kronen und Ritterschlag im Feld und ähnlichen Dingen, und richten sich damit zugrunde.

Der Wollüstling ist vernarrt in seine hübsche Geliebte; der Schlemmer in seine Schüsseln, die ohne Ende gewechselt werden, den Gaumen zu ergötzen; der Epikuräer in seine mancherlei Vergnügen;

der Abergläubische in sein Idol, der sich an künftigen Freuden mästet wie Türken an den eingebildeten Sinnenfreuden eines weltlichen Paradieses. Doch gehen die schönsten Dinge und Verlockungen von Menschen selber aus und nehmen sie gar häufig gefangen und verführen sie, daß sie über jedes Maß sich gegenseitig gefallen, und solches aus mancherlei Gründen. Zunächst, wie manche meinen, bewogen durch geheime Kraft der Sterne. *Quod me tibi temperat astrum?* [Welcher Stern macht mich geschickt für dich?] Sie schwärmen für diesen Menschen und hassen jenen, und haben für beides keinerlei Gründe.

Der letzte Grund, der die Menschen aneinander bindet, ist Anmut der Person, die bloße Schönheit, wie Männer Frauen mit lüsternen Augen betrachten und lieben: als welche Liebe heroisch genannt wird oder Liebesschwermut. Andere Arten von Liebe, sagt Piccolomineus, werden gelegentlich mit gewisser Einschränkung auch so genannt, wie Liebe zum Wein, zum Golde &c., indessen die Liebe zum Weibe eigentlich in einem bedeutenderen Sinne damit gemeint ist. Der Körperteil, den sie beeinflußt, ist die Leber. Diese Liebe verdient für sich eine längere Betrachtung und soll im folgenden behandelt werden.

Heroische Liebe als Ursache der Melancholie: ihre Herkunft, Macht und Ausbreitung

IM VORIGEN Kapitel wurde neben andern gefälligen Dingen auch jener Anmut und Schönheit Erwähnung getan, die von Frauen ausgeht und heroische Liebe oder Liebesschwermut erregt, welche die übrigen Liebesarten überragt und recht eigentlich Liebe genannt wird; für gewöhnlich sind es galante, adelige Personen, hochsinnige vor allem, die sie befällt. Ihre Macht und Ausdehnung gehen weit. Ihr Stammbaum ist uralt, leitet sich her vom Beginn der Welt, wie Phaedrus[7] behauptet, und hat so altertümliche Verwandtschaft, daß kein Dichter sie je hat ausfinden können. Einige meinen, sie sei eben jenes Feuer, das Prometheus vom Himmel holte.

Wenn Eros immer jung dargestellt wird, so hat dies seinen Grund darin (wenn wir Phornutus folgen wollen): ›daß junge Menschen sich bestens zur Liebe schicken; glatt, blond und fett, weil solche Leute am ehesten gefallen; nackt, weil alle wahrhafte Neigung einfach und offen ist; lächelnd, weil Liebe fröhlich ist und Freude sucht; mit Pfeil und Bogen, um seine Macht zu zeigen, der keiner entgeht; blind, denn er sieht nicht, wen er trifft und verwundet‹ &c. Die Dichter geben seiner Macht und Hoheit Ausdruck, indem sie ihn als einen Gott verehren, und zwar als einen großen und gebieterischen Gott, noch über Jupiter selbst[8] ein mäch-

7 *Phaedrus orator, in laudem amoris, Platonis Convivio* [Phaedrus in seiner Rede zum Preis der Liebe in Platos *Gastmahl*].
8 Ein kleiner Papst, *claves habet superorum et inferorum* [denn er hat die Schlüssel zu Himmel und Hölle].

tiger Dämon, sagt Platon von ihm: *Numen enim, et non nudum nomen* [eine Gottheit, und nicht nur ein Name].

Jupiter selbst wurde durch Liebe in einen Satyr, Schäfer, Stier, Schwan, Goldregen und Gottweißwas verwandelt; daher Juno (nach Lukian) ihm mit gutem Recht vorwarf: *Ludus amoris tu es,* Du bist Cupidos Spielzeug und Kreisel. Die tapfersten Soldaten und hochherzigsten Gemüter entnervt die Liebe, *ubi muliebribus blanditiis permittunt se et inquinantur amplexibus* [wenn sie der Schmeichelei der Weiber sich überlassen und sich in ihren Umarmungen besudeln]. Apollo, der es auf sich nahm, alle Krankheiten zu heilen, konnte dennoch sich selbst von dieser einen nicht befreien;[9] daher Sokrates Eros einen Tyrannen nennt und ihn auf einem Triumphwagen vorführt, worin Petrarca ihn nachahmt in seinem *Triumph der Liebe.*

Welche Gewalt Liebe in vegetalischen Kreaturen bewährt, kann durch manche schlüssige Beweise und allbekannte Beispiele belegt und bewiesen werden, insonderheit bei Palmbäumen, die als er und sie sich unterscheiden lassen und nicht nur Sympathie, sondern wahre Leidenschaft zeigen, was zahlreiche Beobachtungen bestätigt haben. Constaninus, *de Agric. lib. 10, cap. 4,* gibt aus den *Georgica* des Florentius das Beispiel einer Palme, die höchst leidenschaftlich sich verliebte; ›und wollte so lange sich nicht trösten lassen, als bis ihr Geliebter selbst sich ihrer annahm. Da sah man

9 *Nullis amor est medicabilis herbis*
[kein Heilkraut ist gegen die Liebe gewachsen].

die beiden Bäume sich zueinander neigen und aus gegenseitigem Verlangen ihre Zweige ausstrecken, sich zu umarmen und zu küssen. So können Bäume deutliche Zeichen wechselseitiger Liebe geben‹. Ammianus Marcellinus, *lib. 24,* berichtet, daß sie sich heiraten und sich jählings verlieben, wenn sie, aufgewachsen, einander ansichtig werden; bringt dann der Wind ihren Duft hinüber und herüber, so sind sie aufs wundersamste erschüttert. Ja, wie Galen bestätigt, können sie krank werden, hinsiechen und sogar sterben aus Liebe, darum die Bauern, wo sie solches merken, Palmen zu streicheln pflegen, die dicht beieinander wachsen; und indem sie zuerst die verliebte Palme streicheln, bringen sie Küsse von einer zur andern. Oder sie binden Zweige und Wedel der einen an den Stamm der anderen, worauf beide weit üppiger blühen und gedeihen denn zuvor. Wenn solche Leidenschaft in vegetalischen Kreaturen lebt, was sollen wir von sensitiven denken? Wie viel heftiger und erkennbarer wird sie sich in ihnen bezeigen!

Wie die Liebe die Menschen tyrannisiert. Liebe, oder heroische Schwermut, ihre Definition, und auf welche Körperteile sie einwirkt

Ich komme nun endlich zu jener heroischen Liebe, die zwischen Mann und Frau entspringt und häufig Schwermut mit sich führt, und sollte lieber brennende Lust genannt als mit einem so rühmlichen Titel versehen werden. Ich will zugeben, daß es eine ehrbare und natürliche Liebe gibt, *laqueus occultus captivans corda hominum, ut a mulieribus non possint separari,* eine geheime Schlinge, das Herz des Mannes zu fangen, wie Fonseca beweist; ein starker Köder von mächtiger, geheimer, magnetischer Kraft und Eigenschaft, dem kein lebendiger Mann entgehen kann. *Et qui vim non sensit amoris, aut lapis est, aut bellua* [wer nicht die Macht der Liebe fühlt, ist ein Stein oder ein Tier]: kein Mann, sondern ein Klotz, ein wahrer Kiesel, *aut numen aut Nebuchadnezzar* [entweder ein Gott oder ein Nebukadnezar], hat einen Kürbis als Kopf und eine Gurke als Herz und ist ein so seltsames Wesen, daß mans einmal in hundert Jahren findet. Denn, wie der Dichter sagt, *semel insanivimus omnes,* einmal waren wir alle, jung oder alt, vernarrt, und niemand ist ausgenommen außer Minerva und den Musen.[10]

Aber die eheliche Liebe ist eine alltägliche und ehrbare Leidenschaft, und so zu lieben steht dem Menschen wohl an; *ut materia appetit formam, sic mulier virum* [wie der Stoff nach der Form verlangt, so das Weib nach dem Manne]. Ihr wißts, wie ehrbar die Ehe ist, eine gesegnete Berufung und von Gott selber eingesetzt im Paradiese. Sie gibt wahren Frieden, Ruhe, Zufriedenheit und Glück, und ist kein heiliger Band auf Erden, wie Plutarch trefflich beweist, *et quae generi humano immortalitatem parat* [und macht das Menschengeschlecht unsterblich], wenn beide, Mann und Frau, liebevoll mit-

---

10 *Amore non ardent Musae.*
– Lukian, in den *Göttergesprächen.*

einander leben, wie sies immer sollten, und ohne Zank und Streit. Es ist solcher Liebe kein anderes Vergnügen auf Erden zu vergleichen und heißt mit Recht *summum mortalitatis bonum, hominum divumque voluptas* [das höchste Gut der Sterblichen und das Entzücken der Menschen und Götter]: *alma Venus* [die allgütige Venus]. Es ist nämlich in einem Weibe etwas, das alle menschlichen Freuden überbietet, eine magnetische Gabe und zauberische Kraft, geheim und gewaltig. Der Gatte herrscht als der Kopf über sie, doch kann sie wiederum sein Herz beherrschen; er ist ihr Diener, sie seine einzige Lust und Freude. Kein Glück ist so groß und keine Liebe so tief wie die von Mann und Frau, kein Trost so süß als *placens uxor,* ein holdes Weib:

> *Omnis amor magnus, sed aperto in conjuge major.*[11]

[Die Liebe ist ein köstlich Band, am köstlichsten im Ehestand].

Allein unsre Liebe ist maßlos und ungeordnet und nicht in Grenzen zu halten; will nicht das Band der Ehe achten noch an einem Gegenstand ihr Genüge finden, sondern will wandern, ausschweifen; eine unbeherrschte, beherrschende Leidenschaft, und läßt nicht mit sich reden, sondern zerstört. Bisweilen tobt diese brennende Lust nach der Ehe und heißt dann mit Recht Eifersucht; bisweilen auch vor der Ehe, und heißt dann heroische Schwermut; erstreckt sich mitunter auch auf Verwandte und macht sich des Raubes, der Blutschande und des Mordes schuldig: *Marcus Antonius compressit Faustinam sororem, Caracalla Juliam*

11 Properz.

novercam, Nero matrem, Caligula sorores, Cinyras Myrrham filiam, &c. [Marc Anton hat seiner Schwester Faustina Gewalt angetan, Caracalla seiner Stiefmutter Julia, Nero der Mutter, Caligula den Schwestern, Kinyras seiner Tochter Myrrha, &c.]. Doch können weder Blut noch Alter und Geschlecht noch irgend andere Dinge ihr Schranken setzen. Einige rasen schon, ehe sie ins verständige Alter kommen, wie die Quartilla bei Petronius, die sich nicht erinnern konnte, je Jungfrau gewesen zu sein; und Chaucers *Weib von Bath* brüstet sich:

Ich mochte just zwölf Jahre sein,
Da nannt ich schon fünf Gatten mein.

Si mihi sint centum linguae, sint oraque centum [hätte ich hundert Zungen und Münder], so könnte ich doch kein Ende finden, so voll ist jede Geschichte von unersättlicher Lust der Männer und Frauen. ›Ein jeglicher wiehert nach seines Nächsten Weibe, wie die vollen müßigen Hengste‹, klagt Jeremias der Prophet (5,8); oder sie rasen wie die Dorfbullen, *raptores virginum et viduarum,* [rauben Witwen und Jungfrauen], wies bei uns oftmals die Mächtigen tun. Salomos Weisheit erlosch in solchem Feuer, und Simson verlor seine Stärke; Lots Töchter vergaßen ganz alle Scham, und Elis Söhne die Würde des Priestertums; die Alten, die Susanna vergewaltigen wollten, Alter und Würde; und Absalom die Sohnespflicht gegen seine Stiefmutter; wie Amnon die Bruderliebe zu seiner Schwester. *Omnia vincit amor* [Allüberwinderin Liebe]: keine Kordel noch Kette kann so gewaltig ziehen oder festhalten wie Liebe mit einem doppelten Faden.

Was aber bei jungen Menschen eher geduldet werden kann, denn sie haben noch heißes Blut, das ist bei alten Leuten lästerlich, und ist nichts widriger als ein alter Wüstling und Narr, der den Verliebten macht. Und dennoch ist nichts häufiger; es sind die Allerschlimmsten. Wie viele dürre, dürftige, krumme, kahle, klägliche, dickbäuchige, butteräugige, zeternde, zahnlose, lästige, lendenlahme Greise sieht man noch immer überall herumflattern? Der eine nimmt sich ein junges Weib, der andre eine Dirne; und wenn er kaum einen Fuß über die Schwelle heben kann und hat bereits den andern in Charons Kahn, das Zipperlein im Kreuz, Gicht in allen Gelenken und Reißen in allen Gliedern, schnupft und hustet ständig, die Augen trübe, und die Ohren verstopft, sein Atem stinkt, und aller Saft ist ausgetrocknet und dahin, kaum daß er spucken kann, zum zweitenmal kindisch geworden, kann sich nicht selber ankleiden, das Fleisch auf dem Teller nicht schneiden, aber er träumt von Mädchen und tändelt mit Jungfern – ist etwas Unziemlicheres zu denken? Bei alten Weibern ists gar noch ärger, wenn sie eine alte Witwe ist und vor langer Zeit Mutter war, *aetate declivis, diu vidua, mater olim, parum decore matrimonium sequi videtur,* will aber wider allen Anstand und Verstand sich wieder verheiraten,[12] hört und sieht kaum, kann weder stehn noch gehn, ein wahres Gerippe, ein Gespenst, eine Hexe – aber sie muß schnurren und gurren, wiehert nach einem Hengst und will wieder heiraten, am liebsten einen

12 Obschon der alten Vettel und Närrin der häßliche Hintern in die Kniekehlen sackt, *hiatque turpis inter aridas nates podex.*

jungen Mann, dens vor ihr graust, aber gafft nach ihrem Geld; zur Schande ihres guten Namens, zum Gram ihrer Freunde und zum Ruin ihrer Kinder.

Indessen, Gewalt und Wirkung der Liebe noch länger zu schildern, hieße der Sonne eine Kerze schenken. Sie wütet in allen Ständen und Zuständen, am meisten jedoch unter denen, so jung sind und üppig, in der Blüte ihrer Jahre, aus edlem Hause, wohlgenährt, die ein leichtes, bequemes Leben haben; daher diese närrische, brennende Lust und tierische Leidenschaft von unsern Ärzten (wie ich schon sagte) heroische Liebe genannt wird oder mit einem ehrenvolleren Namen, wie Savonarola will, *amor nobilis*. Diese Krankheit habe ich mir vorgesetzt, genau zu studieren in all ihren Arten, nach ihren verschiedenen Gründen, Symptomen, Anzeichen, Prognosticis und Auswirkungen, auf daß sie leichter geheilt werden könne.

Ursachen der heroischen Liebe: Temperament, Müßiggang, Ort, Klima, &c.

Die fernsten aller Ursachen sind die Sterne. Ficino sagt, daß diejenigen der brennenden Lust am meisten ergeben sind, deren Horoskop die Venus im Löwen zeigt oder Mond und Venus im gleichen Aspekt. Plutarch erklärt die bekannte Erzählung von Mars und Venus astrologisch: daß alle, bei deren Geburt ♂ und ♀ in Konjunktion stehen, für gewöhnlich lüstern seien, und sinds Weiber, so sinds Huren.

Ärzte folgern alles aus Temperament und Anlage. So sind nach Ficino, *Comment. cap. 9*, phlegmatische Personen selten von dieser Schwermut befallen; trifft sies jedoch, so werden sie das Übel nie wieder los. Manche meinen, daß Blähungen und hypochondrische Gedanken diese Schwäche am meisten fördern. So will Valescus starker Einbildungskraft die Schuld geben, Bodinus einem Überfluß an Winden, Gordonius an Samen, beziehungsweise den Geistern oder *atomis* in demselben, daraus so wilde und wütende Leidenschaften entspringen. Sanguinische Leute, zumal junge, sind daher am meisten zur Liebe geschaffen; und ginge es nach ihrem Willen, sagt Lukian, so ›würden sies mit jeder, die sie sehen, probieren‹; an dieser Füllenkrankheit leiden alle Temperamente.

Der Ort, wo wir leben, auch Klima, Luft und Sitte, tun vieles. In Mysien, sagt Galen, nahe bei Pergamon, findest du kaum einen Ehebrecher, in Rom aber viele, denn dort gibts viel Vergnügen. Der Überfluß an guten Dingen wars auch, der Korinth seinerzeit so in Verruf brachte: täglich kamen Fremde aus allen Ländern, durch alle Tore. In dem einzigen Tempel der Venus boten sich wohl tausend Huren feil, wie Strabo schreibt, außer der Lais und ein paar andern, die besser waren als der Rest. Alle Nationen gingen dort bei Venus in die Schule.

Heiße, südliche Länder sind wollüstiger und weit üppiger als die nördlich gelegenen, wie Bodinus ausführlich schildert. *Molles Asiatici* [Orientalen sind der Liebe ergeben], Türken, Griechen, Spanier oder Italiener desgleichen, zumal in jenen besonders gesegneten Orten, die in der Fülle von allem leben, wie Valencia in Spanien, Capua in Italien – *domicilium luxus* nennts Cicero –, oder (wie Hannibals Soldaten bezeugen können) Canopus in Ägypten, Sybaris, Phaeakenland, Baiae, Zypern und Lampsacus. Die liebliche Luft und Fruchtfülle Neapels entnervt den Körper und verändert das Gemüt, daher Florus es *certamen Bacchi et Veneris* nennt [einen Wettstreit zwischen Bacchus und Venus]; Foliot hingegen bewundert es. In Italien und Spanien hat jede große Stadt ihr Bordell, und fast jeder bessere Mann seine eigne Mätresse obendrein. Unzucht und Ehebruch sind gang und gäbe: *urbs est jam tota lupanar* [die ganze Stadt ein einziges Bordell]. Wie soll ein Mann unter so vielen Versuchungen ein ehrbares Leben führen?

Kommen nun jugendliche Kraft, Größe und Macht, will sagen Freiheit, zumal jene Straffreiheit der Sünden, wie sie die Großen dieser Erde in diesen Dingen für sich verlangen –, kommt alles dieses zusammen, welche Bresche tut sich nicht notwendig auf für sämtliche Laster, und mit welcher Wut werden sie rasen! Denn allgemein haben Fürsten und große Herren in solchen Sachen keine Skrupel, sondern denken *quicquid libet licet,* dürfen tun, was sie wollen, bekennens öffentlich und prahlen gar wie Proculus (ders einem römischen Freunde schrieb).[13] Nichts ist ihnen geläufiger, nichts beschäftigt sie mehr: Sardanapal, Messalina und Johanna von Neapel können mit kleineren

13 *Quod decem noctibus centum virgines fecisset mulieres* [er habe in zehn Nächten hundert Jungfern zu Frauen gemacht].

Leuten nicht verglichen werden:[14] Salomon in alten Zeiten hatte tausend Konkubinen; Ahasverus seine Eunuchen und Knechte; Nero seinen Tigellinus, Kuppler und Kupplerinnen; und in unsern Tagen sind Türken, Moskowiter, Moguls, Scherifen im Barbarenland und persische Schahs um kein Haar besser. *Delectus fit omnium puellarum toto regno forma praestantiarum* (sagt Jovius) *pro imperatore; et quas ille linquit, nobiles habent* [Im ganzen Reiche hebt man die hübschesten Mädchen aus für den Herrscher; und die er übrig läßt, sind für seine Edelleute]. Sie pressen und mustern Huren wie wir Soldaten, haben die Wahl unter den schönsten Frauen ihres Landes, und dennoch hält sies nicht ab von Ehebruch, Blutschande, Sodomiterei und ähnlichen horrenden Lüsten; haben auch nichts zu tun und gehen müßig.

Essen allein kann Liebesschwermut bewirken, daher es selten geschieht, daß junge Leute, Männer oder Frauen, aus allen Ständen, die müßig leben und gut essen, nicht auch verliebt wären. Alkibiades tändelte mit lockeren jungen Frauen, unmäßig in seinen Ausgaben, verweichlicht in seiner Erscheinung, allezeit verliebt – und warum? Er war allzu verwöhnt im Essen, zu häufig ein Gast üppiger Gelage und unmäßig obendrein. *Ubicumque securitas, ibi libido dominatur:* wo Sorge geht, kommt Lust; wie es der heilige Hieronymus wahrheitsgemäß versichert.

---

14 Wenn sie sich enthalten, so ists oft genug nicht *virtutis amore,* aus Tugend, *non deest voluntas, sed facultas* [sie können nicht, was sie wohl möchten].

Weitere Ursachen der Liebesschwermut: Aussehen, schönes Antlitz; und wie sie das Herz durchbohren

SOLCHER Ursachen gibt es viele; allein sie setzen sich nur durch, wenn die Gelegenheit sich günstig erweist und Zeit wie Raum dazu helfen, sowie jene andern schönen Dinge und künstlichen Verlockungen als da sind: Küsse, Umarmungen, Wechselreden und ähnliche Lüsternheiten. Kornmannus, ders vermutlich aus Lukian entnimmt, unterscheidet in seinem Buch *de linea amoris* fünf Grade der Lust, die er in fünf Kapiteln behandelt: *Visus, Colloquium, Convictus, Oscula, Tactus* [Anblick, Gespräch, Gesellschaft, Küssen und Berühren]. Anblick ist vor allem andern der erste Schritt zu dieser unbändigen Liebe, obschon bisweilen Bericht und Hörensagen ihm zuvorkommen; da denn einige so willig und leichtgläubig und schnellverliebt sind, daß sie schon brennen, noch ehe sie den oder die gesehen haben, deren Lob man sang.

Die bekannteste und verbreitetste Ursache der Liebe aber ist der Anblick, der jene herrlichen Strahlen der Schönheit und Anmut ins Herz sendet. Plotinus leitet darum die Liebe ab vom Anschauen: ἐρως; quasi ὁρασις. Die Augen sind die Vorboten der Liebe, Anschaun tut den ersten Schritt; sie sind wie zwei Schleusen und lassen die Einflüsse jener göttlichen, mächtigen, seelraubenden und bezwingenden Schönheit eindringen, ›die schärfer ist als Dolch und Degen und tiefer ins

Herz dringt und uns durch die Augen liebliche Wunden schlägt, so die Seele selber durchbohren‹. Darum ist diese erstaunliche, verwundernswerte und bewundernswürdige, liebenswerte Liebe der kostbarste Schatz der Natur (sagt Isokrates), ihre Krone, Ruhm und Reichtum; *bonum si non summum, de summis tamen non infrequenter triumphans* [wenn auch nicht selber das höchste Gut, so triumphiert sie doch häufig über die höchsten], daraus sich ihre Macht ersehen läßt. In allen Dingen zieht Schönheit uns an und verlockt uns.

Ein schönes Weib besiegt Feuer und Schwert. Stratocles, der Arzt, erfuhrs zu seinem Leidwesen. Er war, nach der Beschreibung des Prodromus, ein triefäugiger Mann, *muco plenus,* sein lebelang ein bitterer Weiberfeind, konnte das ganze Geschlecht nicht leiden, *humanas aspides et viperas appellabat* [nannte sie Schlangen und Vipern in Menschengestalt], wollte nichts von ihnen wissen und höhnte sie, wo immer er hinkam, und mit so häßlichen Worten, *ut matrem et sorores odisses,* du würdest Mutter und Schwestern gehaßt haben, hättest du ihn reden hören. Allein der himmlische Anblick Myrillas, der Tochter des Gärtners Anticles, einer albernen Person, tats ihm so an, daß er seinen struppigen Bart sich abscherte, sein Gesicht anmalte, seine Haare kräuselte, Lorbeer um seinen kahlen Schädel wand und drauf und dran war, aus Liebe um sie den Verstand zu verlieren. Denn an seinem Hochzeitstage war er so hitzig, daß er die Nacht nicht erwarten konnte, sondern rannte mit halbvollem Munde und ohne sich von seinen Gästen zu verabschieden, schnurstracks ins Bett. Wenn nun Alte sich so gehaben, was sollen die jungen Leute tun? Wer kann denn von sich sagen: Ich will mich nicht an einen schönen Gegenstand verlieren, will mich beherrschen, und kanns auch?

Vor allem ist es das Gesicht, das dem Ganzen Glanz verleiht, es schön oder häßlich erscheinen läßt: *arx formae facies,* das Antlitz ist der Turm der Schönheit; sind auch die andern Teile entstellt, so gibt doch ein gutes Gesicht den Ausschlag: *facies non uxor amatur* [das Gesicht wird geliebt, nicht die Gattin]. Auch einzelne Züge können von gefälliger Anmut sein und zur Liebe leiten. Eine hohe Stirn ist wie ein heller Himmel, *coeli pulcherrima plaga, frons ubi vivit honor, frons ubi ludit amor* [wo Ehre wohnt und Liebe spielt], weiß und glatt wie Alabaster, ein paar Rosenwangen, Korallenlippen, in denen *basia mille patent, basia mille latent* [die tausend Küsse bieten und tausend Küsse hüten], eine süßduftende Blume, voll Honig für die emsigen Bienen. Ein weißer, runder Nacken, ein Kinngrübchen, dunkle Brauen, ein lieblicher Atem, weiße, ebenmäßige Zähne und (was einige die Krone des Ganzen nennen) feine, zarte, runde Brüste: zwei Kreidehügelchen, die ein anmutiges Tal zwischen sich bilden. Flachsfarbene goldene Haare gelten gleichfalls viel. Eine kleine weiche Hand, ein zierlicher kleiner Mund, schmale, feine, lange Finger, wie sie Apollo an der Daphne bewunderte, ein schlanker aufrechter Leib, schmale Füße, wohlgeformte Beine tun innig wohl, *cui totum incumbit corpus uti fundamento aedes* [das ganze Haus ruht auf ihnen].

Bei Männern gelten solche Vorzüge weniger, daher bisweilen ein grimmiger Sarazener, *nudus membra Pyracmon* [ein nackender Zyklop], ein struppiger Krieger am meisten gefallen; ein schwarzer Mann ist eine Perle in den Augen einer schönen Frau, willkommen wie der lahme Vulkan der Venus. Viele Frauen (wie Petronius sagt) *sordibus calent* [erwärmen sich für niedriges Volk], wie denn auch mancher Mann an einer Küchenmagd und einem armen Marktmädchen mehr Gefallen findet als an all den glänzenden Damen am Hofe und in der Stadt; verlieben sich eher – ich meine die Frauen – in einen Knecht, einen Diener, einen Sklaven, Koch, Schauspieler, wenn sie nur seine nackten Arme und Beine sehen &c.; wie denn jener Jäger Meleager bei Philostratus, ein schmutziger und gemeiner Bursche, fleckig wie ein Selcher, ein wahrer Zigeuner und Kaminfeger, mehr Beifall fand als galante Edelleute wie ein Nireus, Hephaestion, Alkibiades und alle mit Gold und Seide bestickten Höflinge.

Künstliche Lockmittel der Liebe: Ursachen und Stachel der Lust

Natürliche Schönheit ist ein starker Magnet, wie Ihr hörtet, eine große Versuchung, und dringt bis ins innerste Herz, wirkt aber noch weit kräftiger, wenn jene künstlichen Köder und

Reize wie Gebärden, Kleider, Juwelen, Farben, Schmucksachen sich in ihren Dienst stellen, oder wenn günstige Umstände nach Zeit und Ort mithelfen, die für sich allein durchaus imstande sind, jede gewünschte Wirkung zu tun. Es ist unter gelehrten Leuten eine vielumstrittene Frage, *forma debeat plus arti an naturae?* ob natürliche oder künstliche Gegenstände mehr Macht haben? ist aber nie entschieden worden. Gewiß ist wahr, daß helle strahlende Augen, ein weißer Nacken, Korallenlippen, schwellende Brüste, Rosenwangen, &c. für sich selber mächtig verlocken; kommen jedoch anmutige Gebärden hinzu, ein künstliches, anständiges und wohlgebildetes Betragen, ein gezierter Gang, so wirken jene natürlichen Gaben noch weit stärker, zumal wenn seltene Stickereien, reiche, leuchtende Farben, Juwelen, Spangen, Ohrgehänge, Seide, Batist, Musselin, feines gebleichtes Leinen, gebrannte Locken, Salben &c., außerdem noch mitwirken; aus der letzten Schlampe wird eine Göttin, wenn Kunst solchermaßen der Natur beispringt. Denn nicht das bloße Auge lockt zur Lust, sondern ein ehebrecherisches Auge, wie Petrus sagt, ein lüstern rollendes, üppiges Auge; ein wanderndes Auge, wie Jesaja tadelnd sich ausdrückt.

Denn, um die Dinge beim Namen zu nennen, so ist Liebe schiere Taschenspielerei, Zauberei und Blendwerk. Wenn sie ihre hübschen Hände, Füße und Beine zeigen, sagt Balthasar Castiglione, erwecken sie uns großes Verlangen, ›zumal wenn sie ihre Röcke und Unterröcke hochheben‹, ihre schönen Strümpfe zeigen aus reinster bunter Seide, mit goldenen Stickereien, Fransen und Spitzen; und obs zur Kirche geht oder sonstwohin, es müssen alle alles sehen. Dergleichen Dinge sind Sprengel für Drosseln; und Chrysostomus sagts ihnen deutlich, daß, ›obschon ihr Mund schweigt, so redet ihr Gebaren, ihre Augen sprechen, und ebenso das Schwenken ihrer Hüften‹. Aber ich lasse all solche Phantasien und Rasereien liegen und nehme meinen eigentlichen Gegenstand wieder vor.

Nacktheit, sagte ich, ist ein widerlich Ding, *remedium amoris* [ein Heilmittel gegen Liebe], kann aber doch, zeitweise und teilweise, alle anderen Köder übertreffen. Eine Magd, sagt Aristaenetus, sah ihre Herrschaft durchs Schlüsselloch sich vergnügen und verliebte sich in ihren Herrn. Und Caracalla sah seine Schwiegermutter mit lüstern entschleierten Brüsten, was ihn so sehr erregte, daß er vor sich hin sagte: *Ah, si liceret!* o dürfte ich!, was sie zufällig hörte und ihm gar schamlos erwiderte: *Quidquid libet, licet,* du darfst, was du willst; worauf er sich verleiten ließ und sie heiratete. Wenn aber alles versucht ist, *veniunt a veste sagittae,* so kommen die wahren Pfeile aus Kleidung und Gewandung, die mehr als alles andere Lust entzünden. Ein filziger Bursche, eine schiefe Dirne, ein krummes Skelett, eine Vogelscheuche und ein Besenstiel können so zugestutzt und aufgetakelt werden, daß der erste beste Dummkopf in die Falle geht und sich verliebt; da denn so mancher statt der Dame den Mantel und Federhut liebt und einen seidenen Unterrock freit statt einer braven Frau.

Doch ich fürchte den Leser zu ermüden, und während ich Schmuck und schöne Gewänder bestaune, kann mir ein anderer mächtiger Liebesköder und Lockspeise (zum wenigsten in den Augen der Welt) entwischen, und das ist das Geld: *veniunt a dote sagittae* [Cupidos Pfeile kommen aus ihrer Mitgift], Geld kuppelt die Gatten. Ist sie reich, so ist sie auch schön, lieblich und vollkommen; dann brennen sie wie Stroh, lieben sie innig, haben sie zum Fressen gern wie Backwerk und Braten, und wollen sich aufhängen, wenn sie nichts wissen will von ihnen. Nichts ist gewöhnlicher in unseren Tagen, als daß ein Junger eine Alte nimmt, *asinum auro onustum,* eine Eselin mit einem Goldsack; sie kann so alt und albern sein, wie sie will, ohne Zähne, weder schön von Gemüt noch Gesicht, eine Närrin; hat sie nur Geld, so hat sie auch ein Dutzend junger Freier, die ihr nachlaufen. Und ebenso wirft manches junge hübsche Mädchen sich weg an einen alten, stammelnden, stolpernden, dummen Dick- oder dicken Dummkopf, den Gicht und Galle plagen und zwanzig andere Gebrechen, der vielleicht nur ein Auge hat, ein Bein, kein Haar auf und keinen Witz im Kopfe, keine Nase im Gesicht, keine Ehre im Leibe, aber Ländereien und Geld: so zieht sie ihn allen Bewerbern vor. Hängt jeden, der kein Geld hat! Wer aber so heiratet und aus solchen Gründen, soll sich keinen besseren Erfolg erwarten als Menelaus mit der Helena hatte, Vulkan mit der Venus, Theseus mit Phädra, Minos mit Pasiphae und Kaiser Claudius mit Messalina: Scham, Schande, Sorge, Jammer, Zank, Verdruß und Schwermut.

Gunst und Ungunst von Ort und Stunde: Küsse und Vertraulichkeiten

KÜSSEN und Geküßtwerden sind unter anderen lüsternen Herausforderungen von besonders heftiger Wirkung; so giftig, sagt Xenophon, wie der Biß einer Spinne, *prooemium aut antecenium* [eine Vorrede oder Vorspeise], ein Prolog brennender Lust, ja Lust selber. Und ist ein ständiges Bestürmen, immer bereit, von neuem zu beginnen, nie müde, immer frisch, und tut wie Feuer. Es gibt, ich wills nicht bestreiten, ehrbare Küsse, *osculum caritatis* [den Kuß der Nächstenliebe], freundliche, bescheidene, vestalisch-jungfräuliche, öffentlich-zeremoniöse Küsse, &c. Und Küssen und Umarmen stehen dem Menschen wohl an nach seiner Natur; andere Küsse aber sind allzu üppig und wollüstig, *implicuitque suos circum mea colla lacertos* [sie schlang ihre Arme mir um den Hals], &c.; sie dauern zu lange und sind zu heftig, *brachia non hederae, non vincunt oscula conchae,* sie haften wie Efeu, pressen sich aufeinander wie Austernschalen, schnäbeln wie Tauben, beißen einander die Lippen nach Hurenweise,[15] *cum additamento,* [und habens damit nicht genug]. Wenn nun gar, wie Peter de

15 *Cum capita liment solitis morsiunculis, et cum mammillarum pressiunculis* [indem sie ihre Köpfe aneinanderreiben, unter den üblichen kleinen Beißereien und Busenpressereien].

Ledesmo behauptet, jeder Kuß, den ein Mann seiner Frau nach der Ehe gibt, ein *mortale peccatum* [Todsünde] ist, oder wenn, nach Hieronymus, *adulter est quisquis in uxorem suam ardentior est amator* [jeder Mann, der seine Frau allzu leidenschaftlich liebt, ein Ehebrecher ist], was, frage ich, soll denn aus allen denen werden, die häufiger ihren Frauen beiwohnen? Aber was gehts mich schon an? Mein eigentlicher Zweck ist, Dir zu zeigen, wie jene brennende Lust sich vermehrt und verbreitet.

Kuppelei, Liebestränke

Wenn alle andern Mittel versagen und keine Wirkung mehr tun, so sind eine Kupplerin, ein Pandarus, magische Tränke und Rezepte die letzte Zuflucht; denn lieber noch den Teufel fragen als verzichten. Kuppelei ist zudem eine wahre Kunst geworden, eine liberale Wissenschaft, wie Lukian sagt, und kennt viele Schliche und Kniffe. Es gibt so viele Ammen, alte Weiber, Pandari, Briefboten, Bettler, Ärzte, Mönche, Beichtväter, die sich mit ihr befassen, daß *nullus tradere stilus sufficiat* [keine Feder sie aufschreiben könnte]. Ärzte, Quacksalber, Messepriester, Mönche, Jesuiten[16] sind die Schlimmsten. Kein Kloster ist so verschlossen, kein Haus so heimlich, kein Gefängnis so bewacht, daß diese Ehrenmänner nicht Eingang fanden, um Fragen zu stellen, am Bett zu sitzen und den Puls zu fühlen – alles unter dem Vorwande,

16 Vgl. *Die Praktiken der Jesuiten*, anglice, edit. 1630.

Medizin zu geben. In unsern Tagen, sagt Erastus in seinem Buch *De Lamiis,* ist es nichts Besonderes, daß Hexen versprechen, Zaubertränke zu brauen, mit denen sie Männer und Frauen zu Haß oder Liebe zwingen.

Unkeusche Weiber lassen sich mit Hilfe von Hexen, den Küchendirnen des Teufels, nachts ihre Liebsten kommen, fliegen zu ihnen und wieder fort durch die Luft auf einem Gespenst, das aussieht wie ein Ziegenbock. Viele bestreitens; sagen, daß nicht Zauberei und Tränke, sondern natürliche Dinge solches vermögen, wie etwa das alchimistisch behandelte Blut des Mannes, das viel helfe. Es sei ein hervorragender Trank, sagen sie, *sed vulgo prodere grande nefas,* dürfe aber nicht bekannt und verbreitet werden; die gleiche Kraft hätten auch Mandragorenäpfel, Alraunenwurzeln, Edelsteine, Kleider der Toten, Kerzen, ein gewisses Haar im Schwanz eines Wolfes, &c., ein Schwalbenherz, Pulver aus Taubenherzen, ferner Schlangenzungen, Eselshirn, Roßäpfel, kleine Kappen, damit bisweilen Kinder geboren werden, der Strick eines Gehängten, ein Stein aus dem Nest eines Adlers, &c.

All diese Mittel haben vielleicht ebensolche Kraft wie jenes Bad zu Aachen oder der Zaubergürtel der Venus, in welchem, sagt Natalis Comes, ›Liebesspiele, Anmut, Süße, Überredung, Listen und Künste, freundliche Gespräche und aller Liebeszwang und -zauber wohnten‹.

Symptome oder Anzeichen der Liebesschwermut, an Körper und Geist

Symptome gelten entweder vom Körper oder vom Geist. Vom Körper etwa Blässe, Magerkeit und Dürre &c. *Pallidus omnis amans, color hic est aptus amanti,* wie der Dichter Ovidius sagt [jeder Liebende ist blaß; blaß ist die Farbe der Liebe]; *facit amor maciem,* Liebe macht mager. Avicenna nennt als Symptome dieser Krankheit hohle Augen und Dürre. Dies alles erklärt Jason Pratensis ›aus der Zerstreuung der Lebensgeister, so daß die Leber ihr Werk nicht recht versieht und die Nahrung nicht gehörig in Blut verwandelt, daher die Glieder schlaff und mager werden und nach Nahrung schmachten, wies in diesem Mai die Pflanzen in meinem Garten tun, weil ihnen der Regen fehlt‹. Phädria zitterte beim Anblick der Thais; andere schwitzen, schnaufen, *crura tremunt ac poplites,* [und ihre Beine zittern unter ihnen]; brennen und frieren (denn Liebe ist Feuer und Eis, heiß, kalt, ein zuckend Fieber, Raserei, Brustfieber und noch vieles andere), sind blaß, werden rot und bluten manchmal aus zu heftiger Erregung aus der Nase, wenn man nur von ihr redet. Die sichersten Schlüsse aber folgern aus den Symptomen, die sich in Gegenwart beider Liebender zeigen: ihr Reden, Blicken, wollüstig Tun und Tuscheln verrät sie; können sich nicht beherrschen, sondern müssen küssen. Erst ein Wort, und dann ein Kuß, dann ein artiges Kompliment und wieder ein Kuß, dann eine alberne Frage, und ein Kuß; und wenn er seinen Witz ausgegeben hat und sein Hirn leer gepumpt und weiß nicht, was er weiter sagen soll, so sind Küsse und Umarmungen immer willkommen und kennen kein Ende: noch ein Kuß, noch einer und noch einer, &c.

Liebende müssen zusammen sein, beieinander hocken, können sich nicht trennen. Und wenn Du selber liebst, so wirst Du mir Recht geben: *et longum formosa vale,* lebwohl, mein Lieb! *vale carissima Argenis,* &c., lebwohl, süße Argenis, und noch einmal lebwohl, lebwohl! Und wenn es ausgemacht ward, er soll sie baldigst wiedersehen, vielleicht schon morgen, will er doch nicht fortgehen, nimmt wieder und wieder Abschied, geht, kommt wieder zurück, blickt sich um, winkt mit der Hand und zuletzt, aus der Ferne, noch mit dem Hut. Jetzt, da sie fort ist, dünkt es ihn lang, bis er sie wiedersieht, und sie ihn; sicher gehen die Uhren falsch, längst müßte die ersehnte Stunde geschlagen haben. Sie sieht nach ihm aus durchs Fenster und läuft, wie Phyllis, neunmal am Tag ans Meer, zu sehen, ob ihr Demophoon endlich nahe; wie Troilus ans Stadttor lief, nach seiner Cressida Ausschau zu halten. Warum kommt er nicht? wo ist er? warum hält er sein Versprechen nicht? wo bleibt er so lange? Sicherlich ist er krank; oder es ist ihm etwas zugestoßen; oder er hat mich vergessen? und sich? uns alle beide? und zahllose andere Fragen. Dann faßt sie wieder Mut, steht auf, blickt hinaus, horcht, lauscht, blickt, späht und prüft. Sieht sie von ferne einen Mann –, er ists!

hört sie Schritte auf der Gasse –, er kommt! er ists! er muß es sein! Hat denn der Tag kein Ende? *Amor non patitur moras;* Liebe leidet kein Zögern.

Allein der Liebessymptome sind so viele, und sind so verschieden, daß keine Kunst sie meistern kann; und wenn Liebende auch häufig fröhlich sind und guter Dinge, oft auch außer sich vor Entzücken, so ist Liebe doch meist eine Plage und eine Qual, eine Hölle, ein bitter-süßes Leiden, *melle et felle fecundissimus amor* [Liebe ist reich an beiden, Honig wie Galle]; bunt wie eine Sommerfliege und farbig wie ein Mückenflügel, ein wahrer Regenbogen, schön und schlimm, immer wechselnd, immer sich wandelnd, aber doch zumeist eine Last und eine Plage. Die Spanische Inquisition kanns nicht ärger treiben. So brennt Liebe wie ein Ätna und mehr als alles materielle Feuer; daher Empedokles, der Philosoph, als man einen aufschnitt, der vor Liebe starb, fand er ›sein Herz verbrannt, seine Leber geräuchert und seine Lungen ausgetrocknet‹, und glaubte bestimmt, daß seine Seele durch die Gewalt der Liebesflammen entweder gesotten oder geröstet war.

Die Mehrzahl der Liebenden verlieren den Kopf, lassen sich fortreißen; werden zu Hunden, Schweinen, Eseln, Raubtieren, wie Jupiter ein Stier ward, Apulejus ein Esel, Lykaon ein Wolf, Tereus ein Kiebitz, Kallisto ein Bär, Elpenor und Gryllus zu Schweinen durch Circe. Sind alle so blind[17] als sie närrisch sind, und geht eines mit dem andern.

17 Die Liebe gleicht einem trügerischen Spiegel, der die Dinge schöner macht, als sie sind.

Quisquis amat ranam, ranam putat esse Dianam [er liebt eine Krötin, also macht er die Krötin zur Göttin]. Denn es ist kein Liebender, der die Geliebte nicht vergöttert, sie sei so schief, wie sie will, so krumm, wie sie kann; runzlig, ranzig, blaß, sommersprossig, rotes Haar und gelbe Haut, ein talgiges Galgengesicht oder eine runde, platte Schießscheibe, oder dumm, dürr und dürftig, schief und schäbig wie eine Vogelscheuche, kahl, glotzäugig, triefäugig, hohläugig, hühneräugig, schielt wie ein Huhn in der Sonne und blinzelt wie eine Katze vorm Ofen, hat Ränder und Ringe um die Augen wie eine Eule, einen Spatzenmund und darüber einen Nasenhaken wie ein persischer Teppichhändler, oder eine spitze Fuchsnase, eine rote Rübe, eine plattgedrückte Nase wie ein Chinese, gelbe Biberzähne, oder schwarz und schief und durcheinander wie ein alter Judenfriedhof, zusammengewachsene Brauen über wimpernlosen Lidern, Hexenbart und Warzen, ihr Atem stinkt durch das ganze Zimmer, die Nase tropft Sommer und Winter, hat einen Kropf unterm Kopf und einen bayrischen Beutel unterm Kinn, Fledermausohren oder Hängeohren wie ein Wachtelhund, einen Hals wie ein Kranich, *pendulis mammis,* Titten wie Quitten oder gar keine, ein Plättbrett als Busen, Hitzpocken oder Frostbeulen, lange schwarze Nägel, Schorf an den Händen und Räude an den Füßen, krumm, klapprig, rippendürr, lahm, Plattfüße, Schweißfüße, geht einwärts und schurrt mit den Schuhen, ein wahrer Wechselbalg, ein Alpdruck, ein halbgebackenes Gespenst, schilt wie eine Rohrammer und schrillt wie der Griffel auf dem Schiefer, eine wüste Schlampe, eine schleichende Pest, eine läufige Hündin und ranzige Otter, *in summa* und ums kurz zu machen: ein Kuhfladen im Backofen. Du kannst sie nicht sehen, dich ekelts vor ihr, würdest ihr am liebsten ins Gesicht spucken oder ihr auf den Busen rotzen; *remedium amoris* [ein Heilmittel gegen Liebe]; denn sie ist eine Schlampe und Vogelscheuche, zetert und zankt; ein rammelndes Reff, dumm und dreist, feige und frech, ein Unflat, ungebildet und unerzogen, Polyphems Tochter, Thersites' Schwester und Grobians Schülerin – aber er liebt sie, er bewundert sie, sieht an ihr kein Fehl und kein Falsch, und will nur sie und sonst keine. Wenn Thetis' Füße schimmern wie Silber und Hebes Knöchel wie Kristall, Auroras Arme wie Rosen und Junos Busen wie Schnee – was kümmert's ihn? ›Komm, Süße, komm! o du mein Ein und Alles!‹ Sag mir: ist eine schlimmere Sklaverei auf Erden als diese?

Aber ich schließe: der Symptome sind zuviele, es ist ein Brunnen ohne Boden. Auch kann niemand darüber schreiben, der nicht selber verliebt war, sagt Aeneas Sylvius. Ich gestehe, daß ich ein Neuling und bloßer Betrachter bin, *nescio quid sit amor nec amo* [ich weiß nicht, was Liebe ist, bin auch nicht selber verliebt]; habe wohl auch eine Ahnung davon, denn warum sollte ich lügen, heucheln und mich entschuldigen? Ein *praeceptor amandi* [ein Lehrer in Liebesdingen] bin ich nicht; ich berichte nur, was ich gelesen habe, dazu meine eignen Beobachtungen und die Berichte von andern.

Heilung der Liebesschwermut durch Arbeit, Nahrung, Arznei, &c.

OBSCHON einige bestreiten, daß Liebesschwermut geheilt werden könne, denn sie sei eine zu heftige, unwiderstehliche Leidenschaft, und wie Ihr wißt:

facilis descensus Averni,
Sed revocare gradum, superasque evadere ad auras,
Hic labor, hoc opus est.[18]

Der Weg zur Hölle ist geschwind geschafft,
Allein zurück gehts meistens mangelhaft;

so kann ihr doch ohne Frage – ich meine der Liebe – geholfen und mit manchem guten Mittel beigestanden werden, wenn es rechtzeitig geschieht. Savonarola hat neun Grundsätze darüber, Jason Pratensis acht Regeln, außer der Arznei, um dieser Leidenschaft beizukommen, Laurentius zwei Hauptrezepte, Arnoldus, Valleriola, Montaltus, Hildesheim, Langius und andere geben wiederum andere Vorschriften, haben aber doch alle den gleichen Zweck im Auge. Über alle will ich im Auszug und in Kürze berichten (denn ich zünde meine Kerze an ihren Fackeln an), will auch bei guter Gelegenheit mich weiter verbreiten, nach meiner eignen Methode und Einsicht.

Die erste Regel bei dieser hartnäckigen und hemmungslosen Sucht ist die Bewegung und sparsame Nahrung, nach dem altbewährten Rezept: *sine Cerere et Baccho friget Venus* [ohne Wein und Brot leidet Liebe Not]. Wie ein seßhaft und müßig

18 Vergil, *Aeneis 6.*

Leben,[19] dazu reichlich Essen, große Ursachen dieser Krankheit sind, so sind karges und leichtes Essen, dazu ständige Geschäfte, die besten und bekanntesten Mittel, ihr vorzubeugen.

Otia si tollas, periere Cupidinis artes,
Contemptaeque jacent, et sine luce faces.
Denn wer nicht müßig geht, der liebt auch nicht;
Cupidos Fackel gibt nur Faulen Licht.

Es ist darum keine beßre Arznei gegen Liebe als ernste, emsige Arbeit. Darum sind Arme in diesem Fall besser dran als Reiche:

Cur in penates rarius tenues subit,
Haec delicatas eligens pestis domos,
Mediumque sanos vulgus affectus tenet? &c.
Warum schont diese böse Pest die Armen
Und hat mit reichen Leuten kein Erbarmen?

Weil arme Leute rauh leben, hart arbeiten, wollene Hemden tragen und oft weder Hut noch Schuh. *Non habet unde suum paupertas pascat amorem* [Armut kann ihrem Affen keinen Zucker geben]. Daher Guianerius seinem Patienten empfiehlt, ›rauhe Kleider zu tragen, die haarige Seite nach innen, barfuß und mit nackten Beinen bei schlechtem Wetter spazierenzugehen, sich hin und wieder zu peitschen, wie Mönche tun, vor allem aber zu fasten‹: nicht mit Süßwein, Hammelfleisch und Suppe, wies mancher Gierschlund tut, trotz Fastenmiene und frommen Reden, sondern sollen gar kein Fleisch anrühren. Hilarion ›gewöhnte hiedurch seinem Esel – so nannte er seinen Körper –

19 *Otium naufragium castitatis*
[Müßiggang ist der Keuschheit Schiffbruch]. – Augustin.

das Bocken ab<, wenn der Teufel ihn zu derlei Dingen verleiten wollte. Durch dieses Mittel sind auch die indischen Brahmanen enthaltsam, liegen mit Fellen bedeckt auf der Erde, wie unsere Schotten auf der Heide, und essen wenig und nur eine Speise, was Guianerius allen jungen Leuten verschreibt; und hilfts nicht, so rät Gordonius an, sie tüchtig zu peitschen und sie zur Kühlung ihres Übermutes bei Wasser und Brot ins Gefängnis zu sperren, bis sie ihren Irrtum einsehen und andern Sinnes werden. Statt Fleisches sollen sie Gurken und Melonen essen, Portulak, Wasserlilien, Raute, Geißblatt, Bischofskraut und Salat, den Lemmius so sehr empfiehlt. Amatus Lusitanus heilte einen jungen Juden, der schier wahnsinnig vor Liebe war, mit einem Sirup aus Helleborus. Avicenna unterschreibt dies, empfiehlt aber vor allem Aderlässe, *amantes ne sint amentes,* auf daß die Liebe den Geist nicht trübe. Andere Medikamente und Arzneien sind folgende: *Verbena herba gestata libidinem extinguit, pulvisque ranae decollatae et exsiccatae. Libidini maxime contraria camphora est, et coriandrum siccum frangit coitum, et erectionem virgae impedit; idem efficit sinapium ebibitum.* [Verbenenkraut löscht die Lust, so auch ein Pulver, das man aus geköpften, getrockneten Fröschen bereitet. Kampfer ist der bitterste Feind der Begierde, und gedörrter Koriander nimmt dem Beischlaf allen Reiz, hindert die Aufrichtung des Gliedes; ein Gleiches bewirken Senfpflaster.]

Weitere Heilmittel: den Anfängen widerstehen, den Ort wechseln. Gute und schlechte Mittel, gegensätzliche Leidenschaften, schlaue Erfindungen

UNTER anderen guten Regeln und Vorschriften ist die erste: *obstare principiis,* im Anfang sogleich zu widerstehen; was denn nicht besser geschehen kann, als daß man seinen Liebesgram einem besonnenen Freunde anvertraut (*qui tacitus ardet, magis uritur;* wer schweigt, brennt doppelt), der durch guten Rat in günstigem Fall sogleich Linderung verschaffen kann. Außerdem ist alle Gelegenheit zu vermeiden, sowie jeder Umstand, der die Krankheit verschlimmern könnte; ferner und vor allem ist der Gegenstand zu entfernen, denn wer am Feuer steht, wird warm. Das beste, prompteste, sicherste Mittel aber bleibt *loci mutatio* [Ortsveränderung]: schick ihn fort, wo er sie weder sieht noch hört. Laß ihn reisen. *Elongatio a patria* [Entfernung von zu Hause] ist Savonarolas vierte Regel. *Mutet patriam,* sagt Valesius [er soll sein Land wechseln]; *fuge litus amatum* [meide die geliebte Küste], rät Vergil. Darum, sagt Properz, sandten die Eltern mich nach Athen; denn Zeit und Geduld heilen Wunden und Wehen, und ohne Geld geht die Lampe aus.

Will Ortsveränderung nichts fruchten, so gibts andere Mittel, gute und schlechte: zureden, zuraten, abraten, drohen, versprechen, erschrecken, einschüchtern, den kleineren Gram durch einen größeren verjagen, wie Gordonius rät, zum Exempel: dem Kranken sagen, ›sein Haus sei abgebrannt, sein bester Freund gestorben, sein Geld gestohlen‹; oder ›er habe einen hohen Posten erhalten, eine große Erbschaft gemacht, er sei geadelt worden‹; oder man beschuldigt ihn bitter, aber zu Unrecht, wie mans bei denen tut, die den Schluckauf haben, damit sies vergessen. Sag ihm, daß seine Liebste ihn betrügt, mit einem andern geht, ihn nicht mehr mag, nichts von ihm wissen will, daß sie eine Hure ist, eine üble Person, schlampig, schlurig, zänkisch, ein Teufel; oder sag, daß sie eine häßliche Krankheit hat (wies die Italiener zu tun pflegen), Gicht, Gallenstein, Bettnässen, fallende Sucht, und daß diese Krankheiten unheilbar sind und erblich obendrein; daß sie die Schwindsucht hat, Pocken, Flechte, Ausfluß; daß sie zwar keine Haare hat, aber aus dem Munde riecht und ein Spatzenhirn besitzt, und daß sie in der Familie zur Hälfte wahnsinnig sind; daß sie andere geheime Krankheiten hat, daran Frauen zu leiden pflegen, und die ich hier nicht erwähne; daß er ein Zwitter ist, oder ein Eunuch, unfähig und verschwenderisch, ein Spieler, ein Hanswurst, ein Bettler, ein Hurenknecht, verschuldet, kann nicht für sie sorgen, ein Trinker, seine Mutter war eine Hexe, seinen Vater hat man gehängt, er hat einen Wolf in der Brust, ein offenes Bein, die Lepra, er wird sie schlagen, kann sein Wasser nicht halten, schreit nachts im Traum und schlafwandelt, ersticht seine Bettgenossen, verrät alle Geheimnisse im Schlaf, und ähnliche schreckliche und tragische Dinge, denen kein lebender Mann und keine Frau widerstehen.

Ratschlag und Überredung. Magische Kuren

SCHÖNE GEWÄNDER täuschen, und Samt und Seide lügen. Folge darum meinem Rat, sieh sie Dir nackend an, ohne alle Kleider, wenns geht, *furtivis nudatam coloribus* [nimm ihr die gestohlenen Farben fort]: Oder nimm an, Du sähest sie krank, bleich, abgezehrt, auf ihrem letzten Lager, nur Haut und Knochen, und nun tot und gestorben, *cuius erat gratissimus amplexus* [und wußte so süß zu küssen und zu umarmen]: *Non redolet, sed olet, quae redolere solet.* Sie duftet lieblich in ihrer Frische und Anmut wie ein Strauß am Morgen, der am Abend welk und vertrocknet ist und die Luft verdirbt.

Einige meinen, der Anblick einer nackten Frau genüge, um von der Liebe zu heilen; der Franzose Montaigne in seinen Essays[20] gibt zu bedenken, daß erfahrene Kenner der Liebe als Heilmittel gegen diese Leidenschaft den vollen Anblick des Körpers empfehlen, und der Dichter[21] stimmt ihm darin bei:

Ille quod obscoenas in aperto corpore partes
Viderat, in cursu qui fuit, haesit amor.

Als Damon, voller Rasen noch soeben,
Was er nicht sehen sollte, plötzlich sah,
Empfand er die Verheißung allzu nah,
Und sah Erfüllung unerfüllt entschweben.

---

20 *Apologie für Raimund Sebundus.*
21 Ovid, *Remedia Amoris.*

Brennende Lust ist kurzlebig wie der Blitz und das Pulver, und schlägt schneller um in Haß als eine Windfahne: ›*jam gravis es nobis*‹ [du bist mir zur Last], geh fort; du bist dürr und vertrocknet wie *Saturni podex,* geh fort, sage ich, *portae patent, proficiscere* [die Tür ist offen, lebwohl!]. Es ist kein Kraut gegen die Zeit. Laß sie ein Köpfchen aus Prag haben, Brüste aus Österreich, ein französisch Bäuchlein, einen Rücken aus Brabant, Hände aus England, Füße vom Rhein, einen Schweizer Hintern, spanischen Gang und italienische Kleider; laß sie schöner sein als Euphranor vor Zeiten die Venus malte, als Aristaenet die Lais beschreibt, eine neue Helena, Chariklea, Leukippe, Lukrezia, Pandora; laß sie alle Mittel zu Hilfe nehmen, so Kunst und Natur vergönnen; laß sie so lieblich lächeln wie diese und süßer seufzen als jene, süßer und lieblicher als welche du willst, als alle zusammen – ein Fieberchen, ein Pustelchen, eine Wunde, eine Narbe, ein verlorenes Bein, Arm oder Auge, und alles ist dahin! Schwangerschaft, Alter, die tyrannische Zeit machen aus Venus eine Furie. Die eine wird dick, die andere dünn &c.; die milde Mathilde, die süße Susanne, das lustige Lieschen, das knusprige Kätchen, die feine Phyllis mit den schmalen Händen, die freche Carmen mit den kohlschwarzen Augen, das fiedelnde Fritzchen, das fröhliche Fränzchen, der schlanke Johann und der große Georg &c. – sie alle verlieren über Nacht ihre Reize, werden plump, schal, schäbig, trüb, träge, dumm, sauer oder bitter und kommen, jeder und jede, nach und nach aus der Mode.

Doch ich will nicht gegen das zarte Geschlecht wüten, und darum wolle mich nicht mißverstehen: *matronam nullam ego tango* [ich trete keiner ehrbaren Frau zu nahe], ich ehre das schöne Geschlecht wie jeder gute Mann und wie sichs gehört, und will weder in Wort noch in Tat gegen dasselbe mich vergehen. Und habe ich schlecht oder schlimm geredet, so tragen Simonides, Vergil, Pietro Aretino und andre Weiberfeinde die Schuld: ich habe noch nicht ein Zehntel geschrieben, was ich aus ihnen hätte entnehmen können und noch aus vielen andern. Was ich sage, gilt, ehrlich gestanden, genauso von Männern, obschon in meinem Buch mehr von den Frauen die Rede ist; ich bin aber weder parteiisch noch bitter.

Aber zurück zu meinem Zweck! Wenn allgemein Frauen so schlimm sind (und Männer noch schlimmer), was für ein Glücksspiel ist dann die Ehe! Wo soll ein Mann eine gute Frau, eine Frau einen guten Mann finden? Was nun die weltlichen Sorgen, Zwiste, Mißhelligkeiten betrifft, die jede Ehe begleiten, so wollet bei denen anfragen, die Erfahrung besitzen, denn ich habe keine: *libri mentis liberi* [Bücher sind meine Kinder]. Ich kenne die Klagen der Ehemänner und habe manchen sagen hören, ein zänkisch Weib sei stürmischer als die Irische See. Daher vermutlich, wie Pineda aus Tertullian, Cyprian, Augustin, Chrysostomus &c. beweist, der Teufel dem Hiob zwar alle Güter der Erde nahm, Gesundheit, Kinder, Freunde, aber er ließ ihm sein böses Weib, ihn noch härter zu strafen, daß sie ihm schlimmer zusetzte *quam totus infernus,* als die Hölle selber; denn er wußte, was ein böses Weib bedeutet. Und dennoch wollen wir Hagestolze heiraten. ›Wollt, ich hätt ein Weib‹, sagte er, ›es ist kein süßer Ding auf Erden.‹ ›Gebt mir einen Gatten‹, ruft sie, ›einen bösen, wenns sein muß, und tausendmal lieber als keinen!‹ O seliger, o willkommener, gepriesener Ehestand!

Allein, da soviel Zufall seine Hand in diesem Spiele hat, so sei weise und bleib wie du bist; freien ist gut, aber ledig bleiben weit besser. ›Bist du jung, heirat noch nicht, bist du alt, heirat nicht mehr.‹

So überleg Dirs denn und sieh Dirs an: wie frei, wie glücklich, sicher und geachtet ein Hagestolz ist, und schon selig auf Erden:[22] Sieh Dir an, wie zufrieden, ruhig, behaglich, sauber und sorglos er lebt; hat sich um niemand zu kümmern als um sich selber, brauchts keinem zu Gefallen tun, keiner prüft ihn; kann gehen, wohin er will und bleiben, wos ihm gefällt, ist sein eigener Herr und tut, wie ihm beliebt. Sieh Dir an, wie voller Vorzüge Jungfrauen sind: *Virgo coelum meruit* [eine Jungfrau verdient den Himmel]; Ehe bevölkert die Erde, Jungfrauenschaft das Paradies. Der ledige Stand, sagt Bonaventura, ist ein liebliches Bild,[23] gesegnet und gepriesen und obendrein, falls Du einem Papisten glauben willst, verdienstlich. Und wenn auch solche Personen unter gewissen Nachteilen und Abträglichkeiten, wie Einsamkeit, Ver-

---

22 ›Diese sinds, die mit Weibern nicht befleckt sind. Sie sind erkauft aus den Menschen zu Erstlingen Gott und dem Lamm.‹ – Offenbarung Johannis, 14,9.

23 *Pictura speciosa.*

drießlichkeit, &c. zu leiden haben sowie unter dem Fehlen mancher Tröstungen, *quae aegro assideat et curet aegrotum, fomentum paret, roget medicum* [keine, die sich zu einem setzt, wenn man niedergedrückt ist, oder nach einem sieht, wenn man krank ist, einen Umschlag macht, den Doktor holt], &c.; wenn andererseits Küssen, Kosen, Kitzeln und Tändeln wegfällt, an welchen heftigen und eitlen Vergnügungen eine junge Frau am meisten Freude hat, so wiegen solche Nachteile leicht gegenüber den vielen Beschwerlichkeiten der Ehe. Einsamkeit kann auch anders vertrieben werden: durch heitre Musik, gute Gesellschaft, Geschäft und Arbeit; kurzum, *gaudebit minus, et minus dolebit* [er wird weniger Vergnügen und weniger Sorgen haben], und seine guten Tage für ihre guten Nächte.

Wollen Überredung und Arznei nicht verfangen, so flüchten viele zu unerlaubten Mitteln, wie Liebestränken, Amuletten, Zauberei, magischen Bändern und Sprüchen. Was sie so bewirken und erreichen, muß dann auch ebenso kuriert werden, wie eine Wunde, mit der Lanze des Achill; und was Zauberei und Tränke erzwangen, müssen Sprüche und Beschwörungen wieder beruhigen, sagt Paracelsus, *Mag. lib. 2, cap. 28.* Auch Cardano, *lib. 16, cap. 90,* kennt viele magnetische Medizinen, wie beispielsweise durch einen Ring zu pissen, &c.; wie denn unsere alten Dichter und phantastischen Schreiber voll sind von fabelhaften Rezepten für Liebeskranke. Das berühmteste und probateste Mittel aber bleibt der Leukadische Felsen, der in ganz Griechenland berühmt war; denn jeder Liebende, der sich kopfüber von ihm herunterstürzte, war augenblicks geheilt.[24] Wills aber keines dieser Mittel tun, so weiß ich keinen andern Rat, als daß alle Liebenden sich, wie bei Ausonius,[25] zusammentun, einen Aufstand machen und Cupido kreuzigen, bis er entweder ihren Bitten abhilft oder ihre Lüste stillt.

Die letzte und beste Kur der Liebesschwermut: Laßt sie ihren Willen haben!

Die letzte Zuflucht und sicherste Medizin, wenn alle andern Mittel versagen, bleibt: sie zusammenzubringen und sie einander genießen zu lassen. Selbst Äskulap weiß kein besseres Mittel, *quam ut amanti cedat amatum,* als daß der Liebende bekommt, wonach er verlangt. Es ist dies jene Spezialkur: sie bluten zu lassen *in vena hymenaeia* [an der Hochzeitsader]; denn Liebe ist, recht betrachtet, eine Pleuresie; daher, wenns möglich ist, so soll mans geschehen lassen, *optataque gaudia carpant* [sie sollen ihr langersehntes Vergnügen haben]. Arculanus hälts für die beste und schnellste Kur; es ist auch Savonarolas letztes Rezept, ein unfehlbares, erprobtes Mittel, die äußerste, sicherste und einzigste Zuflucht.

Was bleibt also anderes, als sie in die Ehe zu geben? Dann dürfen sie küssen und kosen, zusammenliegen wie kleine Kinder – und hält eines das

---

24 Die Moral davon: große Angst vertreibt die Liebe.
25 *Cupido crucifixus: lepidum poema*
[›Der gekreuzigte Cupido‹, ein witziges Gedicht].

andere dafür –, wies ihre Väter vor ihnen taten; dürfen satt werden von den Freuden der Liebe, die sie so lange entbehren mußten:

Atque uno simul in toro quiescant,
Conjuncto simul ore suavientur,
Et somnos agitent quiete in una.

[Dann dürfen sie auf einem Bette liegen und Mund an Mund sich immer neu vergnügen: Lebendig immer in den letzten Zügen.]

Atque haec de amore dixisse sufficiat, sub correctione melius sentientis. Plura qui volet de remediis amoris, legat Jasonem Pratensem, &c.; e poetis Nasonem, e nostratibus Chaucerum. [Wir haben nun genug über den Gegenstand der Liebe gesagt, unter dem Vorbehalt, daß mancher mehr als wir darüber weiß. Wer weiteres über die Heilmittel der Liebe erfahren will, befrage den Jason Pratensis; und unter den Dichtern den Ovid und unsern eignen Chaucer]. Womit ich schließe.

Eifersucht und ihre Verirrungen

EIFERSUCHT ist ein so gewichtiges Liebessymptom, hat so große Bedeutung, Gewalt und Ausdehnung wie die Liebe selber, und ist so grimmig obendrein, daß sie verdient, in einem besonderen Kapitel abgehandelt zu werden. Es gibt, wie Benedetto Varchi bemerkt, überhaupt keine Liebe ohne Beimischung von Eifersucht, *qui non zelat, non amat.* Daher ich sie als eine Neben- und Sonderart der Liebesschwermut untersuchen will.

Diese Eifersucht haben die unwissenden Tiere mit den Menschen gemeinsam, wie etwa Schwäne, Tauben, Hähne und Stiere, zumal letztere, die alle Weide für sich haben wollen, *alium in pascuis non admittit,* sagt Appian. R. T. in seinem *Traktat der Eifersucht* berichtet von einem Schwan in Windsor, der einen fremden Schwan bei seinem Weibchen fand, ihn ich weiß nicht wie viele Meilen verfolgte und tötete, dann zurückschwamm und auch sein Weibchen umbrachte; eine wahre Geschichte, sagt mein Gewährsmann, die auf der Themse geschah und von vielen Fischern und andern Leuten der Nachbarschaft bestätigt werden kann.

Ist nun kein Zustand in der Welt an Glück, Frieden und Freuden dem Ehestand zu vergleichen, wenn beide liebevoll und ruhig zusammenleben, so ist andererseits nichts ärger als jene bittren Pillen aus Sorge und Verdruß, als all das Unglück und Ungemach, Zwist, Marter, Beißen und Kratzen, wenn sie uneinig oder eifersüchtig sind. ›Denn Eifersucht ist eine Raserei, ein ständiges Fiebern, Zittern, Argwöhnen und Sorgen‹, sagt Ariost, ›ein freudeverschlingendes Ungetüm.‹

Astrologen schieben diese bittere Leidenschaft den Sternen in die Schuhe und wollen aus dem Horoskop eines jeden sagen können, ob er eifersüchtig sein wird oder nicht. Andere geben vorwiegend dem Lande oder Klima die Schuld, vor allem den heißeren südlichen Ländern, wos fast unmöglich wird, sich zu beherrschen. Deutschland hat nicht halb soviel Trunkenbolde, noch England Tabakraucher, Frankreich Tänzer und Holland

Matrosen, als Italien eifersüchtige Ehemänner hat.[26] Im Norden sind wir kühler. In Baden, las ich, gehen Männer und Frauen aller Stände gemeinsam baden, ohne Arg; ›das Wort Eifersucht (sagt Munster) wird nie auch nur erwähnt von ihnen‹. In Friesland küssen die Frauen denjenigen, dem sie zutrinken, und werden von ihm wiedergeküßt. Die jungen Mädchen in Holland gehen Hand in Hand mit jungen Männern spazieren und laufen Schlittschuh in ihrer harmlosen Freiheit, wohnen auch auf Reisen zusammen, ohne daß einer etwas argwöhnt, worin der voreilige Sansovinus, ein Italiener, ein sicheres Zeichen der Unkeuschheit erkennen will.

Unvermögen ist eine weitere Ursache, wenn ein Mann seinen Ehepflichten nicht genügen kann; daher sie meist bei alten, kalten und trockenen Männern gefunden wird, die sich junge, üppige Frauen genommen haben, wies bei Chaucer heißt:

Ist jung die Frau und alt der Mann,
Mit Hörnern fängt die Ehe an.

Und wie sollt es anders gehen? Alter ist selbst eine Krankheit, scheußlich, voller Furcht und Argwohn, und bestenfalls unfähig und ungeeignet für solche Dinge. Ein weiterer Grund zur Eifersucht mag gegeben sein, wenn er, wie Pindar von Vulkan sagt, *sine gratiis natus* [häßlich von Geburt] ist, struppig, ruppig, dabei ehrbar, und ein hübsches Ding heiratet oder ein leichtfertiges Geschöpf. Dann wird er (mit guten Gründen) zu zweifeln be-

---

26 *Mulierum conditio misera; nullam honestam credunt nisi domo conclusa vivat* [elend ist dort die Lage der Frauen: keine, die nicht eingesperrt zu Hause lebt, gilt als ehrbar].

ginnen, ob sie ihn liebt oder nicht. So war Vulkan eifersüchtig auf Venus und machte ihr, wie Philostratus erzählt, knarrende Schuhe, um zu hören, wohin sie ging, was den Mars nicht wenig ärgerte und verdroß.

Anzeichen der Eifersucht

VON ALLEN Leidenschaften ist die Liebe die heftigste, wie ich schon bewiesen; und von allen bitteren Tränken, die diese schwermütige Krankheit uns kredenzt, ist Eifersucht der bitterste, was ihre erstaunlichen Symptome zur Genüge beweisen. Denn außer Furcht und Sorge, die aller Schwermut eigen sind, und außer Argwohn, Verdacht, Angst und Rastlosigkeit, Blässe, Magerkeit, Vernachlässigung der Geschäfte, &c., ist Eifersucht noch schlimmer dran und ärger gestraft. Sie ist noch heftiger, noch verwirrender in ihrem Rasen, eine Qual, ein Feuer, eine tödliche Neugier, eine Galle, so den Honig unseres Lebens verbittert, Wahnsinn, Schwindel, eine wahre Hölle. Der Eifersüchtige, wie Chrysostomus sagt, verliert *bonum pacis* [den Frieden der Seele]. Er ist rastlos bei Nacht und bei Tage, und übertreibt (wie alle Schwermütigen tun), voll ungerechter Vorwürfe gegen Dritte, versteht alles falsch, legts falsch aus, späht in jeden Winkel, möchte jedes Haar nachzählen. Seufzt, weint und stöhnt zuzeiten vor Ärger, schwört, flucht, droht, schilt, lärmt und lästert, zankt und zetert. Dann wieder schmeichelt er, redet süß, bittet um Verzeihung, küßt und kost, verwünscht seine Narretei und Heftigkeit, gelobt und schwört: er wills nie wieder tun. Dann plötzlich in seinem Ungestüm rast und röchelt er, schlägt um sich wie ein Irrer, stößt sie in die Seiten, schleppt sie wohl gar hinter sich her, jagt sie aus dem Haus, schickt sie fort, will sich scheiden lassen, sie ist eine Vettel &c. So gehts hin und her, je nach seiner Laune; aber meistens wütet und wettert er, beargwöhnt alle Welt, und nicht nur Fremde, sondern Brüder und Schwestern, Vater und Mutter und seine besten Freunde. Wie ein fischender Reiher späht er nach allen Seiten; wie eine Katze die Maus, läßt er sie nicht aus den Augen: wen sieht sie an? wer sieht sie an? was sagt sie, tut sie, läßt sie? beim Mittagessen, Abendessen? zu Hause, unterwegs? warum lacht sie? warum bemitleidet sie ihn? schmeichelt ihm? warum trank sie diesem zu? tanzte mit jenem? Sie ist eine Hure, eine Hure, eine schändliche Hure. Argus bewachte seine Kuh, der Drache sein goldenes Vließ, und Zerberus die Hölleneinfahrt nicht so eifrig wie er seine Frau. Aber ich habe noch nicht alles gesagt: er schließt sie nicht nur ein, sondern ab: *pudendis seras adhibet* [er schiebt ihrer Scham einen Riegel vor].

Heilmittel für Eifersucht

Wie bei allen Arten von Schwermut bezweifeln einige auch bei der Eifersucht, ob sie heilbar sei oder nicht; meinen, es gehe mit ihr wie mit der

Gicht oder mit den Schweizern oder Wallonen (wie wir sagen): jenen angeworbenen Söldnern, die man aus keiner Festung vertreiben kann, wenn sie sich einmal in ihr festgesetzt haben. Doch will ich, was ich schon sagte, noch einmal wiederholen: daß aller Schwermut im Beginn kann widerstanden werden, wenn man ihr, wie die Alten sagten, ›die Nägel schneidet, ehe sie zu lange sind‹.

Am besten ist: Müßiggang zu vermeiden, sich ernsthaft um wichtige Dinge zu kümmern und alle leeren Ängste, albernen Einbildungen, lästigen Argwohn sich aus dem Kopf zu schlagen, auf gute Freunde zu hören und zu bedenken: wie sehr man die eigne Schande auf den Markt bringt und das eigne Unglück ausposaunt, sich selber und andern zu Last und Plage. Nur dies laßt mich noch hinzufügen, daß der Grund zur Eifersucht recht oder unrecht, wahr oder falsch sein kann, so ist er doch allemal kein so kapitales Verbrechen und sollte nicht so schwer genommen werden und nicht so tief verwunden. Ist sie ehrbar, so grämt und quält er sich um sie umsonst; ist er, um einmal den schlimmsten Fall zu setzen, ein Hahnrei, so kanns nicht mehr geändert werden; und je mehr er in seiner Wunde bohrt, desto ärger wird sie brennen. Wie viel besser in solchem Falle, sein Unglück zu verbergen und nicht zu beachten: und lieber ein Cornelius Tacitus zu sein als ein Publius Cornutus! Denn wozu befürchten, was man doch nicht mehr ändern kann? Gatte und Hahnrei waren zu allen Zeiten auswechselbare Namen, zumal im Altertum, wo die Kaiser selber Aktäons Hauptzier trugen.

Darum bedenke, daß *caritas,* Nächstenliebe, am nachsichtigsten urteilt und alles zum besten deuten möchte. Der heilige Franziskus, als er zufällig einen Ordensbruder die Frau eines andern Mannes herzlich küssen sah, fand darin kein Arg, sondern kniete augenblicks nieder und dankte Gott, daß es noch so viel Nächstenliebe auf Erden gebe.

Ein letztes, unfehlbares Mittel und Antidot gegen Eifersucht und zugleich eine treffliche Kur dieses Leidens wüßte ich noch zu nennen, bin aber im Augenblick nicht geneigt, es zu tun – nicht etwa, daß ich ein geldgieriger Quacksalber wäre, der sein Geheimnis aus Gewinnsucht hütet: ich habe andere Gründe, mich zu verschweigen. Vielleicht, daß ich es Dir, wenn Dichs danach verlangt und wir uns nächstens einmal begegnen, ins Ohr flüstere: ich wüßte Dir keinen besseren Rat zu geben. Bis dahin aber will ich für Dich und für uns alle beten, *Di talem terris avertite pestem* [Mögen die Götter uns schützen vor solcher Plage]. Der liebe Gott bewahre uns vor Unglauben, Schwermut und Eifersucht.

Seht den hier auf den Knien liegen,
Von abergläubischem Wahn getrieben:
Ganz Fasten, Beten, Götzendienst,
Verrückt vor Hoffnung und vor Angst,
Plagt für die Hölle er vielleicht
Sich mehr als Du fürs Himmelreich.
Sie dauert mich, die arme Seele:
Was muß ihr Unstern sie so quälen?

VIERTER TEIL
Religiöse Melancholie

Davon befallene Parteien und Partien

DASS ES eine eigene Spezies der Liebesschwermut wie die hier behandelte gibt, hat noch kein Mensch je bezweifelt; ob es aber vertretbar sei, eine Untergattung der Religiösen Melancholie[1] einzuführen, mag strittig erscheinen. Ich habe hier, anders als bei manchen der übrigen Teile, kein Muster, dem ich folgen, und keinen Vorgänger, den ich nachahmen könnte. Kein Mediziner hat noch gesondert darüber geschrieben, wie über die anderen; zwar erkennen alle in ihr ein höchst markantes Symptom, manche auch eine Ursache, aber nur wenige eine eigene Spezies oder Gattung.

Man muß sich nur einmal den Aberglauben des Altertums betrachten, mit seinen ungeheuerlichen Auswirkungen (so wie ich am gehörigen Ort die diversen Furien unserer eigenen *fatidici dii* [weissagenden Götter] vorzuführen gedenke, die Pythonissen, Sibyllen, Schwärmer, falschen Propheten, Häretiker und Schismatiker unserer jüngsten Tage), um sogleich zu gestehen, daß die weite Welt kein zweites Mal mehr soviel Stoff der Tollheit aufbieten kann, und soviele stupende Symptome davon, wie sie Aberglaube, Ketzerei und Schismen ans Licht gebracht haben; daß diese Spezies für

---

1 Religiös genannt, weil sie sich immerzu mit Religion und dergleichen göttlichen Gegenständen abgibt.

sich allein all den vorher abgehandelten die Waage hält; daß sie größere Ausbreitung und wundersamere Folgen hat; daß sie die Menschen schlimmer vernarrt und verblendet als irgendeine unter den schon erwähnten; mehr Unheil und Unruhe unter der Menschheit anrichtet und die Seelen der Sterblichen schlimmer zerquält hat (so wirksam war die Arglist des Teufels) als alle Kriege, Pestilenzen, Seuchen, Dürren, Hungersnöte und dergleichen.

Laßt mich nur ein wenig ausholen, und ich will euch auf engem Raum ein riesengroßes, grenzenloses, unendliches Meer der Torheit vor Augen führen: einen Ozean voller Riffe und Kliffe, Sandbänke, Strudel, Meerengen und gegenläufiger Gezeiten, voll von furchtbaren Ungeheuern, seltsamen Fratzen, donnernden Wogen, Ungewittern und sirenenhafter Meeresstille – halkyonische Seen und unsagbaren Jammer, solche Komödien und Tragödien, so widersinnige, lächerliche, barbarische und gottserbärmliche Rasereien, daß ich nicht weiß, ob sie mehr zu bemitleiden oder zu verlachen, oder überhaupt zu glauben sind – nur daß wir ebendies in unserer täglichen Praxis erleben müssen, immer neue Beispiele, *nova novitia,* immer neue Belege von Elend und Wahnsinn dieser Art, die man uns ständig vorführt, draußen ebenso wie zuhause, mitten unter uns, ja in der eigenen Brust.

Wir lieben die Welt zu sehr; Gott zu wenig; unseren Nächsten gar nicht, oder nur aus Eigennutz. *Vulgus amicitias utilitate probat* [Die Menschen bewerten Freundschaft gemeinhin nach ihrer Einträglichkeit]. Wir achten vor allem auf unseren Vorteil; und unser Handeln richtet sich nach der Furcht vor weltlicher Strafe, nach Prunksucht, öffentlicher Anerkennung, der momentanen Mode und anderen Belanglosigkeiten: wir tun nichts um Gottes willen. Weder kennen wir Gott recht, noch suchen, lieben und verehren wir Ihn so, wie wir sollten. Und aufgrund dieser Mängel verstricken wir uns in eine Unzahl von Irrtümern, weichen ab von der wahren Liebe und Verehrung Gottes, woraus uns unaussprechliches Elend erwächst. Indem wir nach zwei Extremen hin ausarten, werden wir zu Narren, Verrückten, von allen guten Geistern Verlassenen, wie ich euch im nächsten Abschnitt vorführen will.

Die von der religiösen Schwermut befallenen Parteien sind nahezu unzählig, über das ganze Angesicht der Erde verstreut, nah und fern, und waren dies schon zu allen vergangenen Zeiten, vom Anbeginn der Welt bis heute, Menschen jeglichen Charakters und Standes. Der Methode zuliebe will ich sie in zwei Kategorien unterteilen, nach den beiden Extremen Übermaß und Mangel, Aberglauben und Gottlosigkeit, Idolatrie und Atheismus. Nicht daß es ein Übermaß der Verehrung und Liebe Gottes gäbe – das kann nicht sein: wir können Gott nie zu sehr lieben, oder auch nur Ihm gegenüber unsere Pflicht erfüllen, wie die Papisten meinen; oder irgendeine Vollkommenheit in diesem Leben erreichen, und noch viel weniger einen Überschuß an guten Werken erzielen.

Wenn wir getan haben, was wir konnten, sind wir doch nur unnütze Knechte. Doch wir müssen immerzu *aliud agere* [das Falsche tun], in unserem Eifer unwissend, zu sehr auf Unnötiges bedacht, beschäftigt mit unerheblichen, überflüssigen, leeren und eitlen Zeremonien, *populo ut placerent* [der Öffentlichkeit zuliebe], wie die Juden mit ihren ewigen Opferhandlungen, Offertorien, Darbringungen, Weihräuchereien, Neumondfeiern und Festlichkeiten &c., wofür Jesaja sie tadelt (1,12): ›Wer fordert solches von euren Händen?‹

Manche unter uns wiederum sind zu sehr Liebkind, sie meinen, heiliger, gnadenvoller, aus besserem Stoff gemacht zu sein als die andern, mit göttlicheren Gaben versehen, und schauen mit Pharisäerstolz auf alle übrigen herab: Wir sind die besseren Christen, reicher an Gelehrsamkeit, auserwählte Geister, inspiriert, wir verstehen mehr, sind besonderer Offenbarung teilhaftig, sind in Gottes Geheimnisse eingeweiht – und so erdreisten sie sich, so sagen und tun sie immer wieder, was ihnen weder zu sagen noch zu tun ansteht. Zu ihrer Zahl gehören alle abergläubischen Götzendiener, Heiden, Mohammedaner, Juden, Häretiker, Schwarmgeister, Wahrsager, Propheten, Sektierer und Schismatiker. Zanchius[2] teilt diese Fehlgläubigen in vier Klassen ein; doch ich will mit Nachdruck auf meiner eigenen Methode bestehen: Sie alle, und dazu noch viele andere merkwürdige Leute wie Mönche, Eremiten &c., können diesem

2 *De primo praecepto* [Über das Erste Gebot].

Extrem zugeordnet werden und kämpfen unter diesem Banner des Aberglaubens, zusammen mit jenen tumben Toren und unabsehbaren Menschenschwärmen, die sich von ihnen verführen lassen.

Am anderen Extrem, dem des Mangels, stehen die Truppen der ruchlosen Epikuräer, Freigeister, Atheisten, Heuchler, Ungläubigen, der selbstsicheren Weltmenschen, der Unbußfertigen, Undankbaren und fleischlich Gesinnten, die alles auf natürliche Ursachen zurückführen und keinerlei Höchste Kraft anerkennen; die ein verhärtetes Gewissen haben oder ganz in Verworfenheit leben; oder der Verzweifelten, die allzu wenig auf Seine Gnade vertrauen.

Die vom Aberglauben befallenen Partien sind Hirn, Herz, Wille, Verstand, ja die Seele selbst mit all ihren Fähigkeiten; *totum compositum* [das ganze Gefüge] ist dann vernarrt und aus den Fugen. Es ist ein trauriges Ding, zu erwägen, wie vielen Myriaden von Menschen dieser Götzendienst und Aberglaube (denn darin ist alles enthalten) zu allen Zeiten den Geist verfinstert hat, berauscht von einem blinden Eifer, der nichts anderes ist als der Affe und Bastard der Religion, ihr Schattenspiel und Zerrspiegel. Denn wo Gott einen Tempel hat, muß sich der Teufel eine Kapelle bauen.

Ursachen der religiösen Melancholie

WEIL Himmel und Hölle in der Schrift genannt werden und der Glaube daran Christenpflicht ist, vermag der Teufel mithilfe seiner Werkzeuge aufs allerschlaueste in Nachäffung echter Religion täuschend ähnliche Abbilder davon zu fälschen, um seine abergläubische Gefolgschaft an der Nase herum und hinters Licht zu führen. Es sind Kunstgriffe und Betrügereien, wie sie vielfach von Politikern ausgeführt werden, zumal in China, doch die Auswirkungen davon will ich erst unter der Rubrik ›Symptome‹ erörtern.

Ganz in der Nähe der Politiker, wenn man sie überhaupt davon unterscheiden kann, stehen manche unserer Priester (die aus der Religion Politik machen) – oder jedenfalls nicht in allzu großer Entfernung, denn sie spielen die Herren sogar über Fürsten und Staatsmänner. *Carnificinam exercent* [sie führen sich auf wie Scharfrichter], wie ein Autor bemerkt hat, sie tyrannisieren das Gewissen der Menschen schlimmer als alle anderen Quälgeister, und dies nicht zuletzt zu ihrem eigenen Nutz und Frommen. *Religionum enim omnium abusus* (meint Postellus[3]) *quaestus scilicet sacrificum causa est* [der Grund für allen Mißbrauch der Religionen ist die Gier ihrer Priester]. Was haben sie nicht alles dem einfachen Volk eingeredet? Lauter Unglaubliches und Unmöglichkeiten im Reich der Natur. Was für Kniffe, Traditionen

3 *Lib. 1 De orbis concordia, cap. 7* [Über die Eintracht der Welt, Buch 1, Kap. 7].

und Zeremonien haben sie nicht zu allen Zeiten ausgeheckt, um die Menschen gefügig und sich selbst reich zu machen?

Doch vor allen anderen war es der Hohepriester Roms, jenes Untier, das diese ganze abscheuliche, abergläubische Brut ausgeworfen hat, der Bullenbellende Papst, der jetzt im Westen wütet, jener dreiköpfige Zerberus, der dabei die Hauptrolle spielte. ›Seine Religion in unseren Tagen ist nichts anderes als Politik, ein Staatswesen, das nur auf Aberglauben und Schlauheit gründet und sich allein durch Schlauheit und Aberglauben aufrecht erhält, das Kollegien und Klöster ins Feld führt als wären es Festungen und Burgen, und damit bis auf den heutigen Tag mehr erreicht‹[4] – im Bund mit einer Bande kritzelnder Schmarotzer, mönchischer Brandstifter, eifernder Anachoreten, heuchlerischer Beichtväter, und jener Prätorianergarde seiner Janitscharen-Jesuiten, die Langius eine Spießgesellen-Gesellschaft nennt, *postremus diaboli conatus et saeculi excrementum* [des Teufels letzter Versuch und Auswurf des Jahrhunderts], welche jetzt an der vordersten Schlachtfront stehen, alle übrige Gelehrsamkeit an sich reißen und darin das Monopol beanspruchen, jedoch das allergrößte Wort in der Theologie führen, *excipiunt soli totius vulnera belli* [sie ganz allein empfangen die Wunden des ganzen Krieges], sie sind fast als einzige auf dem Posten, denn die anderen sind nur die Kamele und Esel des Papstes – als er es jemals

4 So Sir Edward Sandys
[*Bericht über den Zustand der Religion,* 1605].

mit all seinen Garnisonen und Heerscharen vermocht hätte.

Welche Fürstenmacht, welches Strafgesetz, und sei es noch so streng, könnte von Menschen das erzwingen, was jene freiwillig und aus Gewissensgründen auf sich nehmen? Wie fleischloses Essen in der Fastenzeit, Verzicht auf Eheschließung, Gebete um Mitternacht, Geißelungen, dazu abstumpfende Fasten- und Bußübungen, Weltflucht, willentliche Armut, kanonischer und blinder Gehorsam – und daß sie all ihr Gut und Vermögen, Leib und Leben in den Staub werfen und sich aufopfern zu Füßen ihrer Oberen, und auf deren Geheiß? Gibt es eine mächtigere Triebkraft als den Aberglauben?

Und die dies genau erkannt haben, hielten sich frei von aller Religion: Hildebrand der Magier, Alexander VI., Julius II., die reinsten Atheisten, was das unter ihnen umlaufende Sprichwort bestätigt: ›Die übelsten Christen Italiens sind die Römer, die ungezügeltsten Römer sind die Priester, die ausschweifendsten Priester werden zu Kardinälen befördert, und den schlimmsten der Kardinäle wählt man zum Papst‹.[5]

Was tun unsere Papisten anderes als dadurch, daß sie das Volk in Unwissenheit halten, ihre neu erfundenen Zeremonien und Traditionen an die Luft und in Umlauf zu bringen, während sie die Bibel verstecken, sie auf Lateinisch, und daher nur wenigen verständlich, lesen und indessen die sklavische Menge mit Legenden und dergleichen

5 So Sir Edward Sandys in seinem *Bericht*.

Ammenmärchen füttern? Womit fangen sie an? Mit einigen Frauen, deren Glauben auf schwachen Beinen steht, ein paar Krämerseelen, abergläubischen Alten, unwissenden Leutchen, weichköpfigen Weiblein, unzufriedenen, groben, einfältigen Burschen! Wen können sie leichter hinters Licht führen? Was sind denn all unsere Anabaptisten, Brownisten, Barrowisten, Familisten, außer einer Herde rüder, ungebildeter, launischer, pöbelhafter Gesellen?

Allgemeine Symptome

FLEAT HERACLITUS an rideat Democritus? Soll ich mit Demokrit lachen oder mit Heraklit weinen, wenn ich von den Symptomen dieser Krankheit rede? Auf der einen Seite sind sie so lächerlich und absurd, doch dann wieder so bedauernswürdig und tragisch auf der anderen. Ein gemischtes Schauspiel wird da aufgeführt, derart reich an Irrungen und einem kunterbunten Durcheinander der Gegenstände, daß ich nicht weiß, welche Tonart ich anschlagen soll. Wenn ich an das türkische Paradies denke, an all die jüdischen Fabeln und priesterlichen Rituale, diesen heidnischen Aberglauben, diese Offertorien und Zeremonien, ihre Art, sich von allen Dingen Abbilder zu machen und diese anzubeten, sobald sie fertig sind; wenn ich sehe, wie sie den Hostienbehälter küssen und zum Kreuz hinkriechen &c., dann kann ich nicht anders: ich muß mit Demokrit lachen; aber wenn ich sehe, wie sie sich geißeln und peinigen, ihre Seele zermartern um nichtige Kindereien, verzweiflungsvoll und schon bereit, den Geist aufzugeben, dann muß ich mit Heraklit weinen. Wenn ich einem Priester bei der Meßfeier zusehe, mit all dem äffischen Gestikulieren, Gemümmel &c., oder über die Gebräuche in den jüdischen Synagogen und mohammedanischen Moscheen lese, dann muß ich unweigerlich über ihre Narretei lachen. *Risum teneatis, amici?* [Könnt ihr euer Gelächter zurückhalten, Freunde?] Doch wenn ich sehe, wie sie aus derart kindischen Nichtigkeiten große Gewissensfragen machen, den Teufel anbeten, ihre Seelen gefährden, die eigenen Kinder ihren Götzen opfern, dann kann ich nicht anders: ich muß ihr Elend zum Erbarmen finden.

Wenn ich zwei abergläubische Orden miteinander herumzanken sehe *pro aris et focis* [als ob es um Leib und Leben ginge], mit Zähnen und Klauen *de lana caprina* [um des Kaisers Bart], wie manche ganz umsonst so dicke Folianten vollschreiben und sich so abplagen um nichts und wieder nichts, ihre Satiren, Schmähschriften, Apologien – lauter öde und grobe Erfindungen; wenn ich ernsthafte und gelehrte Männer schelten und keifen sehe wie die Butterweiber, erscheint mir dies alles wie eine hübsche Belustigung, die das Lachen eines Calpurnius und Demokrit verdient.[6] Aber wenn ich auf all das vergossene Blut schaue, all die mörderischen Massaker, die vielen grausamen Schlachten

6 *Pleno ridet Calpurnius ore*
[Aus vollem Hals lacht da Calpurnius].

&c., dann ist es ein passenderer Anlaß für den Jammer des Heraklit.

In unseren Tagen erleben wir ein neues Schauspiel, aufgeführt von den Dunkelmännern des Aberglaubens und der Häresie, einen neuen Trupp von Schauspielern und Antichristen, und der große Antichrist ist mit von der Partie; eine Kette von Päpsten, die kraft ihrer Machtvollkommenheit und Autorität alles vor sich in den Staub werfen. Seit sie sich den universalen Bischofsrang zuerkannten, um ihre eigene Monarchie, Souveränität und Größe zu begründen, und um sich selbst zu bereichern, haben sie ein derartiges Gelichter selbsthergestellter Überlieferungen in Umlauf gebracht – Fegefeuer, *limbus patrum, infantum* [die Vorhölle der Alten und der ungetauften Kindlein], und die ganze dazugehörige unterirdische Geographie, dazu Messe, Heiligenkult, Almosen, Fasten, Bullen, Ablässe, Orden, Bettelmönche, Bilderverehrung, Schreine, modrige Reliquien, Exkommunikation, Ohrenbeichte, Sühne, blinden Gehorsam, Gelübde, Wall- und Wanderfahrten, und noch viele andere, an den Haaren herbeigezogene Kindereien, verzwickte Spitzfindigkeiten, krasse Irrtümer und obskure Probleme, nur um sich wichtig zu machen und die eigenen Auslegungskünste zu zeigen – daß das Licht des Evangeliums ganz verdunkelt war, Finsternis über alles gebreitet, die Schrift verdeckt, Legenden eingeschmuggelt, Religion verbannt, Heuchelei und Aberglauben in den Himmel gehoben, und die Kirche selbst verfinstert und verfolgt.

Wie Wein mit Wasser vermengt lag die Kirche lange in Verborgenheit und Dunkel, bis zu Luthers Zeit, der mit einem Mal das Werk der Reinigung begann und wie eine zweite Sonne den Nebeldunst des Aberglaubens verscheuchte, um sie zur Reinheit der ursprünglichen Christenheit zurückzuführen. Und nach ihm haben viele gute und gottesfürchtige Männer, begnadete Geister, sich weiter darum bemüht und tun es noch heute.

Und was der Ignoranz einst heilig war,
Tut unsre weisere Zeit als Narrheit ab.[7]

Doch seht, der Teufel verträgt es nie, daß die Kirche ruhig und in Frieden lebt: kein Garten ist so gut bestellt, daß nicht irgendein übles Unkraut in ihm wächst, kein Weizen ohne Spreu. Wir haben da am anderen Ende eine verrückte, wirrköpfige Bande von Puritanern, Schismatikern, dazu auch einige Häretiker im eigenen Schoß (*Dum vitant stulti vitia, in contraria currunt* [Um einen Fehler zu vermeiden, stürzen sich die Narren in den entgegengesetzten]); indem sie nämlich aus lauter Übereifer gegen den Antichrist, gegen Traditionen von Menschenhand, römischen Ritus und Aberglauben alles ganz niederreißen und gar keine Zeremonien mehr zulassen wollen, keinerlei Fasttage, kein Kreuz bei der Taufe, kein Knien bei der Kommunion, keine Kirchenmusik &c., keine kirchliche Gerichtsbarkeit, und kein Kirchenregiment – sie giften gegen alle Kirchenzucht und weigern sich, Ruhe zu geben, und all dies um Deines lieben Friedens willen, o Zion! Ja, manche

7 *Daniel* [Samuel Daniel, *Klage der Rosamond,* v. 881 f.].

wollen nicht einmal die akademischen Würden dulden, oder die Universitäten; alle menschliche Gelehrsamkeit (für sie bloß *cloaca diaboli* [des Teufels Gosse]), Barette, Talare, Mützen und Chorröcke, Dinge, die ihrem Wesen nach ganz indifferent sind und nur dem Schmuck, der Schicklichkeit und Würde dienen, hassen, verabscheuen und beschnauben sie, wie ein Bär, wenn er auf einen Hengst trifft.

So machen sie sich ein großes Gewissen aus alledem und wollen lieber ihre Pfründen aufgeben, als sich in diesen Dingen zu fügen. Sie dulden keinerlei Festtage, keine ehrbaren Vergnügungen wie die Jagd oder Falknerei &c., keine Kirchen, ja manche nicht einmal Kirchenglocken, weil die Papisten sie ebenfalls benützen; keine Kirchenzucht, keine Feierlichkeiten – außer solchen, die sie selbst in die Welt setzen; keine Auslegung der Schrift, keine Kommentare der Kirchenväter, keine Ratsversammlungen – außer solchen, die ihr ausschweifender Geist ihnen eingibt, oder die *recta ratio* [rechte Vernunft] sozinianischer Prägung. Dieser Geist führt sie so sehr in die Irre, daß sie oft ebenso monströse Paradoxien aushecken wie die Papisten selbst.

Einige werden zu Propheten, empfangen geheime Offenbarungen, wollen im Staatsrat Gottes sitzen und all seine Geheimnisse kennen, *per capillos Spiritum Sanctum tenent, et omnia sciunt cum sint asini omnium obstinatissimi* [sie halten den Heiligen Geist bei den Haaren, und wissen einfach alles, obgleich sie doch die störrischsten Esel von allen sind]. Eine Bande von Wirrköpfen maßt sich an, zu bestimmen, wieviele aus einer Gemeinde jeweils gerettet und wieviele verdammt werden und wo genau ihr Platz im Himmel sein wird (*commentatores praecipites et vertiginosos* [halsbrecherische und hirnrissige Kommentatoren] nennt sie ein Autor völlig zurecht), und klären alle Mysterien, die doch privaten Personen, Zeiten und Orten verborgen bleiben müssen, je nachdem, wie ihr eigener Geist sie erleuchtet und was ihre persönlichen Offenbarungen ihnen einflüstern, die exakt festlegen, wann es mit der Welt zuende geht – auf Jahr, Monat und Tag genau.

Gründe der Verzweiflung

Was sind tausend Jahre gegen die Ewigkeit? *Ubi moeror, ubi fletus, ubi dolor sempiternus; mors sine morte, finis sine fine* [Dort ist Trauer, dort ist Jammern, dort sind Qualen auf ewig; ein Tod ohne Tod, ein unendliches Ende]. Wenn wir uns zufällig den Finger verbrennen, können wir das kaum ertragen, so schlimm der Schmerz, wir halten ihn keine Stunde aus, eine ganze Nacht kommt uns unerträglich vor. Was wird dann dieses unaussprechliche Feuer sein, das für immer brennt, unzählige unendliche Millionen Jahre lang, *in omne aevum, in aeternum!* [durch alle Jahrhunderte, ewiglich] O Ewigkeit!

Darüber nachzugrübeln verstört die armen kranken Seelen; besonders wenn sie eine körperliche

Veranlagung zur Schwermut besitzen, religiös gesinnt sind und ein empfindliches Gewissen haben, macht ihnen jede Kleinigkeit Angst – ja das unbedachte Lesen der Bibel selbst und die Mißdeutung mancher Stellen; wie: ›Viele sind berufen, wenige erwählt‹. ›Es werden nicht alle, die zu mir sagen: Herr, Herr! in das Himmelreich kommen‹. ›Fürchte dich nicht, du kleine Herde!‹. ›Wer da meint, er stehe, mag zusehen, daß er nicht falle‹. ›Schaffet, daß ihr selig werdet, mit Furcht und Zittern!‹ ›In derselben Nacht werden zwei auf einem Bette liegen; einer wird angenommen, der andere wird verworfen werden‹. ›Der Weg ist schmal, der zum Leben führt, und wenige sind ihrer, die ihn finden‹. Das Gleichnis vom Sämann und der Saat: ›Etliches fiel auf felsigen Grund, etliches ward erstickt‹. ›Welche er aber berufen hat, die hat er auch gerecht gemacht‹. ›Wessen ich mich erbarme, dessen erbarme ich mich‹. *Non est volentis nec currentis, sed miserentis Dei* [Es kommt nicht darauf an, ob einer will oder sich abmüht, sondern allein auf die Gnade Gottes].

Diese und dergleichen Stellen verängstigen viele Seelen: Erwählung, Prädestination oder Verwerfung, widersinnig aufgefaßt, erregen Anstoß bei so manchen; dazu kommt ein Gutteil alberner Überhebung, sträflicher Neugier, nutzloser Spekulation, Grübelei und Aufgeregtheit, wobei sie sich beunruhigen und verwirren über Fragen der Gnade, des freien Willens, der Beharrung im Glauben, der Geheimnisse Gottes. Sie wollen unbedingt mehr wissen, als Gott in Seinem Wort offenbart hat, als menschliche Geistesgabe oder Unwissenheit fassen kann, und forschen allzu aufdringlich nach dem, was in Gottes Offenbarung steht. ›Sie zweifeln an ihrer Erwählung, wie und durch welche Zeichen sie ihrer gewiß werden‹, sagt Luther, ›und mit so heiklen Punkten quälen und zermartern sie sich, daß sie fast toll werden, und haben nichts weiter davon, als daß sie in ihrer Verzweiflung dem Teufel eine Bresche öffnen, durch die er sie zur Hölle schleppt.‹

Doch den allergrößten Schaden verursachen die donnernden Prediger, ein überaus häufiger Grund für diese Krankheit; ›sie richten mehr Unheil in der Kirche an‹, sagt Erasmus, ›als diejenigen, die den Menschen schmeicheln. Die Gefahr auf beiden Seiten ist groß: die einen wiegen sie in fleischliche Sicherheit, die anderen treiben sie in die Verzweiflung.‹ Wobei Sankt Bernhard den guten Rat gibt: ›Wir sollten uns nie auf das eine ohne das andere einlassen, noch vom Gericht sprechen ohne Erwähnung der Gnade – das eine allein führt zur Verzweiflung, das andere zur falschen Sicherheit.‹

Doch diese Menschen haben einzig und allein das Gericht im Sinn: strengen und starren Geistes, wie sie sind, gibt es bei ihnen keinerlei Erbarmen, keine Rettung, keinen Balsam für die kranken Seelen; nur Verwerfung, Höllenfeuer und Verdammnis führen sie im Mund, wie jene (Lukas 11, 46), die die Menschen mit unerträglichen Lasten beladen, welche sie selbst mit keinem Finger anrühren. Wir kennen das von unseren Papisten, die

die Seelen der Menschen mit ihrem Fegefeuer verschrecken, mit Schauermärchen, Visionen, Erscheinungen, um damit selbst die mutigsten Geister kirre zu machen. Sie lehren die anderen fasten, Almosen geben, Buße tun und ihren Geist mit der Befolgung abergläubischer Regeln martern, mit Wasser und Brot, härenen Hemden, Geißelungen und dergleichen, während sie selbst sich an allen Köstlichkeiten der Welt gütlich tun und sich in ein Bett von Daunen legen, eine Kurtisane im Arm. *Heu, quantum patimur pro Christo!* [Ach, was müssen wir um Christi willen nicht alles leiden!], wie jener bekannte Papst[8] einst klagte.

Welch eine grausame Tyrannei ist es doch, die Seelen der Menschen so zu verschrecken und zu verhöhnen! Unsere bedenkenlosen Seelenhirten, oder jedenfalls manche unter ihnen, stehen nicht weit dahinter zurück. Indem sie in ihren Sonntagspredigten den Leuten ständig von Erwählung, Vorausbestimmung und Verwerfung *ab aeterno* [vom Anbeginn der Welt] erzählen, und davon, anhand welcher Zeichen und Merkmale sie erkennen und sich prüfen könnten, ob sie die wahren und auserwählten Kinder Gottes seien, *an sint reprobi praedestinati* [oder zur Verdammnis vorherbestimmt] &c., zusammen mit anderen problematischen Punkten, machen sie die Menschen immer sündenschwerer, nehmen hemmungslos den Donner des Jüngsten Gerichts vorweg, zetern maßlos von allen Kanzeln herab gegen alle, die sich Spielen und anderem achtbaren Zeitvertreib widmen,

8 *Leo Decimus* [Leo x.].

und erklären sie für Verdammte, und indem sie aus jedem kleinen Fehler und gleichgültigen Ding eine unverzeihliche Sünde machen, zerreißen, zerfetzen und zerfleischen sie das Gewissen der Leute so sehr, daß sie mit ihrem Witz am Ende und dem Wahnsinn nahe sind.

Aber bei allen Gewissensqualen, all den so häufigen und schrecklichen Kümmernissen, oder was sonst diese furchtbare Krankheit in anderen Religionen hervorrufen oder verschlimmern mag, sehe ich überhaupt keinen Grund, weshalb ein Papist zu irgendeiner Zeit verzweifeln oder auch nur seiner Sünden wegen beunruhigt sein sollte; mag er ein noch so zügelloser Schuft sein, ein noch so berüchtigter Halunke oder ungeheuerlicher Sünder – aus dem Schatz an Indulgenzen und Ablässen, die der Papst vergibt, kann er jederzeit freie Begnadigung und vollen Straferlaß für seine Sünden bekommen. Es gibt da soviel Generalpardon für künftige Zeiten, genug für 50000 Jahre, soviele Jubiläen, soviele Kerkerfreigänge aus dem Purgatorium für alle jetzt lebenden Seelen, oder nach dem Ableben des Leibes soviele Totenmessen, die täglich in allen möglichen Kirchen gelesen werden, soviele diesem Zweck geweihte Altäre, daß einer, solange er nur Geld oder Freunde hat, oder sich die Mühe macht, vor so einem Altar zu knien, die Messe zu hören, soundsoviele Paternoster abzubeten, die und die Buße zu tun, gar nicht fehlgehen kann – unwahrscheinlich, daß sein Geist beunruhigt oder durch irgendwelche schlimmen Gedanken belästigt würde.

Ihre geistlichen Väter können so prompt Heilsalben auflegen, die Devotion ihrer Schäflein so geschickt zu- und aufschnüren, an- und abdrehen, mit eingängigen Reden und schrecklichen Drohungen ihr Gewissen zum eigenen Vorteil modellieren, zulegen und wegnehmen, mit solcher Fingerfertigkeit aufrichten und zugrunde richten, zulassen und ablassen, daß ich mir nicht vorstellen kann, auch nur einer von ihnen würde oft und heftig unter dieser Krankheit leiden, oder gar ihr erliegen.

Symptome der Verzweiflung

WIE ES die Schuster machen, wenn sie ihre Schuhe verkaufen, daß sie nämlich immerzu rufen: ›Das Leder wird immer teurer, immer teurer‹, so kann ich mit Fug und Recht bei den Symptomen dieser Schwermut sagen: die der Verzweiflung sind die heftigsten, tragischsten, quälendsten, viel schlimmer als alle übrigen, beschreibbar nur durch Negationen, betreffen sie doch den unerträglichen Entzug allen Glücks; denn ›wenn der Mut darniederliegt, wer kann es ertragen?‹ (Sprüche 18,14). Was also Timanthes auf seinem Bild Iphigenias vor der Opferung getan hat,[9] als er den Kalchas in Trauer malte, Odysseus niedergeschlagen, am betrübtesten Menelaus, und als er, nach

9 *Plinius, lib. 35, cap. 10. Consumptis affectibus Agamemnonis caput velavit, ut omnes quem possent maximum moerorem in virginis patre cogitarent.* [Plinius, Buch 35, Kap. 10. Dem Agamemnon, erschöpft von seiner Gemütsaufwallung, hat er das Haupt verhüllt, damit alle sich die Trauer, die den Vater der Jungfrau bewegte, so tief wie möglich vorstellen könnten.]

Aufbietung all seiner Kunst für die verschiedensten Gemütsbewegungen, den Vater der Jungfrau mit verhülltem Haupt darstellte und es somit jedem Betrachter überließ, sich auszumalen was er wollte, denn ein so tiefes Leiden und Kummer *in summo gradu* [im höchsten Grad] ließ sich mit keiner noch so großen Kunst abbilden – was er auf seinem Bild unternommen hat, ebendas will auch ich mir vornehmen, wenn ich die Symptome der Verzweiflung beschreibe: Was immer du dir vor Augen stellst, Angst, Trübsal, Raserei, Jammer, Qual, Entsetzen, Wut, den Inbegriff alles Trostlosen, Schaurigen, Öden, Niederschmetternden &c., es reicht doch nicht hin, es bleibt weit vom Schuß, keine Zunge kann es sagen, kein Herz kann es begreifen. Es ist ein Auszug der Hölle, ein Extrakt, die Quintessenz, das Konzentrat, die Mixtur aller wüsten Krankheiten, tyrannischen Torturen, Plagen und Pestilenzen.

Es gibt beinah kein Leiden, für das die ärztliche Kunst nicht ein Heilmittel bereit hätte: Jeden Wundschmerz vermag die Chirurgie zu lindern; Freundschaft hilft der Armut auf die Beine; Hoffnung auf Freiheit macht den Kerker erträglich; Gesuche und Gunst heben eine Verbannung auf; Einfluß und Zeit machen einen Schimpf vergessen – aber wo ist die Arznei, die Chirurgenkunst, wo sind Reichtum, Macht, Gunst, um Gewissenspein zu lindern, erträglich zu machen, zu beruhigen oder gar auszutreiben? Ein ruhiges Gemüt heilt alles, aber sie alle sind unfähig, eine betrübte Seele zu trösten. Wer kann schon die Stimme der Verzweiflung zum Schweigen bringen? Was bei den anderen Formen der Schwermut vereinzelt auftritt, *horribile, dirum, pestilens, atrox, ferum* [an Schrecklichem, Gräßlichem, Widerlichem, Grausamem und Barbarischem], hier kommt es zusammen; es ist mehr noch als Melancholie im höchsten Grade: ein verzehrendes Fieber der Seele; zum Wahnsinn getrieben, sagt Jacchinus, durch ihr Elend.

Sie leben in großer Pein mit entsetztem Geist, verstörter Seele, gehetzt, ewig in Angst, Sorge, schrecklicher Qual, können deshalb weder essen noch trinken noch schlafen, finden keinerlei Ruhe:

Perpetua impietas, nec mensae tempore cessat,
Exagitat vesana quies, somnique furentes.[10]

Ob nachts im Bett, ob tags bei Tisch,
Verzweiflung gönnt dir keine Frist.

Angst nimmt ihnen allen Frieden, dörrt das Blut, verzehrt das Mark, ›und mitten unter den größten Freuden wie Singen, Tanzen oder Liebelei‹ (sagt Lemnius) fühlen sie Seelenqualen. Es zernichtet sie. Sie sind in der Regel ihres Lebens müde, das Herz zittert ihnen, ihr Geist ist niedergedrückt, und Ruhe finden sie wenig oder gar nicht. Viele meinen in ihrer äußersten Not, sie sähen Visionen, hörten Schreie, sprächen mit Teufeln, sie fühlen sich in Qualen, wie besessen, im Höllenfeuer, schon verdammt, ganz und gar von Gott verlassen – sie haben keinen Sinn, keine Empfindung mehr für Gnade und Barmherzigkeit, Hoffnung und Heil, ihr Verdammungsurteil ist bereits gefällt und unwiderruflich, der Teufel hat sie beim Kragen.

---

10 Juvenal, *Sat. 13* [v. 211; und Lucan 7, 764].

Die letzte und hauptsächliche Plage und Peinigung eines kranken Geistes ist nicht so sehr der Zweifel an der eigenen Erwählung und daß die Verheißung der Gnade in ihnen erstickt und erloschen, ja ganz und gar getilgt ist, wie sie meinen, sondern Gottes schwerer Groll in Gestalt einer unerträglichen Qual und Bekümmernis des Herzens kommt über sie. Sie sind besessen, und weil sie das nicht aushalten, toben und heulen sie, fluchen, lästern, verleugnen Gott, stellen Seine Macht in Frage, schwören der Religion ab und sind nicht selten am Ende bereit, sich selbst Gewalt anzutun: durch Erhängen, Ertränken &c. Nie seit Anbeginn der Welt war ein armer Teufel so übel dran.

Solchen Menschen halte ich die Gnade Gottes entgegen, und Seine Gerechtigkeit; *judicia Dei occulta, non injusta* [das Urteil Gottes, verborgen, doch nie ungerecht]: Seine geheimen Ratschlüsse, Sein gerechtes Gericht, das einige schont und andere bitter betrübt in diesem Leben; Sein Urteil ist anbetend hinzunehmen, mit Furcht und Zittern, nicht aber von uns Sterblichen zu durchforschen und zu hinterfragen. Er hat Seine Gründe für sich, die unsere Gebrechlichkeit nicht zu fassen vermag. ›Trübsal bringt Geduld, Geduld aber bringt Hoffnung‹ (Römer 5,3–4), und durch soviel Kreuz und Kalamität werden wir aufgeschreckt aus unsrer trügerischen Sicherheit. Daher ist die Heimsuchung eine Art Schule oder Akademie, worin die besten Schüler auf die Eröffnungen der

Gottheit vorbereitet werden. Und wenn es noch so bitter und beschwerlich ist, solang es andauert, so müßt ihr doch wissen: es kommt mit der Erlaubnis und aus der Vorsehung Gottes; Er ist Zuschauer deiner Seufzer und Tränen, und immer um dich: jedes Haar auf deinem Haupt ist gezählt, keines darf ohne den ausdrücklichen Willen Gottes zu Boden fallen; Er wird nicht zulassen, daß man dich über das Maß versucht. Wie eine Mutter ihr schwaches und krankes Kind behandelt, es nicht zurückstößt sondern zärtlich beobachtet und bei sich behält, so tut es Gott uns gegenüber. Er verläßt uns nicht in unserem Elend und verstößt uns nicht um unserer Schwäche willen, sondern Er hält uns und nimmt uns an aus Güte und Erbarmen: wen Er liebt, den liebt Er bis ans Ende.

Noch ein letztes Wort über jene äußerlichen Belastungen und erschreckenden Dinge, die sie oftmals hören und sehen: Teufel, Kobolde, Gespenster, widerwärtigen Gestank &c. Diese kommen häufig, wie ich oben in meinem Abschnitt über die melancholischen Symptome erklärt habe, aus inneren Ursachen. So wie ein hohler Spiegel feste Körper reflektiert, so kann ein verwirrtes Hirn aus Mangel an Schlaf oder Nahrung und aufgrund jener Erschütterung der Lebensgeister, auf die Hercules de Saxonia so ziemlich alle Symptome zurückführt, wüste Ungeheuer widerspiegeln und uns vor Augen führen, je nachdem, was ihm unsere eitle Furcht und wahnhafte Phantasie eingibt und vorgaukelt, wie ja auch viele einfältige schwache Weiber im Dunkeln, Kranke und solche, die aus

Mangel an Schlaf und Essen außer sich sind, zu sehen meinen, was sie nicht sehen. Oft mögen solche Schreckzustände aus natürlichen Ursachen entstehen, und alle anderen Sinne werden dann in die Irre geführt. Außerdem ist diese schwarze Verfassung, wie schon gesagt, *balneum diaboli,* des Teufels Bad, aufgrund der Zerrüttung unserer Körpersäfte und der anfälligen Organe in uns: sie kann unser Inneres in Besitz nehmen und uns quälen, wie es Saul geschah, und zwar mit Billigung Gottes.

Viele Menschen werden meinen Rat und meine Meinung in dieser Sache wissen wollen; ich kann nichts anderes sagen als *ut vera fide, quae per dilectionem operatur, ad Deum unum fugiamus* [daß wir im wahren Glauben, der durch die Liebe wirkt, zu dem einen Gott fliehen]: das beste Heilmittel besteht darin, zu Gott zu flüchten, Ihn anzurufen, zu Ihm zu beten, auf Ihn zu hoffen, zu bauen und zu vertrauen.

Zu guter Letzt: Wenn der Betroffene sicher weiß, daß diese Krankheit durch übermäßiges Fasten, Meditieren, allzu strenge Lebensführung, oder Sinnieren über Gottes Gericht hervorgerufen wurde (denn der Teufel hintergeht viele auf diese Weise), dann laßt ihn möglichst schnell die Ursache beseitigen und das tun, was Navarrus als beste Kur dieses Leidens empfiehlt: *avertat cogitationem a re scrupulosa* [er soll seine Gedanken von dem leidigen Gegenstand abwenden], und dies mit allen geeigneten Mitteln, aller Kunst und allem Fleiß, er soll *laxare animum* [seinen Geist lösen] und mit allen ehrbaren Vergnügungen seine geschundene Seele erfrischen und erneuern. Laßt ihn sein Denken neu ausrichten, aus eigener Kraft und mithilfe seiner Freunde. Vor allem aber soll er sich dem Rat guter Ärzte und Geistlicher öffnen und fügen, der *contraventio scrupulorum* [dem Gegenmittel für alle Beschwerden], wie Navarrus es nennt, und auf das Wort derer hören, denen der Herr die Zunge der Gelehrsamkeit verliehen hat – die sich darauf verstehen, ›mit dem Müden zur rechten Zeit zu reden‹ (Jes. 50,4), deren Worte fließen wie Kannen voll Wein.

Und ohne Zweifel wird solch guter Rat für seine Seele ebenso hilfreich sein wie der Engel für Petrus, der ihm die eisernen Tore öffnete, seine Fesseln löste, ihn aus dem Kerker führte, und ihn aus der leiblichen Knechtschaft befreite; er mag seinen betrübten Geist erheitern, seine wunde Seele neu beleben und ihn dem Rachen der Hölle selbst entreißen. Mehr zu sagen oder denen besseren Rat zu geben, die auf irgendeine Weise von diesem Leiden befallen sind, als ich gesagt und geraten habe, vermag ich nicht. Nur nimm dies noch als Folgesatz und Beschluß des Ganzen – wenn dir dein eigenes Wohlergehen in dieser und allen anderen Arten der Schwermut am Herzen liegt, deine Gesundheit an Körper und Geist, dann beachte dieses knappe Gebot: laß dich nicht verführen zu Einsamkeit und Müßiggang. ›Sei nicht einsam, sei nicht untätig‹.

SPERATE MISERI, CAVETE FELICES

FINIS

PAVCIS NOTVS, PAVCIORIBVS IGNOTVS
HIC IACET.
DEMOCRITVS IVNIOR,
CVI, VITAM, DEDIT, ET MORTEM,
MELANCHOLIA,
OBIIT. VIII. ID. IAN. A. C. MDCXXXIX

Nachwort

All my griefs to this are jolly:
Naught so sad as Melancholy
ROBERT BURTON

AUF DEN ERSTEN BLICK eher unscheinbar ist das Grabdenkmal in der alten gotischen Kirchenhalle von Christ Church, Oxford, aber doch merkwürdig, und für den, der sich auf seine Betrachtung einläßt, nicht ohne Reiz. Eine bemalte Büste, mit der gesammelten Starrheit solch pietätvoller Produkte der Zeit (man denke nur an die Shakespeares in Stratford), wobei die Starre der Augen den Beschauer fixiert: dazu ein adliges Wappen, eine Himmelssphäre, die Symbole eines Horoskops im Zeichen des Saturn, und ein Rätselepitaph mit einem Pseudonym statt des Namens: *Paucis notus, paucioribus ignotus, hic jacet Democritus Junior, cui vitam dedit et mortem Melancholia.* Also etwa: ›Wenigen bekannt, noch wenigeren unbekannt, liegt hier Democritus Junior, dem die Melancholie das Leben gab, und den Tod.‹

Der epigrammatische Witz dieser Zeilen zieht demnach die Summe einer Existenz im Schatten der ›englischen Krankheit‹, wie man die wegen des trübfeuchten Klimas auf der Insel besonders heimische Melancholie im 17. Jahrhundert nannte. Es ist die paradoxe Existenz Robert Burtons, der erst als Theologiestudent, dann als Tutor sein ganzes erwachsenes Leben in den Mauern des Christ Church College verbrachte – wie Jahrhunderte später ein anderer akademischer Exzentriker, dem die Literatur mehr verdankt als die Wissenschaft, Lewis Carroll; ein Leben (1577–1640) fern von Hof und Hauptstadt, und meist auch fern von seinen beiden auswärtigen Pfarreien (eine dritte lag in Oxford), wo er sich nach dem Usus der Zeit durch Hilfsgeistliche vertreten ließ. Der jüngere Sohn eines kleinen Landjunkers aus Leicestershire war den Zeitgenossen, die von seinem Leben als mönchischer Bücherwurm wenig wissen konnten, unter dem Namen des (bitter) lachenden Philosophen als Autor jenes berühmten Kompendiums *The Anatomy of Melancholy* bekannt, das freilich auf den alten Foliantenrücken meist auch den Kurztitel *Burton's Melancholy* trägt. Es erschien 1621 als Erstlingswerk eines immerhin Vierundzwanzigjährigen, und wuchs wie Montaignes Essays bis zum Tod seines Verfassers mit jeder der zahlreichen Neuausgaben erheblich an.

Zwei Abbildungen zu Lebzeiten zeigen Burtons etwas strenge Züge wiederum in symbolischer Komposition. Auf dem Titelkupfer der 3. Ausgabe (1628), das der flämische Stecher Le Blon offenbar nach Burtons Anweisungen geschaffen hat, erscheint Democritus Junior unter seinem antiken Namenspatron, und umrahmt von den verschiedenen Melancholikertypen; mit kleineren Variationen in Haartracht und Kopfbedeckung des Democritus Junior begleitete Le Blons Titelkupfer alle späteren Ausgaben des Jahrhunderts. Auf dem einzigen Portraitgemälde, im Brasenose College, präsentiert er sich mit Halskrause und Knebelbart, hellwachen, ironischen Augen, einem leicht mokanten Zug um den Mund, und einem Buch vor sich auf dem Samtkissen, das zweispaltig gedruckt ist: nicht sein eigenes Werk also, sondern die Bibel.

Sein Grabspruch spielt nicht nur in paradoxer Weise mit Differenz und Gleichheit von Autor und Maske, Mensch und Werk, sondern auch von zwei traditionellen Melancholiekonzepten: Schwermut als Fluch oder Gunst des Schicksals, als Höllensturz oder Himmelsflug. Nach den Prinzipien der alten, Galenschen Medizin, die für Burton auch als Zeitgenossen von Bacon, Galilei und Harvey unvermindert gilt, führt das Vorherrschen der kalten, zähflüssigen, sauren Schwarzgalle im Säftehaushalt oder ›Temperament‹ des Menschen zwangsläufig zu pathologischer Niedergeschlagenheit, christlich gesprochen zur Sünde der *acedia* oder Lebensunlust, im schlimmsten Fall sogar zum Wahnsinn. Doch solcher denaturierten steht eine sublimierte Melancholie im Zeichen des Saturn gegenüber, eine Vorstellung, die im Anschluß an Aristoteles besonders die platonisierende Renaissance (Petrarca, Ficino) entwickelt hat: hier wird die Trauer zum Adelsprädikat des Geistes, zum Inbegriff höchster Kontemplation, Erkenntnis und Schöpferkraft, einer überlegenen Betrachtung, die den mörderischen Aktionismus der modernen Welt mit ihren Religions- und Bürgerkriegen als den wahren Wahnsinn begreift. Dürers *Melencolia* ist das epochale Sinnbild dieser heroischen Schwermut, und Hamlet, ihr tragischer Repräsentant, zeigt die außerordentliche Gefährdung der solcherart Begnadeten und Geschlagenen.

So war für Burton sein melancholischer Stern fatal (das Horoskop zeigte für das Todesjahr verheerende Aspekte; Zeitgenossen munkelten von Selbstmord), doch als Erkenntniskraft, als spekulative Neugier, als Thema seines großen Opus schenkte ihm die ›Herrin Melancholie‹ sein eigentliches Leben. Immer ist er zugleich Diagnostiker und Patient, und daß er seinen Gegenstand, die Welt unter dem Saturn, von außen wie von innen, von oben wie von unten sieht, macht seine Perspektive so allumfassend und originell. Denn diesem Theologen, den sein seelsorgerlicher Impuls zur Medizin treibt, diesem Klaustrophilen, der in all seiner Seßhaftigkeit von einem *roving humour* oder heftigen Wandertrieb besessen ist, wird die Studierstube zur Welt, ja zum Ausguck über der Welt; freilich nicht, wie in Miltons Gedicht über die Wonnen der Melancholie, *Il Penseroso,* um sich der Erde zu entrücken und mit dem Himmel Zwiesprache zu halten, sondern um aus der Höhe die Gesamtheit der Welt um den Preis ihrer Schrumpfung zu umfassen, und so die Unersättlichkeit seiner Neugier und Desillusion gleichermaßen zu genießen. Als Zeitgenosse des Dreißigjährigen Krieges den alten humanistischen Idealen verpflichtet, erlebt er den Katzenjammer von Renaissance und Reformation; selbst hinter den Efeumauern Oxfords spürt gleichzeitig sein spekulativer Kopf etwas vom Aufbruch in jene neue Welt der Natur, deren Columbus Galilei heißt. Schwindel und Euphorie sind die gegensätzlichen, doch verwandten Erfahrungszustände seiner Melancholie, so wie das Element der Luft gleichermaßen die aus den niederen, hypochondrischen Regionen aufsteigenden, das Hirn vernebelnden Dünste bildet, wie den reinen Äther für den Aufschwung der spekulativen Phantasie in seiner ›Luftigen Abschweifung‹; und wie der großartigen Jeremiade über das ›Elend der Scholaren‹ später, im 2. Teil, ein ebenso hinreißender Lobpreis des Studiums antwortet (›Die rechte Übung von Leib und Geist‹).

Die Zeitgenossen, die ihn persönlich erlebten, kannten Burton als ›großen Bücher-Vertilger‹ und schätzten seine akademische Geselligkeit, seine Gewandtheit im Disputieren und sein mit Zitaten und Sentenzen reichbestücktes Gedächtnis. Es war eine Zeit großer Bibliotheksgründungen und -erweiterungen. 1602, im selben Jahr, als Burton seinen BA erhielt, wurde in Oxford die bald hoch berühmte Bodleian Library eröffnet; ihr vermachte er testamentarisch einen Teil seiner eigenen reichen Büchersammlung, ebenso wie der Bibliothek von Christ Church, die er lange Jahre verwaltete (Lewis Carroll brachte es dortselbst nur zum Hilfsbibliothekar, organisierte dafür aber den Nachschub für den Fakultätsclub, eine womöglich noch verantwortungsvollere Aufgabe). Das beispiellose Anwachsen der Bestände in diesen Jahren führte Burton die salomonische Eitelkeit eines Büchermachens ohne Ende, und die Melancholie der Musen drastisch vor Augen, gab ihm aber auch das Bewußtsein, im Schatzhaus der Weisheit zu sitzen, oder, mit den Worten seines Gewährsmannes Scaliger, ›im Schoß der Ewigkeit‹ (S. 242). Hatte doch König Jakob selbst, Sohn der lang eingekerkerten Maria Stuart, bei seinem Besuch der Bodleian witzig bemerkt, sollte er je in Gefangenschaft geraten, so sei ihm diese Bibliothek, wo er sich mit den größten Autoren zusammenketten lassen könne, gewiß der liebste Kerker (S. 241; vielbenutzte Folianten wurden damals an die Kette gelegt).

Der durch sein lebenslanges Studium zum Adepten der niederdrückenden wie der erhebenden Melancholie gewordene Burton (*experto crede Roberto*) jedenfalls liest sich tief in die enorme Fachliteratur seines (im weitesten Sinn verstandenen) Themas ein, um sodann dieses gesamte Wissen geordnet zwischen den Buchdeckeln seiner Anatomie zu versammeln. ›Anatomie‹ oder Sezierung bedeutet im übertragenen Wortgebrauch der Zeit enzyklopädische Vollständigkeit und systematische Aufgliederung eines Gegenstandes, gelegentlich auch die satirische Entblößung und ›Operation‹ eines kranken gesellschaftlichen Organismus (vgl. S. 73). Burton nimmt eine rigide Zergliederung seines Stoffes in Teile, Unterabteilungen, Abschnitte und Unterabschnitte vor – damals wie heute eine Demonstration geballter Wissenschaftlichkeit –, bei Definition, Ursachen, Symptomen, Heilverfahren und dem Sonderfall der Liebesmelancholie immer vom Allgemeinen zum Besonderen fortschreitend. Doch solche methodische Schaustellung mit Hilfe subtil verästelter Synopsen schließt nicht aus, daß in dieser ›bedeutendsten medizinischen Abhandlung aus der Feder eines Laien‹ (so ein moderner Fachmann) nur etwa ¼ des Buches wirklich medizinischen Fragestellungen gewidmet ist. Dieses Lebenswerk paßt in keine Schublade der Gattungstheorie, denn es ist auch Essaysammlung à la Montaigne, Trostbuch für alle Lebensnöte, Vanitas-Litanei und Weltsatire, Predigt, umgestürzter Zettelkasten von Titeln, Exzerpten, Zitaten und Sentenzen, und nicht zuletzt ein fortgesetztes Selbstportrait des Autors. Die Geschlossenheit des Systems täuscht: dies ist ein offenes Buch, dessen Akkumulation von Autoritäten in das Burtonsche *Etcetera* mündet, somit die Unendlichkeit, Widersprüchlichkeit, auch Beliebigkeit der Lehrmeinungen subversiv ins Bild rückt, und sich selbst demontiert. Die Natur des Menschen ist zutiefst antidoktrinär, und daher darf auch das Gegenteil der jeweils laut verkündeten Doktrin gelten: etwa wenn uns nach strengen Diätvorschriften geraten wird, ruhig in unseren alten Eßgewohnheiten fortzufahren, auch wenn sie schlecht sind (S. 198), oder wenn das allerletzte Heilmittel gegen die Liebe heißt: ›Laßt sie ihren Willen haben!‹ (S. 325).

Burtons Anatomie einer kranken Welt, die den Melancholiebegriff zur Universalmetapher ausweitet, ist ein Buch der Bücher, ein bibliothekarisches Spiegelkabinett und Labyrinth, in dem jeder Text ständig von anderen die Gestalt borgt und sich wieder in andere verwandelt; ein ›auf lauter Abfallhaufen zusammengeklaubter Wortschwall aus alten Fetzen‹ (S. 32), der seine Originalität selbstironisch behauptet, indem er sie negiert. Die objektive Wissenschaftlichkeit einer Unterordnung unter unzählige Autoritäten schlägt gerade durch deren Unzahl um in subjektive Launenhaftigkeit des Ichs, in essayistische Spontaneität der Selbsterkundung und des Leserdialogs. In der hoffnungslosen Fragmentierung des Menschlichen liegt die Einheit, der Melancholiebegriff bündelt die diffuse Materie: der jüngere Demokrit wird so, wie sein antiker Ahnherr, aus einem Atomisten zu einem Anatomisten oder Sammler der zerstreuten Teilchen. Die Widersprüchlichkeit der Gesichtspunkte, die nachlässige Buntheit des Stils ist Programm, Befreiung vom Druck der Epoche mit ihren vielen konkurrierenden Ansprüchen an den Menschen, dazu offener Reflex der wechselnden Stimmungen des Autors (S. 38). Wie im *Tristram Shandy* von Burtons Pfarrkollegen Sterne, der sich die *Anatomy* fleißig einverleibte, als sie kaum mehr Leser fand (d. h. vor ihrer Wiederentdeckung durch die Romantik, durch Keats, Byron, Lamb), wird so die Selbstauflösung des geschlossenen Textes – hier Lehrbuch, dort Roman – zum eigentlichen Thema und zur Quelle von Witz, Ironie und Humor. In den Abschweifungen, zu denen auch weite Teile der Vorrede und der Liebesschwermut zählen und die beim Überarbeiten gewaltig anschwollen, meldet sich das launig/launische, skeptische, ja anarchische Subjekt zu Wort; hier vor allem herrscht spontane Assoziation, wird die lapidar versteinerte Weisheit der lateinischen Sentenz vom formlos kraftvollen, muttersprachlichen Gewoge des ins Unreine denkenden Subjekts umspielt und bestürmt.

Er hätte das Ganze gar zu gern lateinisch geschrieben, in der Sprache der Gelehrsamkeit und Kompaktheit, beteuert der Autor (S. 36) – doch wer mag ihm glauben? Dieses Buch konnte nur in der kolloquialen Beweglichkeit, in der demonstrativen Kunstlosigkeit eines Idioms verfaßt werden, das seinen Denkprozeß im Entstehen abbildet und seinen Leser zum Mitentdecker macht. Gewiß ist der Text eine makkaronische Sprachmischung, zeigt seinen Charakter als Flickwerk schon im Druckbild an, doch das Latein lebt von der Spannung zur Volkssprache, wie sie in Burtons eigener Übersetzung klassischer und gelehrter Zitate oft genug stilverändernd zu spüren ist. Latein dient spielerisch als sprachlicher Kontrapunkt, auch dort, wo der Autor der Universität selbst die Leviten liest oder anstößige medizinische und sexuelle Details vor profanen Augen schützen will.

Der englische Stil ist reich an Synonymen, sagt gern dasselbe doppelt und dreifach, und spiegelt darin Tautologie und Leerlauf des gelehrten Spiels mit seiner Sintflut von Sekundärliteratur (was würden die beiden Demokrit heute sagen?): *copia verborum,* Worte, die den Dingen hoffnungslos hinterherstrampeln und dabei Eigenleben entwickeln, dem Mangel abgetrotzte Vitalität. Der Satzbau ist reihend, analog zur Aufhäufung der Belege, und verweigert sich dem hierarchischen Prinzip durchgestalteter Satzarchitektur. Das witzige Potential des Verfahrens ließe sich an der Stelle über das Küssen (S. 310f.) oder am furiosen Contre-Blason (drastische Schilderung weiblicher Häßlichkeit;

S. 313) mit Gewinn studieren. Die Wortreihungen sind oft nicht nach dem Gesetz der Steigerung gebaut, sondern kunterbunt arrangiert.

Die unzähligen Zitate sperren sich, nicht nur durch ihre Fremdsprachigkeit oder ihren Verscharakter, gegen eine völlige Integration und behalten ein beunruhigendes Eigenleben. Kurzum, der Gegenstand wird in seiner Widersinnigkeit abgebildet, und das Subjekt in seiner Allmacht und Ohnmacht. Doch wie bei Montaigne entfaltet die erklärte Kunstlosigkeit eine eigene Überredungskraft, als Trick des Sprechers (man hört seine lebendige Stimme, sieht ihn in seiner augenblicklichen Stimmung), um den Leser ins Gespräch und ins Spiel zu ziehen. Es kommt dabei zu quasidramatischen Szenen, die daran erinnern, daß Burton als Zeitgenosse der größten englischen Dramatiker auch lateinische Stücke für Studenten verfaßt und inszeniert hat (sein einziges erhaltenes Drama heißt charakteristischerweise *Philosophaster,* d.h. Der Pseudo-Gelehrte). Zu diesen Glanzlichtern des Textes gehört etwa die Selbstdramatisierung des Sprechers durch seinen Widerruf (S. 71), der Beginn der Luftreise (S. 198) und ihr Ende (S. 219), die Trennung der Liebenden (S. 311), sowie der folgende Appell zur Nächstenliebe, der den Prediger verrät, und den humanen Kern seiner Botschaft in der Anklage der Lauten, Mächtigen, Arroganten und Selbstgerechten dieser Welt hervortreten läßt: Ein Heruntergekommener tritt seinem reichen Verwandten in den Weg

> und läuft barhäuptig bettelnd neben seinem Pferd einher: ›Erbarmen, um Christi willen, Erbarmen mit einem kranken alten Mann!‹; ihn kümmerts nicht – reite zu! Du magst schwören, beteuern, Gott samt seinen Engeln als Zeugen anrufen, du bist nichts weiter als ein Simulant, ein Narr, ein Betrüger; es rührt ihn nicht – reite zu! Übergib ihm ein Bittgesuch für ein Spital, ein Waisenhaus, im Namen von tausend Waisen: sie flehen ihn an um Hilfe, während er vorbeireitet – reite zu! Sollen sie doch Steine essen, soll sie ihr eigenes Ungeziefer fressen, mögen sie in ihrem Kot verfaulen; ihn schert es nicht. ›Gnädigster Herr, um Gotteswillen, Eurem Vaterland zuliebe!‹ – reite zu! (H. Jackson, III, 35f.)

Die symbolische Szene ist mit meisterhafter Knappheit skizziert. Der Erzähler verteilt Rede und Gegenrede, macht dabei die Rede zum einigenden Band zwischen Burton, dem Armen und dem Leser, und die Gegenrede zum satirischen Refrain, mit dem der Mann hoch zu Roß sich selbst richtet und verdammt.

Mehr als Geistlicher denn als Seelen-Arzt spricht Burton (obgleich er diesen Gegensatz nicht anerkennen würde) im letzten Hauptteil über *Religiöse Melancholie,* seinem bei aller Redseligkeit doch höchst nachdrücklichen Schlußwort, das wenigstens in knapper Auswahl in die 2014 erweiterte Neuausgabe aufgenommen werden konnte. An den Gegenpolen der anglikanischen *via media,* bei Papisten und Puritanern, diagnostiziert er tyrannischen und selbstquälerischen Aberglauben, und zwar als Störung der Gottes-Liebe, und damit als Sonderform der Liebesschwermut: zur Zeit der kontinentalen Religionskriege und des sich anbahnenden Bürgerkriegs im eigenen Land ein weniger marginales Thema als es uns heute scheinen mag. Während Burton gegen die ›abergläubischen Papisten‹ hitzig und oft auch witzig seine satirischen Breitseiten abfeuert, gilt dem puritanischen Seelenterror der ›donnernden Erweckungsprediger‹ sein besonderes, von Erschrecken, Empörung und Mitgefühl gleichermaßen bestimmtes Interesse. In ihnen sieht er geistliche Demagogen am Werk, die ihr angemaßtes Predigeramt dadurch legitimieren und dazu mißbrauchen, daß sie ihre Herde der etablierten Kirche abspenstig machen, indem sie ihr wahre Höllenängste einjagen.

Der Kesselflicker John Bunyan wird in seiner geistlichen Autobiographie *Grace Abounding* (1666) das Protokoll solcher Verdammnisängste aufzeichnen, und darüber eine neue Sprache entdecken. Burton dagegen bekämpft ohne den dogmatischen Hochmut des Staatskirchlers, aus pastoralem und menschlichem Mitleid, das ›Teufelsbad‹ der geistlichen Verzweiflung mit den Verheißungen der Bibel und den Motiven der *caritas,* wissend, daß ein aufgewühlter Geist die Wirklichkeit wie ein Zerrspiegel zu monströsen Fratzen verfremdet.

Unsere Gegenwart kann der *Anatomie der Melancholie,* freilich wohl nur in verkürzter Form, mancherlei abgewinnen: ein Buch *sui generis,* ein Klassiker der exzentrischen Literatur scheint hierzulande allmählich entdeckt zu werden. Er öffnet unseren Blick unmittelbar auf das reizvoll, nicht selten skurril vorwissenschaftliche Denken einer großen Umbruchsepoche, ein Denken, das immer wieder durch seine körper- und seelennahe Anschaulichkeit und Empirie besticht. Ein ironischer Erzähler und Vorläufer Sternes, ein Werk von subversiver Offenheit, ein wahrhaft labyrinthisches Buch über Bücher, aus Büchern, zu Preis und Verdammung des Büchermachens lädt uns ein. Und sollte Burtons luzide Schwarzsicht auf die beginnende Moderne für unseren wenig rosigen Jahrtausendauftakt so gänzlich belanglos sein?

Moderne Systemzuweisungen an die Adresse des Jüngeren Demokrit, auch wenn sie so klug und beredt sind wie bei Wolf Lepenies (*Melancholie und Gesellschaft,* 1969) und Ulrich Horstmann (*Der lange Schatten der Melancholie,* 1985), haben gewisse Schwierigkeiten mit dem paradoxen und proteischen Charakter seines Werkes. Lepenies nimmt eine utopische Skizze Burtons zum Anlaß, ihn als Austreiber der Schwermut durch *law and order* zum Verkünder eines autoritären Melancholieverbots zu machen, also gleichsam zum Vorläufer derer, die das heutige Unbehagen an der Bankrottnähe unserer Zivilisation mit Tranquilizern bekämpfen, um das System funktionsfähig zu erhalten. Horstmann dagegen sieht ihn als Vertreter eines radikal illusionsfeindlichen Denkens, als eine Art Vorgänger Schopenhauers, dem er trotz theologisch-therapeutischer Irrwege den mutigen Tiefblick in die Heillosigkeit des Daseins bescheinigt. Konsequent modernisiert er in seiner 1988, zeitgleich mit der vorliegenden Übersetzung erschienenen, eindrucksvollen Auswahlübertragung der *Anatomy* den Stil des Werkes und manche Referenzen, verwandelt den zweisprachigen in einen homogenen Text, tilgt den skurrilen Duktus, und beschränkt seine Version auf Vorrede und ersten Teil, die entsprechend umfangreicher vertreten sind als in der vorliegenden Ausgabe. Teile 2 und 3, über Heilung der Schwermut und Liebesverwirrung, stören offenbar als lichte Momente die inspirierte Schwarzseherei des 1. Buches. Doch sie sind essentieller Teil der Komposition, der Menschlichkeit und nicht zuletzt der undogmatischen Offenheit Burtons. Und sein Geleitgedicht, dem das dunkle Motto dieses Nachwortes entnommen wurde, enthält auch die Gegenposition

All other joys to this are folly:
None so sweet as Melancholy

und wechselt regelmäßig zwischen beiden Refrains.

Postskriptum
vierhundert Jahre nach der Erstausgabe von
Burtons Anatomy of Melancholy

MEHR ALS EIN JAHR im Schatten der Corona-Pandemie hat der These Burtons, daß alle Welt an Melancholie krankt, erneut zu trauriger Aktualität verholfen. Das bleierne Zeitempfinden einer im ewigen Lockdown versackten Welt mag die mythologisch Versierten daran erinnern, daß Blei das mineralische Attribut des schwermütigen Saturn ist, während die grassierenden Ausbrüche von Irrationalität auf den altbekannten Zusammenhang von Schwermut und Wahn verweisen. Umso wichtiger sind die Heilmethoden, die Burton als medizinischer wie geistlicher Ratgeber empfiehlt.

Die Art, wie seine *Anatomie* sich seit dem strammen Quartband der Erstausgabe von 1621 mit jeder Neuauflage bis hin zum bleischweren Folianten von 1651 stofflich anreicherte, hat sich auch diese Übertragung zum Vorbild genommen, freilich auf eine dem Kleinformat angemessene Weise. In der vorliegenden vierten Auflage sind es vor allem die Heilmittel der Melancholie, die aus gegebenem Anlaß ergänzend aufgenommen worden sind, von der Erheiterung des Herzens bis zu den (nicht nur skurrilen) Rezepten der zeitgenössischen Medizin (S. 263–278); und wie immer spricht Burton als fürsorglicher Arzt und Wissenschaftsskeptiker zugleich.

Es ist der letztlich unergründliche Charakter der Melancholie und ihrer myriadischen Erscheinungsformen, der bis zum Tod des Autors nach immer neuen, oft in sich widersprüchlichen Addenda verlangte, und den unermüdlichen Systematiker an den Klippen seines Themas Schiffbruch erleiden läßt – doch es ist ein lustvoller Schiffbruch: ›e'l naufragar m'è dolce in questo mare‹. Die Demütigung der Ratio fordert den Ironiker heraus, das Unendliche den Theologen, und die Unerschöpflichkeit der Erscheinungen entbindet die Wort- und Bildlust des Schriftstellers.

Hier eine letzte Zugabe, die für eine Unzahl reizvoller Desiderate stehen muß: ›Wer vermag all diese Merkmale hinreichend abzuhandeln oder Regeln aufzustellen, die sie umfassen könnten? Die vierundzwanzig Buchstaben bilden keine größere Vielfalt an Wörtern in den verschiedenen Sprachen, als der melancholische Wahn Symptome bei den unterschiedlichen Menschen erzeugt. Sie sind regellos, obskur, bunt gemischt, so unzählig, daß selbst ein Proteus da nicht mithalten kann. Du könntest ebenso gut dem Mond einen neuen Rock schneidern wie den Charakter eines Melancholikers aufzeichnen; so gut die Flugbahn eines Vogels in der Luft fixieren, wie das Herz eines Menschen, eines melancholischen Menschen‹ (ed. H. Jackson, 1, 408).

Burtons liebenswürdige, doch keineswegs harmlose Exzentrik erinnert uns daran, daß der Melancholiker in seinem Bewußtsein des Außenstehens, der existentiellen Unangepaßtheit, die Widersprüche des Daseins hellsichtiger und schmerzhafter empfindet als das *juste milieu* der Menschen. László Földényi, beredter Chronist und Deuter der Melancholie, schreibt dazu: ›Als würde der Melancholiker, während er in der Welt lebt, gleichsam auch aus ihr heraustreten ... Er ist zugleich Teil der Welt und ein ihr entfremdetes, auf sich selbst angewiesenes Wesen, das sich überall als ausgestoßen und heimatlos empfindet‹. Und eben diese Exzentrik macht ihn zu einem Kronzeugen der *conditio humana*. Dazu wiederum Földényi, mit einem Wort des Philosophen Schelling über die Weigerung der Existenz, sich der Verfügungsgewalt des Menschen zu unterwerfen: ›Sie ist eine ihm nur geliehene, von ihm unabhängige; daher sich seine Persönlichkeit und Selbstheit nie zum vollkommenen Aktus erheben kann. Dies ist die allem endlichen Leben anklebende Traurigkeit ... Daher der Schleier der Schwermut, der über die ganze Natur ausgebreitet ist ...‹ (*Melancholie,* 1988/2020, S. 383; 349)

Statt eines Epilogs: Daß diese *Anatomie der Melancholie* nun schon seit dreiunddreißig Jahren im Handel ist und es auch weiterhin sein darf, ist ein Grund, die (Burton wohlvertraute) Klage des alten Salomo ›Des Büchermachens ist kein Ende‹ positiv zu lesen, und willkommener Anlaß für eine Danksagung an meine Verlegerinnen Hannelore und Imma Klemm und meine Lektorin Cornelia Fischer für ihr Vertrauen und ihre wunderbare Zusammenarbeit beim Büchermachen der besonderen Art.

Werner von Koppenfels

Zu Übersetzung und Auswahl

ES IST EIN PROBLEMATISCHES, aber reizvolles Unterfangen, einen Folianten wie die *Anatomy of Melancholy* auf Duodezformat umzuschreiben. Es galt, nach Möglichkeit mehrere Zielvorstellungen miteinander zu versöhnen: eine Ahnung vom Gesamtaufbau ebenso wie von der Anlage charakteristischer Kapitel zu vermitteln; vom tragischen und komischen Aspekt der Materie, alter Wissenschaft und moderner Psychologie, Skurrilität und schneidender Satire, Pedanterie und phantastischem Höhenflug, Autoritätsgläubigkeit und ironischer Selbstverliebtheit, und nicht zuletzt von der Spannung zwischen Latein und Volkssprache; um die Dynamik des Burtonschen Denkens und seiner eigentümlichen Stilbewegung eingehend vorzuführen, wurden die großen, reizvoll digressiven Teile *Vorrede, Elend der Scholaren, Luftige Abschweifung* und *Die rechte Übung von Leib und Geist* proportional weit weniger gekürzt als der übrige Text. Aus Burtons üppigen Randglossen wurde eine kleine, besonders charakteristische oder witzige Auswahl in Form von Fußnoten übernommen. Soweit die Version lateinischer Zitate nicht von Burton stammt, ist sie durch eckige Klammern als Zusatz markiert.

Peter Gans schöne, 1952 erschienene und erst 1992 wieder aufgelegte Übertragung des Teiles *Love-Melancholy,* die selbst eine Auswahl ist, wurde nach dem Prinzip der sonstigen Textbearbeitung schonend reduziert, um auch hier Substanz und

Zusammenhang des Abschnitts sowie seine reizvollsten Teile zu bewahren. Gans liebevolle Erhaltung der Burtonschen Stilfarben kam dabei den Vorstellungen des Übersetzers der ersten beiden Teile sehr entgegen. Seine Eigenheit, gelegentlich Glossen in den Text zu integrieren, lateinische Zitate durch ihre Übersetzung zu ersetzen, und eigene Zitatübertragung nicht von der Burtonschen zu unterscheiden, wurde nach der Praxis der ersten Teile rückgängig gemacht bzw. angeglichen.

Nach grober Schätzung enthält die vorliegende Übersetzung etwa ⅙ des Originals. Es versteht sich, daß neben viel Wiederholung, medizinisch-scholastischer Zitierwut und mancherlei trockener Materie auch einiges vom Reichtum dieses einmaligen Buches dem modernen, so Burton-fremden Zwang der Ökonomie zum Opfer fiel. Der Herausgeber hat jedenfalls versucht, bei manchen für den Text wie ihn selbst schmerzhaften Kürzungen philologisches Gewissen und Liebhaberei miteinander zu versöhnen.

Die Übertragung folgt dem Text der Ausgabe letzter Hand (1651), wie er in der verläßlichen dreibändigen *Everyman Edition* von Holbrook Jackson (London 1932; Nachdruck 1964) enthalten ist. Da sie die verbreitetste Ausgabe der *Anatomy* ist und wohl bleiben wird, auch nachdem die große kritische Oxforder Edition erschienen ist (3 Bde, hg. von Th. C. Faulkner, N. K. Kiessling, Rh. L. Blair; mit dem Kommentar, 3 Bde, von J. B. Bamborough und M. Dodsworth, 1990–2000), sei hier eine tabellarische Übersicht der ihr für die vorliegende deutsche Fassung entnommenen Passagen angefügt (rechts neben der Seitenzahl dieser Ausgabe stehen jeweils Band- und Seitenzahl der *Everyman Edition*):

Bd I	
11–34	15–27
34–36	27–29
36–39	30–32
39–43	34–36
43–46	38–39
46–47	47
47–54	52–56
54–62	58–65
62–66	68–70
66–74	119–123
75–76	130–131
76–80	133–136
81–87	139–146
87–91	169–172
92–98	174–183
98–103	186–193
104	196
104–106	199–201
106–116	211–222
116–128	233–247
128–132	253–257
132–134	280–282
134–138	292–297
138–161	300–326
161–163	346–348
164–165	350–351
165	354/357
166–171	361–368
171–175	382–389
175–176	395–396
176–178	405–409
178–184	414–419
184–188	429–435
188–189	438–439
Bd II	
191–195	15–21
196–198	26–29
198–207	34–46
207–229	48–72
229–231	74–75
231–232	78–79
232–233	81
233–252	84–102
252–255	115–118
256–259	119–126
260–262	205–207
263–265	207–211
265–266	212–214
267–268	215–217
269–271	225–228
271–272	235f.
272–273	237f.
273–276	238–241
277–278	254–255
278	261
Bd III	
281–285	3–7
285–286	9–10
286	18
287–288	21–24
289–291	40–44
291–297	52–59
297–301	61–66
301–303	78–82
303–304	88–89
304–306	91–93
306	95
306–307	100–102
307–308	110–112
308–311	126–133
312	136–137
312–314	140–141
314	184
315–317	189–195
318–319	198–201
320–321	208–209
321	211
322–323	215–217
323–326	223–229
326–327	257
327–328	261–267
328–329	270–272
329–330	280–281
330	284
330–331	288–293
332	311
335–337	311–313
337–339	318–321
340–342	331–333
342–343	339
343–345	346
345	366
346–348	369–371
348–352	398–400
353–355	403–406
356–357	424–426
357–358	428–429
358–359	431–432

Zu den Abbildungen

Titelbild: Das Brasenose-Portrait von Robert Burton wurde, laut Art UK, 1635 von Gilbert Jackson gemalt. Die Altersangabe auf dem Bild ist ein Irrtum: Burton war damals nicht 62, sondern 58 Jahre alt. Verlag und Herausgeber danken The King's Hall and College of Brasenose, Oxford, für die Bilddaten und die freundliche Erlaubnis zum Abdruck in diesem Buch.

Burton als Democritus junior (S. 10), *Demokrit im Garten zu Abdera* (S. 22), *Hypochondriacus* (S. 142), *Maniacus* (Der Rasende; S. 186), *Inamorato* (Der Liebeskranke; S. 280) und *Superstitiosus* (Der Abergläubische; S. 334): Tafeln des Frontispizes von 1651 (erstmals 1628), hier wegen des Kleinformats und als Textillustration einzeln aufgeführt und mit den entsprechenden Strophen des Einleitungsgedichtes ›The Argument of the Frontispiece‹ verbunden. Die astrologischen Zeichen über den Häuptern nennen jeweils die beherrschenden Planeten und Aspekte: Demokrit mit Saturn; Superstitiosus mit Jupiter, Sonne und Merkur; Hypochondriacus mit Saturn; Maniacus mit Mars und Mond, teils in Opposition, teils in Konjunktion mit Saturn und Merkur befindlich; Inamorato mit Venus in drei verschiedenen Aspekten, von denen die ersten zwei (Sextile und Trine) günstig stehen, der dritte (Opposition) aber unheilvoll ist.

Burtons Grabdenkmal in Christ Church Cathedral, Oxford (S. 360). Es wurde von seinem Bruder William ganz im Geist des Democritus Junior errichtet. Burton starb wahrscheinlich am 25. Januar 1640. Das lateinische Todesdatum auf dem Denkmal entspricht dem 6. Januar 1639 (alter Zeitrechnung; das neue Jahr begann jeweils mit dem 25. März), liegt also aus rätselhaften Gründen 19 Tage zu früh. Sein Horoskop, dem er großen Wert beimaß, ist mit abgebildet (vgl. S. 17). Stich von John Nichols, publiziert am 16. Mai 1800, © National Portrait Gallery, London.

ANMERKUNGEN

Bei der Anspielungsfülle der ›Anatomie‹ kann Annotation nur in bescheidenem Umfang erfolgen. Es erschien sinnvoller, die Zitate im Text zu übersetzen, als alle Quellen und Anspielungen zu klären.

Vorrede

Seite **12** *Pasquill:* Schmähschrift; der ›lachende Philosoph‹ galt als Schutzherr der Satiriker. – *Paradoxa:* Demokrits Zufallsprinzip der Weltentstehung durch Zusammenballung von kleinsten Teilchen (Atomen) ist im Hinblick auf seine Reduktion des Menschen für Burton durchaus relevant: so besehen war ihm Demokrit ein Vorläufer von Kopernikus und Giordano Bruno. – **13** *Mercurius Britannicus:* Pseudonym, unter dem Joseph Hall 1605 seine utopische Satire ›Mundus alter et idem‹ erscheinen ließ. – **15–16** *Jovius ... Scaliger ... Lipsius:* glanzvolle Vertreter eines humanistischen Gelehrtentums, dem sich Burton verbunden weiß. – **16** *Turnebus:* frz. Gelehrter, den Montaigne, *Essays II*, xii, preist. Mit *Montaigne* verbindet Burton u.a. seine moralistische Skepsis, ironische Selbstdarstellung, gesprächsnaher Stil, Lesewut und paradoxe Offenheit des Denkens. – **17** *Saturn:* Burton hat sein Horoskop als schicksalshaft empfunden; mit gutem Grund ist es auf seinem Grabdenkmal abgebildet. – *auf hoher Warte:* hier zum ersten Mal das charakteristische Wunschbild eines philosophischen (und / oder satirischen) Ausgucks, von dem aus das Weltgewimmel teleskopisch, d. h. total, weil in geschrumpftem Zustand, überschaubar wird: der Philosoph und Moralist als illusionsloser Beobachter. – **20** *Lukian:* griechischer Autor des 2. Jhs, Hauptvertreter der (nach dem Kyniker *Menipp* so benannten) menippeischen Satire, die witzig Dogmatismus und geistige Heuchelei angreift; wichtiger Anreger Burtons. – *Heraklit:* traditionell als Gegenfigur zu Demokrit der ›weinende‹ Philosoph, der sich die Distanz des Spötters versagt. – **24** *delectando ... monendo:* unterhaltsame Belehrung als klassisches Wirkungsziel aller Literatur; hier zeigt sich, daß Burton seine Abhandlung keineswegs rein fachwissenschaftlich versteht. – **25** *Egeria:* Quellnymphe, Vertraute des altrömischen Königs Numa und guter Geist seiner glücklichen Ära. – **29** *Dreibuchstaben:* f-u-r = Dieb. – **31** *Maccaronicum:* Flickwerk aus Angelesenem, aber wohl auch im Hinblick auf die englisch-lateinische Sprachmischung. – **32** *verdient nicht Deine Lektüre:* Echo aus Montaignes ›Vorrede an den Leser‹. – **39** *Menedemus:* aus Terenz, ›Heautontimoroumenos‹, I, I. – **44** *Terra Australis:* der australische Kontinent, dessen Entdeckung lange vor Dampier und Cook mehrfach vorschnell verkündet wurde; so von F. de Quiros, Teilnehmer der Torres-Expedition, der 1606 in Wirklichkeit Neu-Guinea entdeckte. – *Zisca:* Hussitenführer, †1424. – **46** *Lukian:* in ›Charon, oder die Herabschauenden‹, einem Modell der Lukianesken Satire. Auch die griechischen Klassiker zitiert Burton in lateinischer Version. – **49** *Aberglauben:* von der anglikanischen Mittelposition aus polemisiert Burton gegen Katholiken und Puritaner. – **52** *blutiger Schlachten:* hier schreibt ein Zeitgenosse des 30jährigen Krieges, während sich in England selbst ein religiös motivierter Bürgerkrieg vorbereitet. – **54** *Pharsalische Schlacht:* entscheidendes Treffen im Bürgerkrieg zwischen Caesar und Pompejus; hier auf die Schlacht von Towton (1461) im Rosenkrieg bezogen (vgl. Shakespeare, 3 ›Heinrich VI.‹, II, V). – **61** *Dea Moneta:* altrömischer Tempel der Göttin Juno (›Mahnerin‹), später Münzstätte. Burton prangert das Gesetz des Marktplatzes an, das alle Bindungen und Werte ›ersetzt‹. – **62** *Momus:* boshafter Gott der Kritik; die Anekdote steht bei Lukian, ›Hermotimus‹ 20. – **64** *Nieswurz von Antikyra:* Ort am Golf von Korinth, im Altertum sprichwörtlich für das wahnsinnlindernde Heilkraut Helleborus, das selbst den Herkules kuriert haben soll. – **70** *Saturnalische Festtage:* gerade als Jünger des melancholischen Saturn nimmt Burton die karnevaleske Freiheit der Saturnalien für sich in Anspruch. – *Vacuna:* Göttin der ländlichen Muße. – *Outis:* griech. ›Niemand‹, ein Name, den der listige Odysseus gegenüber dem Zyklopen Polyphem annahm. – **71** *Solvite me:* die Worte, mit denen der ›Rasende Roland‹ die Rückkehr seiner Vernunft anzeigt (›Orlando Furioso‹).

S. **80** *Krieger des Kadmus:* der mythische Stammvater Thebens säte die Zähne des von ihm getöteten Drachen in die Erde; daraus wuchsen Bewaffnete, die sogleich gegeneinander kämpften. – **81** *Phrenitis:* hier allg. als Delirium verstanden; der engere Begriff Hirnhautentzündung ist eingeschlossen. – **90** *L. Vives:* berühmter Humanist, Pädagoge, Anthropologe, †1540. Sein Werk ›De anima et vita‹, das auch für die Temperamentenlehre interessant ist, erschien 1538. – **91** *Mitte des Lebens:* Melancholie als dunkler Wald ›nel mezzo del cammin‹, vulgo ›midlife crisis‹. – **100** *Sidereus Nuntius:* dieser Bericht Galileis (1610) über seine Betrachtung der Mondoberfläche und der Jupitermonde sowie Keplers spekulativerer ›Traum‹ (der an Galileos ›Sternenboten‹, mit dem letztlich das Fernglas gemeint ist, anschließt) hat Burton, wie viele seiner Zeitgenossen, fasziniert. – **102** *Macbeth:* die berühmten ›Hexen‹ erscheinen in Hector Boethius' ›Schottenchronik‹, der Quelle von Shakespeares Quelle, als Nixen. – **107** *bayerisches Kinn:* gemeint ist wohl der Kropf. – **108** *Intemperantia ...:* dieser seines heiklen Themas wegen vor profanen Augen ausdrücklich geschützte Text sei im schulmeisterlichen Anhang enthüllt: ›Solche venerische Unmäßigkeit tadelt Lemnius besonders an den Seeleuten, die ihre Frauen beschlafen, ohne auf den Monatsfluß Rücksicht zu nehmen oder die Interlunarphase zu beachten. Sie ist ein schlimmer Anlaß für Unheil und Verderben (weshalb der Portugiese Roderigus a Castro solchen Beischlaf verderblich wie die Pest nennt, und alle Ärzte ihn einhellig verabscheuen); daher sind die am Ende des Zyklus Gezeugten zumeist unglücklich und nicht recht bei Sinnen, verrückt, tölpelhaft, kränklich, unrein, siech, von übler Seuche gezeichnet, ganz ohne Lebenskraft, an Leib und Seele von allen guten Geistern verlassen.‹ – **111** *Non-naturalia:* Kategorien der alten Medizin; so genannt, weil sie bei Beeinträchtigung gesundheitsbedrohend wirken. – **130** *gefleckte Lämmer:* 1. Mose 30. – **134** *Pyrrhus:* Anekdote über den Größenwahn der Welteroberer (›Leben des Pyrrhus‹ 14), die u.a. von Morus in ›Utopia‹, Teil 1, und von Rabelais, ›Gargantua‹, Kap. 33, variiert wird. – *Sejanus:* Günstling des Tiberius, Exempel für den drastischen Sturz des Ehrgeizes. An die *Gemonische Treppe* wurden die Leichen der Hingerichteten vom Henker mit einem Haken geschleift. – **136** *Phryne:* für Schönheit und Geist berühmte, gutverdienende Hetäre, die mit ihrem Geld das zerstörte Theben wiederaufbauen wollte, wenn dafür die Inschrift angebracht würde: ›Alexander hat es zerstört, Phryne wieder erbaut.‹ – **141** *Bedlam:* Verballhornung von Bethlehem, bezeichnet das Londoner Irrenhaus. – **148** *Cacus:* stahl die Rinder des Herkules und wurde von diesem in seiner Höhle erschlagen und die Füße voran nach draußen befördert; vgl. ›Aeneis‹ VIII, 185ff. – **152** *Cleanthes:* stoischer Philosoph des 3. Jhs v. Chr., der sich als Student in Athen den Unterhalt durch Taglöhnerarbeit verdiente. – **155** *Jacobus:* Huldigung an den wissenschaftsfreundlichen König Jakob I. (1603–1625), nach dem Tod des Monarchen durch den Preis seines Sohnes Karl I. ergänzt. – **156** *englische Chronik ...:* Chroniken, Ritterromane, Schauspiele, Pamphlete gelten als moralisch und geistig minderwertige Unterhaltungsliteratur. – **158** *zur Tafelbedienung:* der Geistliche saß regelmäßig am Tisch seines Patronatsherrn, wo er bisweilen seine Abhängigkeit zu spüren bekam. – **164** *Gefährten des Odysseus:* nachdem sie von Kirke in Schweine verwandelt worden waren (›Odyssee‹, 10. Gesang). – **167** *Anno 1527:* der sog. ›Sacco di Roma‹ im Rahmen von Karls V. Feldzug gegen Franz I. und seinen Verbündeten, den Papst. Charles de Bourbon, der abtrünnige Connetable von Frankreich, führte das deutsch-spanische Landsknechtsheer und fiel beim Sturm auf die Stadt. – **169** *Martha:* Lukas 10,40ff. – **174** *ganz aus Glas:* vgl. Cervantes' Novelle ›Der gläserne Lizenziat‹. – **175** *Achates:* Gefährte des Aeneas von sprichwörtlicher Treue. – *Höhle des Trophonius:* Orakelstätte in Böotien; galt als Eingang zur Unterwelt.

Zweiter Teil

S. **195** *Aurum potabile:* das Elixier der Alchemisten. – **199** *Mönch von Oxford:* der Karmeliter Nicholas de Lynne, der um 1360 eine Reise in das Land unter dem Nordpol unternommen haben soll. – *Elias:* wird durch seine Himmelfahrt zum Flugexperten; Ariosts Astolfo und Cyrano de Bergeracs phantastischer Reisender treffen ihn auf dem Weg zum Mond. – *Ikaromenipp* aus Lukians gleichnamigem Dialog ist der Ahnherr aller Himmelstouristen. – *Hudsons Entdeckung:* die ›Hundson Bai‹, im Jahre 1610. – *Terra Australis:* vgl. Anm. zu S. 44. – **200** *Mercurius:* vgl. Anm. zu S. 13 – *Vogel Rok:* Burtons Information stammt aus Marco Polo, Kap. 167 (›Von der Insel Madagaskar‹). – **202** *Sankt Patricks Fegefeuer:* für Jenseitsvisionen berühmte Höhle auf einer Insel im Loch Derg in der irischen Grafschaft Donegal. – *Höhle des Trophonius:* vgl. Anm. zu S. 175. – **204** *Stube des Ignatius:* die in der Fußnote genannte Jesuitensatire von John Donne läßt Ignatius in der Hölle hofhalten. – **208** *Substanz des Himmels:* Abkehr von der alten Vorstellung der Himmel als konzentrisch kreisender Kristallsphären. – **210** *Nikolaus:* Burton hat den Namen des Papstes mit dem Vornamen von Kopernikus verwechselt. Gemeint ist Paul III. – **211** *Galileo, Kepler:* vgl. Anm. zu S. 100. – **216** *verärgert wie damals der Mond:* vgl. Lukians ›Ikaromenipp‹ 20ff. – **217** *Lukians Jupiter:* ›Ikaromenipp‹ 25ff. – **221** *Seagrave:* Burton erhielt die Stelle, wie K. J. Höltgen nachwies, im Juni 1632, durch seinen Gönner Lord Berkley, der in Christ Church studiert hatte, und dem die ›Anatomie‹gewidmet ist. – **225** *Walsby:* diese kleinere Pfründe erhielt Burton 1624; die Fußnote (von 1632) bezieht sich auf einen Wechsel im Besetzungsrecht der Pfarre: offenbar mußte Burton einem neuen Kandidaten weichen. – **229** *Siege in Frankreich:* die Schlachten von Crecy (1346) und Agincourt (1415) wurden durch die Bogenschützen entschieden. – **232** *Saturnius:* der Melancholikergott hier als Schutzherr des Ackerbaus und der arkadischen Idylle. – **233** *Geschichte von Psyche:* dieses empfindsame Märchen erzählt im *Goldenen Esel,* Buch IV, eine alte Vettel einem soeben entführten Mädchen in einer Räuberhöhle, um es von seinem Kummer abzulenken. – **234** *Deklaration des Königs:* die ›Declaration of Sports‹, 1618, die, mit antipuritanischer Tendenz, ›harmlose Lustbarkeiten‹ wie Tanz, Bogenschießen, Spiele &c. nach dem Kirchgang erlaubte. – **241** *Thomas Bodley:* Gründer der Bodleian Library 1602, die bis 1620 dank ihres hohen Prestiges durch Stiftungen den Buchbestand von 2000 auf 16 000 Bände steigern konnte. Burton vermachte ihr den Großteil seiner reichhaltigen Bibliothek. – **244** *Amadis ...:* Ritterromane, wie sie Don Quixote den Geist verwirrten. – *Brachygraphie:* Kurzschrift. – **251** *Londoner Brücke:* die London Bridge war damals mit Häuserzeilen bebaut, ähnlich wie der Ponte Vecchio in Florenz. – **256** *Schule von Salerno:* Im Mittelalter maßgebliche Einrichtung für medizinische Forschung und Lehre in Europa, die ihre Blütezeit im 12. Jh. erlebte. – **262** *Virginier-Schlichtheit:* gemeint ist die zivilisatorische ›Jungfräulichkeit‹ der Indianer Virginias. – **263** *Non-naturalia:* siehe Erläuterung zu S. 111. – **266** *Garamanten:* antikes Herrscher- und Handelsvolk der Wüste Libyens; steht für die äußerste Grenze der Zivilisation. – **269** *Bayard:* sprichwörtliche Figur für blinde Ignoranz. – **270** *Tabak:* das ›indianische Kraut‹ war heftig umstritten; vielen galt es als Wundermedizin. Der König selbst hatte 1604 freilich seine Wirkung mit der ›stygischer Höllendämpfe‹ verglichen.

Dritter Teil

S. 289 *Heroische Liebe:* so genannt, weil es sich um die potentiell tragische Liebe der Mythen, heroisch galanten Romanzen und an Fürstenhöfen ausgelebter Leidenschaften handelt. – **290** *bei Palmenbäumen:* phantastische Naturgeschichte nach Art des Plinius. – **294** *Elis Söhne:* vgl. 1. Samuel 2,22. – *Amnon:* vgl. 2. Samuel 13. – **303** *sordibus calent:* das berüchtigtste Beispiel für diesen verderbten Appetit der Frauen bietet in der Renaissanceliteratur die Geschichte des Giocondo aus Ariosts ›Orlando‹, im 28. Gesang. – **304** *ehebrecherisches Auge:* 2. Petrus 2,14. – **308** *Pandarus:* Freund des Troilus und Onkel der Cressida, der bei Chaucer und Shakespeare die Liebenden zusammenführt; sein Name im Englischen Synonym für ›Kuppler‹. – **312** *Empedokles:* der Erforscher vulkanischer Liebe hat der Legende nach sein Lebenswerk als Naturphilosoph durch einen Sprung in den Ätna gekrönt. – **313** *bayerischer Beutel:* vgl. Anm. zu S. 107. – **321** *Chariklea, Leukippe:* Heldinnen griechischer Liebesromane von Heliodor und Achilles Tatius. – **322** *Vergil:* Dido als retardierendes Moment der römischen Reichsgründung. – *Pietro Aretino:* Burton hat eine lateinische Nachahmung der ›Kurtisanengespräche‹ gelesen. – **324**

Leukadischer Felsen: Kalkkliff auf der Insel Leukas, von dem Verbrecher ins Meer gestürzt wurden, und unglücklich Liebende Selbstmord begingen. – **327** *Trunkenbolde:* die Gemeinplätze der Völkersatire weisen den Deutschen in dieser Zeit (und noch lange danach) unweigerlich die Trunksucht zu; die englische Raucherleidenschaft als Nationallaster ist eine originelle Abweichung vom Schema. – **330** *seras adhibet:* die Keuschheitsgürtel. – **331** *Cornelius Tacitus ...:* Wortspiel mit römischen Eigennamen: ›Lieber ein heimlicher Hahnreih als ein öffentlicher Gehörnter!‹ – **332** *unfehlbares Mittel:* könnte es Hans Carvels Ring sein? Vgl. Rabelais, Buch III, Kap. 28 (das Motiv auch bei Poggio, Ariost, Lafontaine, M. Prior ...). Die Anregung wurde in den Kommentar der Oxforder Ausgabe aufgenommen.

Vierter Teil

S. 335 *Pythonissen:* Wahrsagerinnen. – **341** *jener dreiköpfige Zerberus:* Anspielung auf die ›dreifache Krone‹ oder Tiara des Papstes. – **342** *Hildebrand der Magier ... Julius II.:* Hildebrand, der als Papst den Namen Gregor VII. führte (1073–1085), und im Investiturstreit den Machtanspruch der Kirche gegenüber dem Reich kompromißlos vertrat, wurde von seinen Feinden der Schwarzkunst bezichtigt; Alexander VI. (1492–1503), berüchtigter Papst aus dem Hause Borgia; Julius II., als Papst (1503–1513) Auftraggeber großer Künstler, Heerführer und machiavellistischer Politiker des Kirchenstaates. – **343** *Anabaptisten:* Wiedertäufer; *Brownisten ... Familisten:* puritanische Sekten. – **344** *Risum teneatis ...:* Horaz, Ars poetica, 5. – *mörderische Massaker:* Hier spricht der Zeitgenosse des 30jährigen Krieges. – **347** *sozinianischer Prägung:* Die Sozinianer, eine anti-trinitarische Glaubensrichtung, galten als religiöse Skeptiker. – **349** *Viele sind berufen ... miserentis Dei:* Matth. 20,16 und 7,21; Luk. 12,32; 1. Kor. 10,12; Phil. 2,12; Luk. 17,34; Matth. 7,14 und 13,5; Röm. 8,30 und 9,16ff. – **355** *horribile ...:* Seneca, Hercules furens, 32. – **357** *jedes Haar auf deinem Haupt:* vgl. Luk. 12,7. – **358** *wie es Saul geschah:* vgl. 1. Samuel: 14ff. – **359** *der Engel für Petrus:* Apostelgeschichte 12,6–10. – SPERATE MISERI ...: Hofft im Unglück, seht euch vor im Glück.

Zum Übersetzer und Herausgeber

WERNER VON KOPPENFELS, em. Professor für Englische und Vergleichende Literaturwissenschaft der Ludwig-Maximilians-Universität München, wurde für seine Übersetzungen 1994 mit dem Johann-Heinrich-Voß-Preis ausgezeichnet und 2013 zusammen mit Derek Walcott mit dem Preis für Internationale Poesie der Stadt Münster.

Lesen Sie weiter!

In derselben Reihe und Ausstattung:

JOHN RUSKIN: *Grundlagen des Zeichnens in drei Briefen für Anfänger*

Der große englische Universalgelehrte, Sozialreformer, Kunstkritiker und Maler John Ruskin (1819–1900) wendet sich in seinen *Grundlagen des Zeichnens* an alle, die durch die Schulung zeichnerischer Fähigkeiten ihre Wahrnehmung für Natur und Kunst schärfen wollen.

Seine stilistisch meisterhaft vorgetragene Lehre des genauen Blicks begriff Ruskin zugleich als Anleitung zur *drawing cure*, zur Stärkung und Belebung von Seele und Geist durch die künstlerische Praxis.

Bäume und Steine – vielmehr brauchen lernwillige Zeichenschüler nicht. Diese illustrierte, gestraffte und schön ausgestattete Übersetzung der ›Grundlagen‹ macht Lust darauf, mit etwas Zeit und dem Bleistift in der Hand dem ›Stein-Gegner‹ mutig zu begegnen. KERSTIN MARIA PAHL *FAZ*

Aus dem Englischen von HELMUT MOYSICH.
Mit einem Nachwort von WOLFGANG KEMP.
Fadengehefteter Leinenband mit Abbildungen.
272 Seiten. ISBN 9783871621017

HENRY JAMES: *In Venedig.*
Begleitet von HANNS-JOSEF ORTHEIL

In die Buchausgabe seiner *Italian Hours* nahm Henry James (1843–1916) fünf Essays über Venedig auf, dessen Zauber er erlegen war: ›I have fallen deeply and desperately in love with it.‹ Es sind Meisterwerke einer Porträtkunst, in denen James auf luzide und hochelegante Weise von den Atmosphären dieser einzigartigen Stadt erzählt. Der Schriftsteller Hanns-Josef Ortheil teilt die Venedig-Passion des großen amerikanischen Autors und erzählt von ihren Stufen und Facetten in einem umfangreichen Essay in sechs Teilen.

Henry James ›In Venedig‹ und
Hanns-Josef Ortheils ›Henry James in Venedig‹
sind ein geniales Duett.
ERWIN RIEDESSER *Magazin 5plus*

Übersetzt von HELMUT MOYSICH.
Fadengehefteter Leinenband
mit acht Abbildungen.
288 Seiten. ISBN 978 3 87162 088 1

DOROTHY WORDSWORTH:
Das Grasmere-Journal

Ende 1799 zieht Dorothy Wordsworth mit ihrem Bruder, dem Dichter William Wordsworth, nach Grasmere. Wenig später lässt sich auch S. T. Coleridge in ihrer Nähe nieder: ›drei Menschen, doch nur eine Seele‹. Die Stunde der *Lake Poets*, der frühen Glanzzeit englischer Romantik, hat geschlagen.

Das in England längst berühmte, hier erstmals ins Deutsche übersetzte *Grasmere-Journal* bietet einen unvergleichlichen Zugang zum Leben der Wordsworths in der urwüchsigen Landschaft des *Lake District*.

Rydal Water, Windermere, Patterdale, Coniston Lake. Am liebsten möchte man sofort die Wanderstiefel einpacken und auf Dorothys Spuren loswandern … ULRIKE UHLIG *Virginia*

Aus dem Englischen, kommentiert und mit einem Nachwort von WERNER. V. KOPPENFELS.
Fadengehefteter Leinenband mit Abbildungen.
320 Seiten. ISBN 978 3 87162 084 3.

Bibliographische Information der Deutschen Nationalbibliothek:
Die Deutsche Nationalbibliothek verzeichnet diese Publikation in der Deutschen Nationalbibliographie: detaillierte bibliographische Daten sind im Internet unter http://dnb.dnb.de abrufbar

ROBERT BURTON: *Die Anatomie der Melancholie. Ihr Wesen und Wirken, ihre Herkunft und Heilung philosophisch, medizinisch, historisch offengelegt und seziert.* Ausgewählt und übertragen von Werner v. Koppenfels. Teil III ›Schwermut der Liebe‹ in der Übersetzung von Peter Gan

Die Übertragung des Textes folgt der Ausgabe letzter Hand, Oxford 1651. Die Passagen aus Peter Gans Übersetzung erscheinen mit freundlicher Genehmigung des Manesse Verlags Zürich aus dem Band: *Robert Burton, Schwermut der Liebe,* Zürich 1952/1983. Copyright © 1952, 1983 by Manesse Verlag GmbH, Zürich, 1992 neu aufgelegt

ISBN 978 3 87162 111 6
Copyright © 1988 by Dieterich'sche Verlagsbuchhandlung, Mainz.
4., nochmals erweiterte Neuauflage 2021

Textschrift: MT Baskerville
Druck: Beltz Grafische Betriebe, Bad Langensalza
Papier: Arena natural rough
Reihenkonzept: de Jong Typografie, Essen